Abireise Interrail

Timo Knapp

Abireise Interrail
31 Tage Europa pur

Bibliografische Information der Deutschen Nationalbibliothek:

Die Deutsche Nationalbibliothek verzeichnet diese Publikation in der Deutschen Nationalbibliografie; detaillierte bibliografische Daten sind im Internet über http://dnb.dnb.de abrufbar.

Impressum

Texte:	© 2021 Timo Knapp
Umschlag:	© 2021 Timo Knapp
Herstellung und Verlag:	BoD – Books on Demand, Norderstedt

ISBN: 9783752607888

Inhaltsverzeichnis

Vorwort

Jetzt ist es auch schon wieder über ein Jahr her seit ich im Sommer 2019 in meinem Heimatort in den Zug stieg und damit meine erste große Reise ohne meine Eltern beginnen sollte. 12 Länder, knappe 20 Städte und das in nur 31 Tagen! Ein echtes Mammutprogramm. Aber er sollte ein unvergessliches Abenteuer werden!

Gerade aktuell scheint eine solche Reise undenkbar. Corona ist überall in unserem Alltag präsent und es ist schon ein Hoch der Gefühle, mal wieder das Haus zu verlassen oder sogar Freunde und Familie zu treffen. Viele Urlaube sind ins Wasser gefallen und bei jedem Auslandsaufenthalt schwingt die Angst vor einer Ansteckung oder einem Urlaub in Quarantäne mit. Doch werden sich die Zeiten sicher wieder ändern und ein uneingeschränktes Reisen in ganz Europa wieder möglich sein. Auf diese Zeit sollten wir uns freuen! Um die letzten Zweifel an einer großen Reise auszuräumen, insbesondere all der Absolventen, die sich nach ihrem Abschluss dafür entschieden haben, Europa zu entdecken, möchte ich mit diesem Reisebericht, die Reiselust wieder wecken.

Doch lest/lesen Sie einfach selbst und lasst euch/lassen Sie sich für Eure/Ihre eigene Reise inspirieren!

Das bin ich:

Wen interessiert das denn? Naja, vielleicht ist es doch ganz sinnvoll, ein wenig über mich zu wissen, damit manche Dinge besser nachvollziehbar werden.

Also gut. Ich bin Timo, erst 17 Jahre alt und komme aus Fürth. Mein Abitur habe ich vor kurzem sehr erfolgreich bestanden. Außerdem bin ich leidenschaftlicher Sportler und spiele Fußball im Verein. So erklärt sich auch meine recht sportliche Ausrüstung: Wer hat auf seiner Interrailreise schon Klamotten zum Joggen und sogar einen kleinen Fußball im Gepäck?

Andererseits liebe ich es, gut zu essen und versuche meist schon weit im Vorfeld meiner Reisen, auch mit meiner Familie, die besten Lokale ausfindig zu machen. Dabei bemühe ich mich stets möglichst günstig wegzukommen, um ein Loch im Geldbeutel zu vermeiden. Das hat gleichzeitig großen Einfluss auf die Wahl meiner Unterkünfte. Auch kleidungstechnisch bin ich oft ziemlich sparsam unterwegs und habe so versucht nur das Nötigste als Ballast mitzunehmen.

Es sei noch angemerkt, dass ich in der Regel stets versuche sehr organisiert zu sein und mir gerne genaue Pläne entwerfe, damit alles so klappt, wie ich es mir vorstelle. Bin ich jedoch ohne genaue Kenntnisse unterwegs, so trägt das nicht unbedingt zu Sicherheit und Entspanntheit bei. In diesem Sinne stellte die Interrailtour, bei der man unmöglich jeden der 31 Tage detailliert vorplanen kann bzw. Pläne durch verspätete Züge über den Haufen geworfen werden, eine große Herausforderung dar.

Reisevorbereitung

Bereits in der zehnten Klasse begann sich die Idee einer Zugreise durch ganz Europa, einer Interrailtour, zu formen. Entscheidenden Anteil hatte dabei meine damalige sehr engagierte Deutschlehrerin, die uns über die vielen Möglichkeiten nach dem Abitur informierte sowie ein weiterer Lehrer, der mir das Reisen sehr ans Herz zu legen wusste.

Als es dann in die Oberstufe ging und das Thema Abifahrt diskutiert wurde, nahmen zwei Freunde und ich uns vor, nach dem Abitur Interrail als Abifahrt zu wagen. Immer wieder diskutierten wir über eine geeignete Reiseroute und den besten Zeitraum für die Reise. Erst Mitte der zwölften Klasse hatten wir uns auf einen ungefähren Zeitraum geeinigt: Nach der Zeugnisvergabe und dem Abiball am 6.7. sollte es möglichst gleich am Montag, den 8.7., auf Reisen gehen. Zuerst zu zweit, denn der dritte im Bunde, Johannes, hatte noch bis zum 19.7. französischen Besuch zu Hause. Mit ihm wollten wir uns folglich unterwegs treffen.

So war es zumindest möglich, einen groben Reiseplan mit den entsprechenden Zugverbindungen in den Faschingsferien zu entwerfen und Präferenzen zu klären.

Also kaufte ich mir zum Ostersale einen für zwei Monate, ab dem 8.7. gültigen Pass mit 15 Reisetagen, der mich einmal quer durch Europa bringen sollte: Von Brügge bis nach Istanbul.

Nach den Osterferien stand direkt das Abitur vor der Tür, weshalb die weitere Planung annähernd zum Erliegen kam, so dass sich nach den ganzen Prüfungen das Angebot an Unterkünften bereits eingeschränkt hatte.

Eine weitere ungeplante Änderung war dann auch noch, dass mein Freund, mit dem ich die Reise beginnen wollte, leider am Abitur scheiterte und nun nicht mehr mit uns reisen konnte.

Immerhin herrschte inzwischen weitestgehende Planungs-
sicherheit, so dass nun fast täglich mehrere Unterkünfte und
Zugreservierungen für die ersten Stationen gebucht werden
konnten. Glücklicherweise hatte ich meinen Rucksack
schon vor den Ferien besorgt und musste mich nicht auch
noch um diesen kümmern.

Die Reise beginnt
1. Tag, Montag, 08.07.

Auf der ersten Etappe wollte ich, nach deren Angebot, meine Cousine und ihren Verlobten in Aachen besuchen - natürlich auch im Hinblick auf mein erstes eigentliches Reiseziel, Luxemburg. Ich hoffte durch die Anfahrt von Aachen aus, früher in Luxemburg zu sein und so dort einen längeren Aufenthalt zu haben, da ich bereits am frühen Abend nach Amsterdam aufbrechen musste. In Luxemburg, hieß es, seien die Unterkünfte recht teuer. Das bestätigte die dortige Jugendherberge mit ca. 20 € pro Person pro Nacht zwar nicht, allerdings war sie bereits ausgebucht. So musste ich also bereits am Abend in Amsterdam sein, um dort zu übernachten.

Da die Zugverbindung von Aachen nach Luxemburg über weitere deutsche Städte verläuft, war ich wohl oder übel dazu gezwungen, meine Fahrt nach Aachen über den DB-Sparpreis zu buchen und den Interrail-Pass noch nicht zu nutzen.

In meinem Heimatort begann mein Abenteuer mit der ersten Zugfahrt der Reise um 6:53 Uhr. Von Nürnberg aus fuhr ich mit einem IC die schöne Strecke im Rheintal bis nach Köln. Dort musste ich in einen RE nach Aachen umsteigen. Da ich um kurz nach zwölf Uhr in Köln sein sollte, hatte ich mir jedoch noch eine kleine Stadtbesichtigung inklusive des Kölner Doms und eines Mittagessens bei einem mir empfohlenen Mexikaner (Bay Area Burritos, Friesenwall 15-17) vorgenommen. Außerdem wollte ich die Gelegenheit nutzen, um noch eine Reservierung für den Nachtzug von Budapest nach Bukarest am gebührenfreien, deutschsprachigen DB-Reisezentrum des Kölner Bahnhofs vorzunehmen. Da ich dort sowieso vorbeikam, erledigte ich die Reservierung sofort. Zwar musste ich einige Zeit warten, bis ich an der Reihe war, doch konnte ich in dieser Zeit vom kostenlosen WLAN profitieren.

Nachdem ich auf dem Weg zum Reisezentrum an den Schließfächern vorbeigekommen war, hatte ich auch kurz versucht, deren Preis herauszufinden: Wenn ich mich nicht getäuscht habe, konnten die Schließfächer lediglich für 24 Stunden zum Preis von sechs Euro gemietet werden. Das schien mir jedoch für meine geplanten 2,5 Stunden in Köln zu teuer, weshalb ich den Bahnhof mit meinem Rucksack verließ.

Außen angekommen befand ich mich direkt vor dem Dom. Dennoch brauchte ich einige Zeit, um mich auf dem Stadtplan von zu Hause zurecht zu finden. Da von 12-13 Uhr das Mittagsgebet im Dom abgehalten wurde und man in dieser Zeit den Dom nicht besichtigen durfte, wollte ich zumindest schon einmal die Sicht vom Domturm genießen und mich dadurch besser orientieren. Am Einlass musste ich allerdings erfahren, dass es keine unmittelbare Abstellmöglichkeit für meinen Rucksack gäbe und ich natürlich nicht mit dem großen Rucksack den Turm besteigen könnte. Die nächsten Schließfächer, wurde mir gesagt, seien im Hauptbahnhof.

Um die restliche Zeit, bis der Dom wieder öffnen würde, zu überbrücken, gelangte ich rechts am Dom vorbei zum Rheinufer und zur sehenswerten Hohenzollernbrücke. Zurück am Dom öffneten sich nach kurzer Zeit wieder die Tore - allerdings nicht für mich. Auch hier hinderte mich mein Rucksack und ich wurde wieder weggeschickt.

Tipp: Wenn man also in den Dom oder auf seinen Turm möchte, sollte man entweder im Bahnhof oder wenn man eine Unterkunft in Köln hat, dort sein Gepäck verstauen. Generell kann zu viel Gepäck in ganz Europa dazu führen, dass einem Reisenden so manch ein Eintritt verwehrt bleibt.

Inzwischen war es Zeit zum Mittagessen geworden. Ich machte mich auf den Weg zur Burrito Bay. Dabei wollte ich möglichst viel von der Kölner Innenstadt sehen, was mir wahrscheinlich auch ganz gut gelang. Zumindest lief ich ziemlich kreuz und quer durch die Stadt. Das lag aber hauptsächlich daran, dass ich mich immer noch nicht richtig orientieren konnte. Schließlich kam ich aber doch an meinem Ziel an und bestellte für 7,95 € einen guten Pulled Pork Burrito. Den Tisch nutze ich dann gleich nach dem Essen, um mir meinen Rückweg noch einmal genau anschauen zu können und rechtzeitig zurück zum Bahnhof zu kommen. Natürlich machte ich von der kostenlosen Toilette im Keller auch Gebrauch.

Tipp: Restaurants und Züge eignen sich genau wie Museen, um sich kostenlos zu erleichtern.

Dann machte ich mich wieder auf den Rückweg und erreichte den Bahnhof über den Heumarkt ohne weitere Probleme.

Etliche Züge hatten Verspätung, nicht aber mein geplanter Zug, was mich sehr erstaunte. Also erreichte ich Köln-Ehrenfeld, wo mir zwar auch das *Kebapland* empfohlen worden war, es sich vorrangig allerdings um den vereinbarten Treffpunkt mit meiner Cousine handelte. Da auch sie von den durch Bauarbeiten und durch eine Signalstörung hervorgerufenen Zugverspätungen betroffenen war, erreichte sie mich auf dem Handy, als ich gerade meinen Zug verlassen hatte (im Zug hatte ich keinen Empfang): Kurzerhand schlug sie vor uns erst in Aachen, dem Tagesziel zu treffen.

Gesagt, getan. Nach ca. zehn Minuten fuhr der nächste Zug in Richtung Aachen mit 50 Minuten Verspätung ein, sodass ich bereits vor meiner Cousine am Aachener Hauptbahnhof eintraf und die Zeit nutzen konnte, um mich am Bahnhof und dem Bahnhofsvorplatz umzusehen sowie mich über mögliche Zugverbindungen nach Luxemburg zu informieren. Dabei musste ich feststellen, dass dieses Reiseziel deutlich schlechter gelegen war, als sämtliche Reiseziele in dem nur sechs Kilometer entfernten Holland und Belgien. Da ich aber trotzdem gerne nach Luxemburg, dort jedoch nicht übernachten wollte, war es mir nicht möglich gewesen, meine Reiseroute zu ändern.

Als meine Cousine ebenfalls eintraf, machten wir uns zuerst auf den Weg zu ihrer Wohnung, um das lästige Gepäck dort abzustellen. In der Wohnung angekommen wurde ich mit meiner, ausnahmsweise, zweiten warmen Speise des Tages verwöhnt: Es gab Wraps. Nach dem Essen zeigten mir meine Cousine und ihr Verlobter freundlicherweise noch Aachen: Erst einmal begannen wir noch mit einem leckeren Eis, nur ca. fünf Minuten vom Bahnhof Aachen Schanz entfernt. Alle Sorten schmeckten gut (Cookie, Bueno, Walnuss-Feige). Eine Kugel kostete 1,30 € - in Deutschland inzwischen eher ein Durchschnittspreis. Die Stadtführung führte uns natürlich auch zum nicht sehr großen, aber dennoch ansehnlichen Aachener Dom mit dem Stuhl Karl des Großen. Auch weitere Sehenswürdigkeiten, teils Überreste der Römerzeit, wurden mir gezeigt. So kam ich in den Genuss des schwefligen Geruchs aus dem Elisenbrunnen und bekam das Rathaus zu Gesicht. Den Abend ließen wir dann schließlich im *Mangal* ausklingen.

Wieder in der Wohnung zurück bereitete ich mich noch einmal auf den folgenden Tag vor. Dank meiner Cousine stieß ich noch auf eine Verbindung vom nahe liegenden Bahnhof Aachen Schanz, an dem der Zug erst um 7:02 Uhr nach Köln fahren sollte. Dadurch könnte ich den Zug am Aachener Hauptbahnhof um 6:53 Uhr umgehen und dafür noch ein bisschen länger schlafen. Ich hoffte, dass meine am Handy eingestellte Weckzeit um 6:30 Uhr ausreichen würde. Obwohl ich recht erschöpft war, führte meine Unsicherheit bezüglich des nächsten Tages dazu, dass ich kaum einschlafen konnte.

Einmal quer durch Benelux
2. Tag/ 1. Reisetag, Dienstag, 09.07.

6:29 Uhr: Mein Wecker hatte sich zwar noch nicht bemerkbar gemacht, dennoch war ich zufälligerweise aufgewacht. Also sammelte ich schnell meine Sachen zusammen, ging ins Bad, trank zwei Gläser Leitungswasser, aß etwas gestresst mein Müsli und packte mir zwei Scheiben Brot mit ein wenig Käse für unterwegs ein. Dann musste ich noch schnell überprüfen, ob mein Interrail-Pass auch für den EC von Köln nach Koblenz galt. Zum Glück war dies der Fall.

Endlich konnte ich mit all meinen Sachen die Wohnung verlassen und beeilte mich, um rechtzeitig zum Bahnhof zu gelangen. Glücklicherweise kam ich trotz anfänglicher Bedenken noch vor dem Zug am Bahnhof an. Und Morgensport hatte ich nebenbei auch betrieben.

Im relativ vollen Zug prüfte ich meine tags zuvor herausgesuchte Verbindung erneut, da sich die eigentlich sinnvolle Interrail-App und der DB-Navigator leicht widersprachen: Laut Interrail müsste ich von Koblenz erst nach Trier fahren, um dort in einen Zug nach Luxemburg umzusteigen. Die DB schlug hingegen einen Direktzug von Koblenz nach Luxemburg vor. Später kam ich auf die Idee, die Interrail-App wollte die Umsteigezeit von 50 Minuten in Koblenz umgehen und so schon neun Minuten nach der dortigen planmäßigen Ankunft nach Trier weiterfahren, dort allerdings noch einmal 18 min. auf den von der Bahn vorgeschlagenen Zug nach Luxemburg warten. Da mein Zug aus Köln wegen einer Störung an einem Bahnübergang 14 Minuten verspätet war, erübrigte sich die Variante der Interrail-App von selbst.

Tipp: Die Interrail-App ist eine sehr sinnvolle App, um Zugverbindungen nachzuschauen. Ihr größter Vorteil ist, dass sie auch ohne Internetverbindung funktioniert. Trotzdem würde ich mich nicht immer auf die App verlassen, sondern zum Beispiel im Internet oder durch die

App der Deutschen Bahn, sofern eine Internetverbindung möglich ist, die Verbindungen prüfen.

Für ein weiteres kleines Frühstück und eine weitere kalte Mahlzeit besorgte ich mir vor der Abfahrt in Köln im Bahnhofsgebäude einige Kleinigkeiten beim Bäcker *Kamps*. Mein Schinken-Käse-Brötchen wurde mir sogar erwärmt und so beschloss ich es gleich in meiner Wartezeit zu verspeisen.

Im Zug selber wollte ich noch eine halbe Stunde schlafen, was mir allerdings nur bedingt gelang. Dafür bestätigte mir der Fahrkartenkontrolleur, dass um 10:06 Uhr in Koblenz ein Direktzug nach Luxemburg führe.

In Koblenz verbrachte ich meine Zeit damit, mir den unspektakulären Bahnhof anzusehen und mich über meinen Folgezug zu informieren. So erlangte ich noch die nicht unwesentliche Information, dass der Zug in Trier geteilt wird und nur der hintere Teil als RE11 bis nach Luxemburg fährt. Gut auf dem Zug gekennzeichnet fand ich schließlich Platz in einem Abteil bis nach Luxemburg. Landschaftlich ist die Strecke sicherlich zu empfehlen, da man auch hier längere Zeit am Rhein entlangfährt und kleinere Ortschaften passiert. Leider habe ich einiges davon verpasst, da ich diesen Abschnitt währenddessen geschrieben habe.

In Luxemburg angekommen galt es sich erst einmal zu informieren, wo ich um 16:10 Uhr, gute 3,5 Stunden nach meiner Ankunft, weiter zu fahren hatte, wie man ins Zentrum gelangt und ob ich mir das Europaviertel anschauen kann:

Zuerst wurde ich stark verunsichert, da der einzige Zug nach Brüssel laut Fahrplan bis „Bruxelles Central" und nicht wie in der Interrail-App angegeben bis „Bruxelles-Midi" zu gesuchter Zeit fuhr. Nach einigen Nachforschungen im Internet, die ich dank des am Bahnhof kostenlosen WLANs tätigen konnte, deutete einiges darauf hin, dass es sich schlicht um zwei verschiedene Bezeichnungen für ein und denselben Bahnhof handeln musste. Das beruhigte mich erst einmal. Meine Annahme wurde später am Tag auch durch die Anzeigentafel im Bahnhof scheinbar bestätigt. Schlussendlich stellte ich dann aber kurz vor Brüssel fest, dass es sich bei den beiden Bahnhöfen doch um zwei verschiedene handelte. Zum Glück fuhr der Zug trotzdem wie am Bahnsteig anstand, und nicht wie im Fahrplanauskunftskasten aushing, weiter bis Brüssel-Midi.

Nun aber wieder chronologisch nach Luxemburg: Wie ich schon vermutet hatte, war der Weg vom Bahnhof ins Stadtzentrum ausgeschildert. Zur Sicherheit öffnete ich gleichzeitig die App *Maps me*. Bereits zu Hause hatte ich die nötige Karte heruntergeladen und konnte so die App auch ohne Internet verwenden.

Tipp: Eine App mit der man Stadtpläne und Karten herunterladen und dann offline nutzen kann, ist immer wieder hilfreich und erleichtert die schnelle Orientierung in einer fremden Stadt.

So gelangte ich recht problemlos ins Stadtzentrum (der Haute-Ville). Auf dem Weg dorthin schoss ich ein paar Fotos und nahm einige größere Gebäude wahr. Gleichzeitig hielt ich nach bezahlbaren Essensmöglichkeiten Ausschau - es war schließlich schon 13 Uhr und mein Magen machte sich auch so langsam bemerkbar. Allerdings sprang mich nichts an und so lief ich weiter in Richtung des Europa-Viertels, dachte ich zumindest. Nach einigem Zick-Zack, besonders jedoch auf und ab, was mit meinem nicht gerade leichten Rucksack immer unangenehmer wurde, kam ich zu dem Schluss, dass es zu riskant sei, bis in das Viertel zu laufen, weil ich befürchtete, nicht früh genug am Bahnhof zurück zu sein. Ich hatte den Zug von Brüssel nach Amsterdam ja schon vor meiner Reise reserviert und wusste, dass ich diesen nur erreichen kann, sofern ich spätestens um 16:10 Uhr von Luxemburg abfahre. Hinzu kam noch das Gefühl, nichts mehr zu essen zu finden. Immerhin hatte ich mir gleich zu Beginn in der Nähe des Bahnhofs bei einem kleinen Carrefour eine Flasche Wasser besorgt und war so nicht am Verdursten. Gleich daneben hatte ich einen Burgerladen, einen Subway und einen Burger King gesehen, zu denen ich nun zurückkehren wollte, falls ich auf dem Weg dorthin kein billiges Lokal mehr fände. Also machte ich kehrt und lief erneut durch die Haute-Ville in Richtung Bahnhof. In der Hoffnung etwas mehr Natur genießen zu können und dennoch zum Bahnhof zu gelangen, stieg ich einige Treppen hinab und fand mich im Grünen wieder. Das Problem war nun, dass ich mich unterhalb der Befestigungsmauer befand und ein möglicher Weg nach oben wegen einer Baustelle geschlossen war. Dadurch musste ich weiter als gehofft um die Stadt herumlaufen und konnte erst durch den „Rosengarten" wieder zurück in die Stadt und über die Brücke in Richtung des Bahnhofs gelangen. Für einen Imbiss konnte ich mich trotzdem nicht entscheiden. Stattdessen kehrte ich zum Bahnhof zurück. Dort befragte ich dank des WLAN gratuit *tripadvisor* nach billigen Restaurants und scrollte die Liste nach unten durch: Ich konnte mich daran erinnern, am *Nirvana* (veganes indisch-asiatisches Restaurant; erschien mir äußerst günstig, aber leider bin ich kein Indisch-Fan) und *Ricebox* (spezielle Reisart mit verschiedenen Saucen/Beilagen nach Wahl in einer Box; auch zum Mitnehmen) vorbeigekommen zu sein. Zu Letzterem lief ich zurück und bestellte eine normale Box Reis mit Hähnchenstreifen und Sauce. Für 7,50 € eine gute und erst einmal sättigende Portion. Auf dem Rückweg besorgte ich mir dann noch eine zusätzliche 1,5 L Flasche Wasser beim selben Laden wie nach meiner Ankunft und machte mich wieder zum Bahnhof auf. Um kurz vor 15 Uhr erreichte ich diesen, sodass ich mich spontan dazu entschied die Gelegenheit zu nutzen und bereits eine Stunde früher als erwartet mit dem Zug nach Brüssel aufzubrechen. Vielleicht komme ich ja irgendwann mal erneut nach Luxemburg, sodass ich mir das Europa-Viertel ansehen kann, was es bis dahin hoffentlich noch gibt.

Tipp: Das Höhenprofil Luxemburgs sollte man auf keinen Fall - so wie ich -unterschätzen oder überhaupt nicht beachten. Manchmal scheint es so, als könne man abkürzen, steht dann aber in der Basse-Ville und kommt nicht mehr oder nur mit weiten Umwegen nach oben in die Haute-Ville. Hier lohnt es sich wirklich im Voraus einen genauen Plan zu entwerfen, wo man laufen will und was man sich ansehen möchte.

Durch die frühere Abfahrt hatte ich sogar noch fast zwei Stunden Zeit in Brüssel, bevor ich um 20:22 Uhr nach Amsterdam weiterfahren musste. Am Bahnhof angekommen stellte ich fest, dass dieser doch noch einen zweiten Namen besaß: „Station Bruxelles Zuid". Vielleicht ist diese Information auch für den ein oder anderen Brüssel-Reisenden sinnvoll.

Also besichtigte ich den Bahnhof selbst. Außerdem erkundete ich die unmittelbare Umgebung, mit dem Hintergedanken, vielleicht bei meinem nächsten Umstieg in Brüssel schnell billig etwas besorgen zu können. Allerdings wurde ich ziemlich enttäuscht und fand lediglich ein paar gefühlsmäßig teure Läden im Bahnhof und einige weitere bestimmt zehn Minuten entfernt. Dazu kam noch, dass die Gegend nicht sonderlich einladend wirkte. Schließlich aß ich vor dem Bahnhof einen Apfel von zu Hause und kehrte dann in das Bahnhofsgebäude zurück, wo ich mir an der Information zur Sicherheit noch einmal erklären ließ, wo genau mein Zug abfahren sollte. Nach einiger Zeit am Bahnsteig traf auch das Zugpersonal ein und machte auf die Hinweisschilder aufmerksam, auf denen erkennbar war, wo der jeweils erforderliche Wagen halten würde.

Im Zug nutze ich das WLAN und die Zeit, um mein Abendessen einzunehmen: Mein am Morgen in Köln gekauftes Roggenbrötchen, das Brot mit der Käsescheibe und dazu kleine Würstchen von zu Hause.

In Amsterdam angekommen musste ich noch den Fußmarsch zu meinem Hostel im Museumsviertel in Angriff nehmen. Gefühlsmäßig wurde ich dabei vom „Grasrauch" umnebelt, was die Suche nach dem richtigen Weg nicht gerade angenehmer machte. Schließlich erreichte ich nach anstrengenden 50 Minuten endlich das *Hostel Cosmos*, konnte einchecken, mein Bett beziehen und nach einigem hin und her sowie einer Warteschlange vor den WCs mit Dusche (pro Stockwerk leider nur eines) endlich schlafen.

Ein Tag im Regen von Amsterdam
3. Tag, Mittwoch, 10.07.

Um 8:30 Uhr klingelte mein Wecker: Ich hatte vor, erst schnell eine Stunde zu joggen und dadurch die Stadt gleich ein bisschen zu erkunden. Dabei wollte ich auch nach Bäckereien Ausschau halten, um auf dem Rückweg mein Frühstück zu besorgen. Da es aber gar nicht so einfach ist, in einem 12-Bett-Schlafsaal mit Rücksicht auf die ganzen anderen leise aufzustehen, verließ ich das Zimmer erst kurz vor neun und musste zu allem Überfluss natürlich vor den Toiletten warten, bis eine frei geworden war. Somit lief ich erst gegen 9:30 Uhr los, womit sich bereits andeutete, dass ich meine Pläne in die Tonne treten konnte. Meine Mutter war zum Glück so nett gewesen, dass sie mir auf der App *Komoot* (Der Zugang kostet zuerst ein wenig Geld, dann ist die Nutzung aber auf mehreren Geräten per App und sogar im Internet am Computer möglich) drei Routen geplant und hochgeladen hatte, sodass ich diese herunterladen und offline nutzen konnte. Meine Tour führte mich einmal um die Altstadt herum und hinter den Hauptbahnhof. Dort hatte man einen schönen Blick auf das Hafenbecken sowie das Meer. Auf dem Weg kam ich bereits zu Beginn an einigen gut aussehenden Bäckereien vorbei, doch da ich das Essen keine Stunde herumtragen wollte und eine Tasche für den Transport vergessen hatte, hoffte ich am Ende der Tour entweder noch einmal an einem der Bäcker vorbei zu kommen oder eine neue Bäckerei zu entdecken. Leider war dem nicht so. Mein Hostel erreichte ich um ca. 10:30 Uhr. Unterwegs hatte ich auch schon ein leichtes Tröpfeln verspürt, weshalb ich mich beeilte zu duschen und mich für den Tag umzuziehen. Immerhin musste ich nun nicht mehr vor der Dusche warten. Bevor ich das Hostel verließ, wollte ich mich noch kurz an der Rezeption erkundigen, wo man billig Fahrräder leihen könne und ob ich noch Tickets für das „Anne Frank Haus" bekommen könne:

Tipp: Black Bikes (mit mehreren kooperierenden Standorten in der Stadt und in ganz Holland; Öffnungszeiten: wochentags 8-20 Uhr, am Wochenende 9-19 Uhr; www.black-bikes.com) wurde mir als billigster Fahrradverleih empfohlen: ein Fahrrad mit Rück-/Handbremse kostet dort für drei Stunden 6,50/9,50 €, für 24 Stunden 9/13,50 €, für den zweiten Tag nur noch 7,50/11,50 € - bis zu 4,50/7 € für den sechsten oder weitere Tage. Zwei Schlösser (soweit ich mich erinnern kann + 1,50 €) oder gleich eine Versicherung gegen Beschädigung oder Diebstahl, auch als günstigeres (als beide einzeln) Kombiticket erhältlich, kosten je nach Fahrrad einen kleinen Aufpreis. Die Räder können auch per Anfrage online reserviert werden. Für die Ausleihe ist zudem eine ID-Card und eine Registrierung mit Kreditkarte (so wäre auch die Abgabe des Rades bei einem anderen Geschäft der „Black Bikes"-Kette möglich) oder die Hinterlegung von 50 Euro als Pfand nötig.

Tipp: Das Anne Frank Haus kann nur online über deren Seite gebucht werden. Dabei muss ein Einlasszeitraum gewählt werden. 80 % der Tickets werden weit im Voraus (um drei Monaten vor dem Besuch) verkauft. Nur 20 % können ab 9 Uhr am Tag des gewünschten Besuchstermins gebucht werden. Dazu sollte man sich allerdings schon um ca. 8:50 Uhr auf die Seite zum Ticketbestellen begeben, da sich eine online-Warteschlange bildet, so dass man in der Regel mindestens eine viertel Stunde benötigt, um das Buchungsfenster zu öffnen. Zu früh sollte man jedoch auch nicht versuchen die Tickets zu erhalten, da der Ticketverkauf noch nicht möglich ist, wenn man bereits vor neun Uhr bis zum

Buchungsportal gelangt. Dann muss man wieder eine Seite zurück gehen und sich erneut in die Warteschlange einreihen. Ich bekam trotz mehr als 300 Wartenden ein Ticket, was aber auch daran liegen könnte, dass es meiner Meinung nach keineswegs Hauptsaison war und die Stadt eher von Abiturienten besucht wurde, die sich hauptsächlich für das Nachtleben und andere damit verbundene Dinge zu interessieren schienen. Außerdem ist es wichtig, dass für die Buchung paypal oder eine Kreditkarte erforderlich sind. In meinem Fall wurde an die Handynummer des Kreditkarteninhabers, die bei der Bank hinterlegt ist, nach Eingabe der Daten eine mTAN per SMS gesendet, die wiederum zur Finalisierung des Kaufes eingegeben werden muss.

Für diesen Tag erhielt ich jedoch kein Ticket mehr, konnte aber selbst nicht ganz glauben, dass diese nur online erwerbbar seien, sodass ich mir vornahm zumindest zum Haus zu laufen und die Lage vor Ort zu prüfen. Auch den Fahrradverleih wollte ich gleich verorten und nachfragen, ob noch Räder für den Folgetag verfügbar wären.

Gesagt getan. Um kurz vor zwölf Uhr verließ ich dann endlich das Hostel und lief zuerst zu dem am nächsten liegenden Fahrradverleih von „Black Bikes". Nachdem ich nach einiger Wartezeit an der Reihe war, erkundigte ich mich und erfuhr so, dass man nicht im Laden reservieren könne, aber dies im Internet problemlos möglich sei. Deshalb hatte ich nun vor, am nächsten Morgen zurückzukehren und ein Rad für 24 Stunden zu leihen.

Anschließend machte ich mich auf die Suche nach etwas zu Essen und lief dafür in Richtung Centraal Station. Ich nahm an, dass es dort kostenloses WLAN gäbe, ich dort also im Internet nach guten, aber vor allem günstigen Lokale suchen und die Gelegenheit nutzen könnte, um mich über meinen Zug am Abreisetag zu informieren. Unglücklicherweise begann es immer heftiger zu regnen. Da ich für das

Abendessen nach Käse suchte, nutzte ich nahezu jeden Käseladen - und es gibt unzählige davon - um mich kurz unterzustellen und ein bisschen Käse zu probieren. Als es wie
aus Eimern schüttete, entschied ich mich kurzer Hand an
einem leicht überdachten Stand, an dem bereits einige Menschen Schlange standen, gegenüber der Kalverpassage,
Pommes mit „Ketchup Spezial" (Ketchup mit Mayonnaise
und rohen Zwiebelwürfeln) zu kaufen und aß diese kleine,
leckere erste Mahlzeit des Tages in der überdachten Pas-
sage - genau wie ein Dutzend anderer pitschnasser Leute.

Dann wagte ich mich erneut in den Wolkenbruch und beeilte mich, den Bahnhof zu erreichen. Das Wetter besserte
sich jedoch kein bisschen. Deshalb ließ ich mich in einem
weiteren Käsegeschäft, das ich zum ersten Mal in der Stadt
wahrnahm (im Gegensatz zu den vielen Ketten an Käsege-
schäften), dazu hinreißen mir ein getoastetes Käsesandwich
für 3,95 € zu gönnen, sozusagen als Mittagessen. Dafür,
dass es sich eigentlich nur um einen Vollkorntoast mit Käse
zwischen den beiden Scheiben handelt, wahrscheinlich eigentlich überteuert, aber daran kann ich jetzt auch nichts
mehr ändern. Während ich auf mein Essen wartete, hörte es
draußen auf zu regnen, doch kurz nachdem ich den Laden
wieder verlassen hatte, meldete sich auch der Regen wieder
aus seiner kurzen Mittagspause zurück, bis ich mich im
Bahnhof befand und er sich erneut eine Pause gönnte. Gerade als ich den Bahnhof verließ, beendete er seine Pause
natürlich sofort.

Sonderlich viel schlauer war ich nun allerdings trotzdem
nicht: Ich hatte mich mit keinem WLAN-Netz verbinden
können. Meine Zugverbindung hatte ich in einem Touch-
Informationsgerät auch nicht finden können (wahrscheinlich, weil ich erst im Zug die Bestätigung dafür erhielt, dass
„Anvers", wie es in der Interrail-App hieß, „Antwerpen"
auf Französisch heißt). Lediglich der freundliche Mann an
der Information konnte mir sagen, dass mein Zug auf Gleis
15 abfahren sollte.

Auf dem Rückweg lief ich zuerst wieder am Käseladen vorbei. Dort entschied ich, mich wieder unterzustellen und die Zeit zu nutzen, indem ich mir auch meinen Käse als Brotbeilage hier kaufte: Einen Käsemix aus sechs abgepackten kleinen Stückchen Käse für vier Euro fünfzig. Ebenfalls nicht unbedingt ein Schnäppchen. Anschließend führte mich mein Weg durch den Regen noch am Anne Frank Haus vorbei. Dort musste ich feststellen, dass alle meine bisherigen Informationen richtig waren und ich somit am nächsten Morgen versuchen musste, ein Ticket zu erhalten. Unterwegs hatte ich in einem niederländischen Supermarkt, *Albert Heijn*, dessen Eigenmarke sich „on" nannte, zwei 1,5 L - Flaschen Getränke besorgt, in der Annahme, dass es in den Niederlanden kein Pfandsystem gäbe. Deshalb entsorgte ich noch am selben Abend eine meiner beiden Wasserflaschen aus Luxemburg, um sie durch die niederländischen zu ersetzen. Am Tag danach musste ich feststellen, dass dies ein Fehler gewesen war. Denn in der Filiale am Museumsplein entdeckte ich zu meinem Erstaunen einen Pfandautomaten.

Tipp: Bevor man in ein anderes Land kommt, sollte man sich am besten immer informieren, ob es ein Pfandsystem oder ähnliches gibt. Auf diese Weise kann man sich natürlich auch ein wenig Geld sparen, das man dann an anderer Stelle investieren kann.

Von dort aus versuchte ich schnellstmöglich zurück zum Hostel zu kommen. An der Kalverpassage stellte ich mich erneut mit vielen anderen Personen unter. Hier beschloss ich, den Tag zumindest ein wenig zu nutzen, indem ich das Rijksmuseum besuche. Dort angekommen reihte ich mich in die am Ticketschalter im Regen wartende Schlange ein. Als ich um ca. 15:30 Uhr an der Reihe war und mein Ticket kaufen wollte, wurde ich darauf hingewiesen, dass das Museum um 17 Uhr schließe und 1,5 Stunden zu kurz für eine Besichtigung seien. Demzufolge kehrte ich direkt ins Hostel zurück und befand mich noch vor vier Uhr nass und etwas deprimiert, alleine im Schlafsaal. An der Rezeption hatte ich mich davor bereits nach den verschiedenen Tickets für den öffentlichen Nahverkehr erkundigt. Bei solch einem abscheulichen Wetter empfand ich nicht mehr das größte Bedürfnis, unbedingt mit dem Fahrrad unterwegs zu sein.

Tipp: In den Trams befinden sich Servicepoints, an denen alle möglichen Tickets gekauft werden können. Die Zahlung ist nur per Karte möglich. Auch an den Automaten an vielen Haltestellen können Tickets gekauft werden.
Bei der Nutzung der öffentlichen Verkehrsmittel ist es wichtig, vor jedem Einstieg einzuchecken (bei der Straßenbahn im Wagen) und auch wieder auszuchecken. Wechselt man an einem Bahnhof die U-Bahn oder auch vom Zug zur U-Bahn, so muss ebenfalls erst aus- und anschließend wieder eingecheckt werden.

Im Zimmer begann ich dann damit, mich über mögliche Ziele des nächsten Tages und den Kauf der notwendigen Tickets zu informieren. Außerdem fand ich heraus, dass ich dank des Interrailpasses 15 % Rabatt auf Touren, die über *Getyourguide* gebucht werden, bekommen sollte - auch wenn ich nicht ganz verstand, wie man der Internetseite mitteilen kann, dass man einen Interrailpass besitzt.

Tipp: Auf der Interrailapp gibt es die Kategorie „More". Wählt man diese aus, ist es möglich auf „Pass benefits" zu klicken, das Land auszuwählen und schließlich eine Liste an Rabatten angezeigt zu bekommen.

Außerdem entdeckte ich eine *Getyourguide*-Tour beginnend im jüdischen Viertel über Anne Frank (aber ohne Eintritt in ihr Haus). Das könnte eine Alternative zum Anne Frank Haus sein. Allerdings kostet das Haus für mich als Minderjährigen nur 5,50 €, die Führung jedoch 25,50 €. Eine Grachtenfahrt fand ich ebenfalls interessant, wollte mir diese jedoch nur als Alternative im Hinterkopf behalten, falls alles andere nicht möglich wäre. Auch das

24 Stunden Ticket für den öffentlichen Nahverkehr wäre auf *Getyourguide* verfügbar gewesen, doch war ich mir etwas unschlüssig, ob ich das Ticket noch an einer recht weit entfernten Servicestelle hätte abholen müssen, was mich wieder viel Zeit gekostet hätte, und somit unrentabel war. Zudem wollte ich erst das Wetter am nächsten Tag abwarten und mich nicht zu früh festlegen, ob ich mit den Öffentlichen oder mit dem Rad unterwegs sein werde. Da das Rijksmuseum für mich als Minderjährigen noch kostenlos war, buchte ich hier einfach bereits eine Einlassbescheinigung für den nächsten Tag. Dummerweise musste ich am nächsten Tag feststellen, dass es mir nicht gelungen war, das Ticket herunterzuladen und auf dem Foto meines Handys von dem digitalen Ticket auf dem Tablet konnte der QR-Code für den Einlass natürlich nicht erkannt werden. Zudem wollte ich unbedingt eine Stadiontour in der Johann-Cruyff-Arena für 15,50 € buchen. Auch das wäre auf *Getyourguide* möglich gewesen.

Nachdem es inzwischen schon wieder Zeit war, um sich sein Abendessen zu besorgen, machte ich mich trotz des immer noch nicht wirklich einladenden Wetters - immerhin hatte es aufgehört zu regnen - auf den Weg zurück in Richtung Stadt. Erst lief ich hinein, dann, nach einigen Bäckereien, Crêpes-, Churros- und Waffelständen, kehrte ich wieder um und entschied mich für ein Käsezwiebelgebäck (wurde mir kostenlos erhitzt) und eine Zuckerbreze für den nächsten Morgen, damit ich meines Frühstücks bereits sicher war. Für beides zusammen zahlte ich um die acht Euro. Immerhin schmeckte es.

Tipp: In den Bäckereien wird nahezu alles, was herzhaft ist, erhitzt und dann eingepackt. Ein Bäcker eignet sich also auch, um ein warmes Essen einzunehmen. Aber Vorsicht. Werden fettige Backwaren erhitzt, ist es wahrscheinlicher, dass die Tüte durchfettet. Die Sachen können dementsprechend schlechter aufbewahrt werden.

Bei einer Croissanterie gönnte ich mir dann auch noch ein Croissant für den nächsten und drei abgepackte Rosinenbrötchen für die nächsten beiden Morgen. Dafür hatte ich etwas mehr als drei Euro zu bezahlen. Dann besorgte ich mir bei Albert Heijn am Museumsplein dunkles Brötchen, was ich bald darauf mit ein wenig des erstandenen Käses bei leichtem Regen verspeiste.

Anschließend kehrte ich ins Hostel zurück und machte mich erneut über die Planung des nächsten Tages. Diesmal verortete ich auch gleich auf *Tripadvisor* empfohlene Essensmöglichkeiten. Schlussendlich lief alles darauf hinaus, dass ich am nächsten Morgen bereits um 7:30 Uhr aufzustehen hatte und zuerst versuchen musste, doch ein Ticket für das Anne Frank Haus, andernfalls für die Anne Frank Tour zu erhalten. Je nachdem, welches Zeitfenster ich erhalten würde, müsste ich die Stadiontour buchen. Sollte es keine drastische Wetterverbesserung geben, wollte ich in der Straßenbahn ein 24 Stundenticket besorgen, sodass ich auch am Morgen des Abreisetages die Straßenbahn nutzen und mir dadurch den 50-minütigen Fußmarsch zum Bahnhof ersparen könnte. Das Rijksmuseum wollte ich nur besuchen, wenn ich noch Zeit hätte. Der Plan stand und ich durfte mich nun endlich schlafen legen.

Mit den öffentlichen Verkehrsmitteln quer durch Amsterdam
4. Tag, Donnerstag, 11.07.

Wie geplant stand ich deutlich früher als am Vortag auf. Das hatte zwar zur Folge, dass ich versuchen musste, möglichst leise das Zimmer voller schlafender Menschen zu verlassen, allerdings konnte ich so auf direktem Weg und ohne Verzögerung ins Bad gehen.

Dann nahm ich mein Frühstück mit zur Rezeption. Dort gab es eine kleine Küche mitsamt eines Wasserkochers, der es mir erlaubte, meinen mitgebrachten Tee zuzubereiten.

Nach dem Frühstück, noch deutlich vor neun Uhr, versuchte ich zweimal Tickets für das Anne Frank Haus zu buchen: Ohne Erfolg. Die Seite war noch nicht freigeschaltet. Warteschlangen hatte es trotzdem bereits gegeben. Also informierte ich mich noch etwas über die Anfahrt zu den verschiedenen Sehenswürdigkeiten, da ich aufgrund des sehr trüben und leicht feuchten Morgens sowie der Nutzbarkeit des Tickets am folgenden Morgen entschieden hatte, mich mit dem öffentlichen Nahverkehr fortzubewegen. Um 8:53 Uhr entschloss ich mich, meinen letzten Anlauf beim Ticketportal des Anne Frank Hauses zu wagen: Ich hing in einer Warteschlange mit knapp über 300 Personen. Laut Seite hätte ich damit keine Chance mehr auf ein Ticket und sollte den Versuch aufgeben. Aber ich blieb hartnäckig. Ein wenig Zeit hatte ich ja noch. Um kurz vor 9:30 Uhr war es dann endlich soweit: Ich konnte ein Ticket mit der Einlasszeit zwischen 19:00 - 19:15 Uhr buchen. Um den Kauf, den ich nur dank der Kreditkarte meines Vaters hatte tätigen können, endgültig abzuschließen, verlangte die Website die mTAN, die sie an die Handynummer des Kreditkarteninhabers geschickt hatte. Das Handy meines Vaters hatte ich jedoch verständlicherweise nicht auch noch bei mir. Ich versuchte ihn zu erreichen, immer mit der Angst, das Buchungsportal könnte sich von selbst schließen und mir meine hart erkämpfte Karte dadurch im letzten Moment aus den Händen reißen. Die Nummer meines Vaters war zu allem Überfluss besetzt. Das hieß, ich musste warten und hoffen. Zum Glück rief er mich nach einigen Minuten zurück und konnte mir die mTAN mitteilen. Somit war das Ticket gebucht. Ich lud es – diesmal funktionierte es auch - auf mein Tablet und der Grundstein für einen erfolgreichen Tag war gelegt.

Schnell buchte ich problemlos auch eine Stadionführung um elf Uhr, allerdings über die offizielle Ticketseite des Stadions. *Getyourguide* war mir einfach zu unsicher und zu komplex. Ich verließ hastig das Hostel, steuerte die nächste Straßenbahnstation an, stieg dort in die geplante Bahn ein, kaufte mein Ticket am Servicepoint im Inneren und fuhr in Richtung Stadion. Das lag lediglich etwas außerhalb, sodass ich an der „Amstelstation" in die U-Bahn wechselte. Ich fuhr mit der M54 bis „Bijlmer Arena" und fand auch nach kurzem Suchen und Umrunden des Stadions den Eingang zur Führung direkt neben dem Fanshop. Wahrscheinlich, weil nicht sonderlich viel Betrieb herrschte, interessierte die gebuchte Zeit nur wenig und ich wurde sofort für die Führung ausgestattet. Dann konnte es losgehen: Die Stadionbesichtigung beinhaltete Gäste- und Heimkabine, den Presseraum, die Mixed-Zone, die Trophäensammlung und natürlich die Spielerbänke am Spielfeldrand. Außerdem erfuhr ich in einem netten Gespräch mit einem älteren Sicherheitsmann, dass, wenn ich Glück hätte und bis 13 Uhr bliebe, das Training der Profis beendet sei und ich sie anschließend treffen könnte. Das Trainingsgelände sei hinter dem großen Hotel. Allerdings war ich bereits um kurz nach 12 Uhr im Fanshop, dem Ende der Tour angelangt. Wie schnell ich wieder in die Stadt und besonders zum rechtzeitigen Mittagessen käme damit ich, wenn möglich, noch das Rijksmuseum besuchen könnte, wusste ich nicht. Demzufolge lief ich lediglich ein wenig in die Richtung, in der ich die Trainingsplätze vermutete. Dass ich die Ajax-Spieler nicht aus der Nähe sehen würde, da es sich gut eine Woche vor Saisonbeginn um ein nicht öffentliches Training handelte, war mir klar. Trotzdem hatte ich gehofft, den Platz, auf dem sie trainierten, zu entdecken und vielleicht ein paar Kommandos oder Rufe zu hören. Doch meine Suche blieb erfolglos und ich bekam nur zwei Kindermannschaften zu Gesicht.

Da es erst halb eins war, machte ich mich doch auf den Weg in die U-Bahn und fuhr zurück in die Stadt. Auf einem großen Straßenmarkt in der **Albert Cuypstraat (absoluter Tipp für Straßenmarktfans)** gab es zwei empfohlene, billige Essensmöglichkeiten: *Benny's* ein Stand, der alles mit Hühnchen verkaufte, und ein Stückchen weiter *The original Stroopwaffel*. Letzteren wollte ich unbedingt testen, selbst wenn ich kein genaues Bild der Waffeln vor Augen hatte und nicht wusste, was auf mich zukommt. Dort angekommen, hatte sich bereits eine kleine Schlange gebildet. Als ich an der Reihe war, entschied ich mich für die normale Waffel mit Schokolade (2 €), auch wenn ich mir im Nachhinein evtl. sogar die Waffel „spezial" hätte leisten dürfen (diese war deutlich größer und kostete 3,50 €). Die Waffeln bestehen alle aus zwei aufeinander geklappten dünnen Waffelplatten, zwischen denen eine Karamellfüllung eingezogen wird. Je nach Typ werden sie weiter angepasst. Ich war absolut zufrieden mit meiner leckeren und recht billigen Waffel. Dennoch konnte sie meinen Hunger noch nicht stillen. Ich schlenderte weiter die Essensstraße entlang. Dabei lachten mich so viele leckere, aber wohl nicht ganz so günstige Speisen wie etwa englische Pies, diverse Käsesandwiches, vietnamesische gefüllte Teigtaschen sowie Röllchen und vieles mehr an, dass ich mich nicht entscheiden konnte, umkehrte, entschied, dass mir ein Hähnchen jetzt doch zu viel und zu wenig typisch niederländisch ist und wählte stattdessen 10 Poffertjes mit Schokolade und Erdbeeren, die mir schon bei meiner Ankunft auf dem Straßenmarkt ins Auge gesprungen waren (Marktstand „*Poffertjes Albert Cuyp*"). Diese kosteten mich zu meiner Verwunderung stolze vier und nicht wie angenommen 3,50 Euro. Das lag daran, dass auf den Rohpreis von drei Euro nicht wie erwartet 50 Cent für die Kombination aus Frucht und Schokolade, sondern für jede Beilage einzeln je 50 Cent mehr zu zahlen waren.

Als nächstes fuhr ich in das jüdische Viertel. Als ich die U-Bahn-Station verlassen hatte, stand ich plötzlich auf dem nächsten Markt. Da ich eigentlich die auf dem Stadtplan eingezeichnete Post suchte, lief ich auch über diesen hauptsächlich Souvenirmarkt. Ich erreichte einen Stand, an dem erneut vietnamesische Teigtaschen und Röllchen verkauft wurden. Da ich ja bisher ausschließlich Süßes gegessen hatte, nahm ich die Gelegenheit prompt wahr, und schlug bei einer Teigtasche zu. Ich beträufelte sie sowohl mit süßer, als auch mit scharfer Sauce, da diese bereits im Preis enthalten waren. Leider erinnere ich mich nicht mehr an den exakten Preis. Ich vermute, er lag bei ca. 3 €. Sicher bin ich mir jedoch, dass mir das Preis-Leistungsverhältnis sehr gut vorkam. Was auch noch erwähnt werden muss ist, dass die scharfe Sauce tatsächlich eine der schärfsten war, die ich je gegessen habe. Mein Mund brannte noch eine ganze Zeit nach dem Essen, als hätte er Feuer gefangen.

Nach einigem Suchen und schließlich der Nachfrage in einem Supermarkt fand ich auch das Postgeschäft auf der dem Marktplatz zugewandten Seite. Dort kaufte ich eine Briefmarke für eine Postkarte nach Deutschland für die ich 2,40 € zu bezahlen hatte. Meine bereits am Vorabend geschriebene Postkarte konnte ich dort direkt zum Verschicken abgeben.

Anschließend nahm ich mir noch die Zeit, das jüdische Viertel mit einigen Museen und der portugiesischen Synagoge zu erforschen. Ich lief bis zum Tierpark. Dort stieg ich wieder in eine Straßenbahn, mit der ich zum Rijksmuseum fuhr. Da meine Reservierung ja bekanntlich nicht funktioniert hatte, musste ich mir an der Information noch eine kostenlose Eintrittskarte für Minderjährige aushändigen lassen. Um kurz vor halb vier konnte ich meine Besichtigung starten. Da ich allerdings zugegebenermaßen nicht der größte Kunstfan bin, durchquerte ich weite Teile des Museums relativ zügig und ohne längeren Aufenthalt. Ein wenig länger widmete ich mich den Ausstellungsstücken aus der Kolonialgeschichte Hollands, die ich recht interessant fand. Außerdem verweilte ich vor dem großen Rembrandt-Bild „Nachtwache". Dieses wurde gerade mit modernster Technik untersucht und aufgenommen, um es für die Nachwelt zu sichern. Dann machte ich mich auch noch einmal auf die Suche nach den Werken van Goghs, die ich zuerst übersehen hatte. An und für sich sind die drei Gemälde gut zu erkennen, da stets viele Leute vor ihnen standen und sie bewunderten. Als ich eigentlich schon gehen wollte, entdeckte ich einen weiteren großen

Ausstellungsraum, in dem eine Sonderausstellung über Waffen, Schiffe und Mode untergebracht war. Da das Museum allerdings in Kürze schloss, konnte ich nur einen kurzen Blick in die Ausstellung werfen. Insgesamt war es eine gute Idee das Museum, ohne Eintritt zahlen zu müssen, zu besichtigen. Allerdings waren die gut 1,5 Stunden selbst für mich etwas zu kurz um alles anzusehen. Außerdem kann ich gar nicht genau sagen, was ich nicht gesehen habe, da es mir sehr schwerfiel, den Überblick zu behalten, wo man als nächstes hinlaufen sollte.

Tipp: Wer an Kunst interessiert ist, sollte sich das Museum nicht entgehen lassen. Für einen Besuch sind allerdings, denke ich, mindestens drei Stunden einzuplanen. Auch für nicht so sehr an Kunst Interessierte kann es sich zumindest lohnen, in den Vorraum zu gelangen: Dort gibt es sowohl gratis Toiletten, als auch WLAN. Theoretisch könnte man sogar die Garderobe und die Schließfächer nutzen, um dort sein Gepäck zu lagern.

Nach dem Museumsbesuch stattete ich dem Supermarkt einen weiteren Besuch ab. Dort besorgte ich mir noch ein Brötchen zum Abendessen und eine Apfeltasche für das nächste Frühstück. Als ich den Laden wieder verließ, fiel mir ein Automat auf, der auch bei näherer Betrachtung einem Pfandautomaten sehr ähnelte. Da ich noch keine Flasche geleert hatte, beschloss ich ihn ein anderes Mal auszutesten. Ich kehrte also ins Hostel zurück, packte meine Sachen so, dass ich mein Abendessen dabeihatte und verließ das Hostel schnell wieder. Eine der beiden in Amsterdam gekauften Flaschen hatte ich umgefüllt und nun leer dabei. Da die Straßenbahn am Museumsplein erst in sechs bis acht Minuten kommen sollte, rannte ich in den gegenüberliegenden Supermarkt und steckte die Flasche in den Automaten. Tatsächlich erhielt ich nun einen 25 Cent Pfandbon. Mit diesem erreichte ich die Kasse und reihte mich direkt in die kurze Warteschlange ein. Allerdings hatte ich ja nichts gekauft und hinter mir befand sich eine Frau, die meine Mutter sein hätte können. Da ich den

Pfandbon nicht auf das Band gelegt hatte, sorgte ich für einige Verwirrung. Nachdem ich endlich mein Geld erhalten hatte, eilte ich zur Haltestelle und konnte glücklicherweise kurz darauf in eine Straßenbahn einsteigen, die mich in die Nähe des Anne Frank Hauses fuhr.

Dort angekommen verspeiste ich erst einmal mein Abendessen, bevor ich mich in die Warteschlange für den Einlass im gebuchten Zeitraum einreihte. Nachdem ich meine Tasche im Inneren abgegeben hatte, wurde ich mit einem kostenlosen Audioguide auf Deutsch ausgestattet und konnte nun die Ausstellung besichtigen. Ob auch in der Hauptsaison jeder einen kostenlosen Audioguide in seiner Sprache bekommt, wage ich mal zu bezweifeln, aber wer weiß.

Für die Ausstellung nahm ich mir ca. 1,5 Stunden Zeit, sodass ich das Haus um ca. 20:45 Uhr verließ und nun noch ein wenig Zeit bis zu meiner Rückkehr ins Hostel hatte. Die 5,50 € hatten sich auf jeden Fall gelohnt. Die Ausstellung war tatsächlich sehr gut gestaltet, nicht zu lange, aber auch sehr informativ und beeindruckend.

Meine verbliebene Zeit in Amsterdam nutzte ich nun, indem ich mein 24 Stunden Ticket weiter ausfuhr: Zuerst zum Bahnhof, wo gefühlt alle Linien in die Stadt vorbeikommen. Von dort nahm ich Linie 12, die zu meinem Hostel fahren würde. Allerdings stieg ich bereits etwas früher aus, da ich mir noch eine Kleinigkeit bei der Croissanterie besorgen wollte, bei der ich am Vortag eingekauft hatte. Also erstand ich dort noch ein erhitztes Gebäck, das ich auf dem Weg zur nächsten Straßenbahnhaltestelle genüsslich verzehrte. Mit der Linie 12 fuhr ich wieder zurück zum Hostel und genoss dabei ein letztes Mal Amsterdam bei Nacht. Im Hostel angekommen bereitete ich mich noch auf den Abreisetag vor und packte deshalb meinen Rucksack nahezu komplett. Schließlich versuchte ich schnell zu schlafen, um am nächsten Morgen möglichst wach meinen Zug in Richtung Brügge zu erwischen.

Im Wechselbad der Gefühle
5. Tag/ 2. Reisetag, Freitag, 12.07.

Mein Wecker hatte mich um kurz nach sechs Uhr geweckt. Schnell packte ich meine Sachen, erledigte den Check-out (Schlüsselrückgabe) und machte mich sofort auf zur nächstgelegenen Straßenbahnstation. Vor lauter Eile hatte ich sogar noch ein wenig Zeit, bis die Straßenbahn ankam. Mit der Linie 12 fuhr ich eines der beiden Rosinenbrötchen essend denselben Weg, wie ich am Vorabend gekommen war, durch das kühle, bewölkte Amsterdam zurück. Zum Glück galt das 24 Stunden Ticket tatsächlich 24 Stunden.

Tipp: Kauft man sich ein 24 Stunden Ticket, sollte stets vorab geklärt werden, ob dieses wirklich 24 Stunden oder lediglich am Tag des Kaufes als Tagesticket gilt.

Mit dem kleinen Zeitpuffer, den ich mir geschaffen hatte, war es kein Problem den richtigen Zug zu erreichen. Zwar stand dort im Abschnitt B noch ein Thalys nach Paris, weshalb ein Schaffner mich erst einmal fragte, ob ich auch die notwendige teure Reservierung besäße. Schließlich verstand er und bestätigte mir noch einmal, dass mein Zug in Richtung Brüssel-Midi von Abschnitt A abfahren würde. Dort konnte ich dann meine Apfeltasche essen - im Zug selber mein verbliebenes Rosinenbrötchen.

Ohne weitere besondere Vorkommnisse stieg ich, wie es laut der Interrail-App hieß, in „Anvers" aus. Glücklicherweise hatte ein freundlicher Schaffner bestätigt, dass dies der Halt „Antwerpen" (frz.: Anvers) sei. Dort warf ich einen kurzen Blick aus dem Bahnhof heraus, konnte jedoch nichts Sehenswertes in der Umgebung entdecken, sodass ich die übrige Zeit am Bahnsteig auf meinen Zug wartete. Inzwischen hatte es angefangen heftig zu regnen.

Mit dem nächsten Zug fuhr ich bis Gent, wo ich erneut umsteigen musste. Unmittelbar nach meiner Ankunft begann es auch hier wie aus Eimern zu schütten. Der Zug von Gent fuhr direkt nach Brügge. Ich wollte jedoch bis nach Oostende fahren, in der Hoffnung dort kurz ins Meer gehen zu können oder zumindest Kraftübungen am Strand zu machen. Mit meiner Ankunft wurde mir jedoch schlagartig klar, dass dies eine Wunschvorstellung bleiben würde: Auch hier regnete es in Strömen, sodass jeder froh war, wenn er sich an einem Fischstand oder dem Eingang zu einem Parkhaus unterstellen konnte. Trotz des Regens wollte ich zumindest den Strand sehen und so lief ich mit der Regenhaube über dem Rucksack ein ganzes Stück an der Promenade entlang. Meine Schuhe waren längst völlig durchnässt, als es erstaunlicherweise aufhörte zu regnen und sich sogar ein klein wenig Sonne blicken ließ. So lief ich bis zur Touristinfo, wo ich mich nach billigen Lokalen und einem Supermarkt erkundigte. Da mich jedoch auf meinem Weg nichts ansprach, ich mir nicht sicher war, ob ich überhaupt zum mir empfohlenen Platz gelangt war und es wieder zu regnen begann, lief ich weiter in Richtung Bahnhof, um dem Wetter zu entfliehen. Als es immer stärker regnete, entschied ich, mir bei einem der überdachten Fischverkaufsständen einen Fischmix zu besorgen und dort zu verköstigen. Dieser bestand aus zwei Calamariringen, zwei Backfischteilchen, zwei überbackenen Garnelen und einem weiteren überbackenen Fisch. Dazu konnte eine Sauce umsonst ausgewählt werden. Bis ich mit dem Essen fertig war, hatte sich das Wetter gebessert, sodass ich über einen kleinen Umweg, vorbei an einer Kirche, zum Bahnhof lief. Nachdem so gut wie jeder Zug von Oostende in Brügge hält, stieg ich einfach in einen in zwei Minuten abfahrenden Zug, der meines Wissens wieder zurück nach Gent ging.

In Brügge angekommen, musste ich mich erst einmal orientieren. Dementsprechend nutzte ich die dort befindliche Tourist Information einerseits dazu, mir den Weg zur Jugendherberge auf einem Stadtplan, den ich behalten durfte, zeigen zu lassen und außerdem selber mithilfe des frei zugänglichen WLANs zu recherchieren: Zusätzlich zu der Jugendherberge zeichnete ich mir empfohlene Lokalitäten ein, um mir noch etwas zu Essen zu besorgen. Nun konnte ich erst in die Stadt laufen und im Anschluss zur Jugendherberge. Vor dem Bahnhof überraschte mich das Wetter endlich auch einmal positiv: Sonnenschein und angenehme T-Shirt-Temperaturen.

In der Stadt wollte ich als Ergänzung zum Fisch noch eine typisch belgische Waffel besorgen. In Brügge befand sich nahezu jede Empfehlung rund um den Eier- und den normalen Markt. Ich brauchte also nur dahin zu laufen. Da laut Internet *Fred's* Waffeln billiger und nicht ganz so süß seien wie die bei *Chez Albert* steuerte ich *Fred's* an. Dabei ließ ich sogar die sehr lecker aussehende, im Internet empfohlene Eisdiele *Da Vinci* vorerst links liegen.

Auch von *Fred's* war ich positiv überrascht. Da ich nichts so Süßes haben wollte, bestellte ich eine pure Waffel - für nur zwei Euro. In der Regel kosten die Waffeln mindestens 2,50 €. Auch geschmacklich taugte sie mir voll und ganz. Glücklich und zufrieden machte ich mich nun, die Waffel mampfend und den Stadtplan in der anderen Hand haltend, auf den Weg zur Jugendherberge. Dieser führte mich gleich zu Beginn einmal mitten durch die schöne Stadt.

Als ich das Zentrum verlassen hatte, musste ich einer großen Straße stadtauswärts folgen, von der allerdings nur der Beginn auf dem Stadtplan abgedruckt war. Wo die Jugendherberge genau lag, konnte ich dem Plan nicht entnehmen.

Also lief ich die Straße einfach immer weiter, vorbei an Tankstellen, an Bushaltestellen und sogar vorbei an einem ALDI. Auf dessen Höhe beschloss ich, dass wenn meine Jugendherberge auch nur annähernd in der Nähe sei, ich sicherlich hier versuchen würde, das Wichtigste einzukaufen. Völlig fasziniert lief ich weiter. Als ich schließlich eine ganze Weile später eine Bankfiliale passierte, wurde mir klar, dass ich sicherlich längst hätte da sein müssen. Ich kontrollierte also die Straße, doch in dieser hatte ich mich nicht geirrt. Nun entschloss ich mich, denselben Weg einfach wieder in Richtung Stadt zu gehen, in der Hoffnung auf diese Weise die Unterkunft zu entdecken. Tatsächlich war ich an ihr vorbeigelaufen, da sich der Banner nicht direkt an der Straße befand, wodurch er stadtauswärts nahezu nicht erkennbar war. Die Jugendherberge befand sich nämlich direkt gegenüber des ALDIs.

Nach einer großen Gruppe an Jugendlichen, wahrscheinlich eine Musikklasse aus Irland, konnte ich einchecken und mir bereits Informationen über meine um 5:10 Uhr geplante Weiterfahrt nach Paris zwei Tage später sichern. Zum Beispiel die, dass um diese frühe Uhrzeit noch kein Bus von der, der Jugendherberge gegenüberliegenden, Bushaltestelle abfuhr.

Während ich mein Bett bezog und meine Zimmergenossen kennen lernen durfte, spielte die Gruppe mit ihren Instrumenten bereits erste bekannte Stückchen. Zu meinen Zimmergenossen zählten u. a. ein junger Mann, der mit seinem Fahrrad aus Südfrankreich angereist war und am folgenden Morgen weiter in Richtung Amsterdam fuhr. Außerdem wohnte mir ein sehr offener und aufs Kontakteknüpfen getrimmter Inder bei, der laut eigener Aussage in Berlin arbeitete. Auch er wollte per WhatsApp mit mir in Kontakt bleiben. Schon in Amsterdam hatte mir ein Junge aus Australien seine Nummer gegeben, da er teils zeitgleich mit mir in Brügge und Paris sein wollte.

Nachdem ich mich fertig eingerichtet hatte, verließ ich die Jugendherberge, um mich gleich mit einem Brötchen fürs Abendessen, Wasser und einer vorzüglichen Grenadinenlimonade einzudecken. Außerdem hatte ich meinen Ball im Gepäck. Mit diesem dribbelte ich dann ein wenig durch die Parks, durch die ich kam.

Mein einziges wirkliches Ziel in der Stadt war *Da Vinci*. Allerdings waren auch einige Sehenswürdigkeiten im Stadtplan eingezeichnet. Deshalb suchte ich mir nicht den direktesten Weg ins Zentrum, sondern legte an vielen der Sehenswürdigkeiten einen kurzen Stopp ein. Auf diese Weise hatte ich bereits nach dem ersten Abend fast alle Sehenswürdigkeiten immerhin von außen betrachtet. Besonders sehenswert fand ich den Beginenhof, den Minnewaterpark und das allgemeine Treiben auf dem Markt unter dem Belfried, der auch bestiegen werden kann.

Aber auch die Eisdiele *Da Vinci* ist einen Besuch wert, selbst wenn gleichzeitig die Eisdiele direkt gegenüber oder das Eis bei *Fred's* sehr verlockend aussahen: Bevor ich mich für eine Sorte entscheiden musste, wurde mir erst einmal die Sorte des Tages zum Probieren gereicht. Auf die Nachfrage, um was es sich bei einer anderen Kreation handle, erhielt ich nicht nur eine Erklärung, sondern durfte auch diese Sorte probieren. Selbst als ich mich für drei Sorten entschieden hatte, wurde mir die dritte Sorte, die ich noch nicht probiert hatte, auf einem Plastiklöffelchen gereicht. Geschmacklich war ich absolut zufrieden und die Größe der Kugeln sowie die Waffelqualität ließen nichts zu wünschen übrig. Für die drei leckeren Kugel vier Euro zu bezahlen, fand ich ebenfalls angemessen. Mit dem Eis in der Hand schlenderte ich dann gemütlich zurück zu meiner Unterkunft. Dort angekommen, ließ ich mich an einem der Tische vor der Jugendherberge nieder und nahm mein gekauftes Abendessen und den letzten Apfel von zu Hause mit ein wenig Wehmut zu mir.

Bevor ich zu Bett ging, überlegte ich noch, was ich am folgenden Tag anschauen könnte und entwickelte einen kleinen Plan.

Brügge für Genießer und Leckermäuler
6. Tag, Samstag, 13.07.

Um etwas Schlaf nachzuholen, schlief ich bis etwa 8:30 Uhr. Später durfte ich nicht aufstehen, da ich einerseits ja einiges vorhatte, andererseits das Frühstück lediglich bis 9:30 Uhr möglich war. Durch meine recht hohen Erwartungen aufgrund der Erfahrungen in deutschen Jugendherbergen enttäuschte mich die Auswahl zunächst: Drei Sorten Müsli, dazu Milch oder Joghurt, hartgekochte Eier, ein Getränkeautomat für heiße und einer für kalte Getränke, Orangen sowie abgepackte Schokolade, Honig, zwei Sorten Marmelade und drei Sorten Brot. Im Nachhinein betrachtet eine gute Auswahl. Beim Brot handelte es sich jedoch um das recht günstige Fluffbrot, das es vorgeschnitten bei ALDI zu kaufen gibt. Vielleicht resultierte meine anfängliche Enttäuschung daher oder ich hatte noch süßes Gebäck, z. B. Waffeln, erwartet. Ich machte mir, da ich kein Fan von grünem und schwarzem Tee bin, meinen eigenen mit einem selber mitgebrachten Teebeutel.

Tipp: Wer zum Frühstück keinen schwarzen, grünen oder Kräutertee, aber dennoch Tee trinken will (Früchtetee), sollte eigens ein paar Teebeutel mitbringen. Selbst wenn man kein Frühstück gebucht hat, gibt es bisweilen einen Wasserkocher, mit dem man sich dann seinen Tee zubereiten kann.

Nach dem füllenden Frühstück packte ich das nötigste ein und machte mich auf den Weg in die Stadt. Zuerst lief ich zum Bahnhof, da ich nun doch nicht unbedingt den Zug um 5:10 Uhr nehmen wollte. Stattdessen hatte ich vor, mir eine teure Reservierungsgebühr für einen Thalys zu leisten. Doch bestätigte mir die Frau am Schalter, was ich bereits vermutet hatte: Es waren schon alle Züge ausgebucht. So blieb mir nur noch die Möglichkeit, um kurz nach elf Uhr abzufahren und dementsprechend auch erst um kurz vor fünf am Pariser Bahnhof Gare du Nord anzukommen. Das bedeutete, die Parade auf der Champs Elysée zum Nationalfeiertag war déjà passé. Immerhin könnte ich mir so die Reservierungsgebühren ersparen. Erst dann konnte ich mich auf den Weg in die Stadt machen.

Auf diesem besichtigte ich noch die *Sint-Salvatorkathedrale*, die ich sehr beeindruckend fand und von ihrer Größe überrascht war. Anschließend erreichte ich das Museum *Choco Story*, ein Museum über Schokolade, da Belgien für seine exzellenten Pralinen bekannt ist. Ich entschied mich für eines der zahlreichen Kombitickets. In meinem Fall, wollte ich zusätzlich kurz das *Frietmuseum* besuchen. Natürlich ein Museum über die Kartoffel und Pommes Frites/French Fries, eine weitere belgische Spezialität. Das kostete mich dann als Schüler/Student 11,50 €. Im Preis, hieß es, sei eine Verkostung beider Spezialitäten inbegriffen. Aus diesem Grund war es eigentlich gar nicht so gut, vor nicht allzu langer Zeit ausgiebig gefrühstückt zu haben.

Hat man keine Führung gebucht, bei der man selbst Schokolade herstellt, so muss man zuerst die Treppe links nach oben gehen, um die Ausstellung in der richtigen

Reihenfolge zu durchlaufen. Da vor mir jedoch eine Gruppe an solch einer Führung teilnahm, war ich etwas irritiert und dachte dieser Workshop sei Teil der regulären Ausstellung, weshalb ich mit einigem Abstand folgte. So begann ich mit dem Highlight des Museums: Eine Dame stellte unter Erklärung der einzelnen Schritte Vollmilchpralinen mit Nougatfüllung her. Dabei erfuhr man u. a. auch, dass die Vollmilchschokolade bei 27-29 Grad Celsius Temperatur verarbeitet werden muss, überschüssige Schokolade bei dieser Temperatur auch aus der Form abgegossen werden sollte, um eine Füllung machen zu können, die Schokolade dann 25 Minuten kühl gestellt werden muss, damit sie sich leicht aus der Form lösen lässt und, und, und ...

Verließ man den Vorführungsraum Richtung Ausgang erhielt natürlich jeder eine fabrizierte Schokolade. Ich ging erst einmal zurück zur Treppe und holte mir keine Schokolade ab, da ich später ja wieder durch denselben Ausgang müsste. Zudem hatte man bereits einiges an Schokolade während der Vorführung probieren können.

Die Ausstellung an sich gestaltete sich ausführlicher als gedacht. Zuerst ging es um die Ursprünge der Schokolade bei den Ureinwohnern Südamerikas. Im ersten Ausstellungsraum las ich noch alles. Von Ausstellungsraum zu Ausstellungsraum nahm das jedoch mit der weit voranschreitenden Zeit und dem Wissen, dass das *Frietmuseum* nur bis 17 Uhr geöffnet hat, drastisch ab. Schließlich widmete ich mich nahezu ausschließlich den kleinen Zusammenfassungsschildern, die für Kinder angebracht waren, das ganze Wissen jedoch etwas auflockerten. So ging es von den Ursprüngen zur Pflanze, dann deren Verarbeitung zu Schokolade sowie Pralinen und zum Abschluss in einen Ausstellungsraum über belgische Produzenten. Hier fanden sich aber auch Informationen zu gesundheitlichen Aspekten, die die Schokolade in ein äußerst positives Licht rückten. Abgerundet wurde die Ausstellung mit einem Film über den bekanntesten bzw. den letzten in den Händen der Belgier verbliebenen belgischen Schokoladenfabrikanten *Belcolade* und einer Sonderausstellung auf dem Weg zum Vorführungsraum, die jedoch von kaum jemandem mehr beachtet wurde, sowie von einigen Skulpturen aus Schokolade. Zum Glück war gerade die laufende Vorführung kurz vor dem Ende, sodass ich unauffällig auch noch eine der produzierten Pralinen bekam und über den Shop das Museum um etwa 13:30 Uhr verließ. In den ungefähr 2,5 Stunden, die ich im Museum verbracht hatte, war ich keines Wegs vom Hunger geplagt. Zu oft konnte man an Schokoladenspendern verschiedene Sorten probieren.

Obwohl ich keinen großen Hunger hatte, bestand mein Plan darin, nun eine Pause zwischen den Museen einzulegen und beim auf *Tripadvisor* empfohlenen Brasilianer *Brazi's* eine Kleinigkeit zu Mittag zu Essen. Kurz bevor der Laden eine erzwungene Pause wegen Überfüllung einlegen musste, konnte ich noch einmal Coxinha (3 €) bestellen. Dabei handelte es sich um eine brasilianische Spezialität: Eine Fleisch- (wahrscheinlich Huhn-), Mais- und Gemüsefüllung in einem krossen Teigmantel.

Mit der kleinen Portion Essen in der Hand machte ich mich kurz nach 14 Uhr auf den Weg zum *Frietmuseum*. Dort erhielt ich durch das Vorzeigen der Rechnung des Kombitickets eine Eintrittskarte und einen 40 Cent Rabattgutschein für das Restaurant im Keller - also nichts mit Fritten for free. Die Ausstellung gestaltete sich weniger interessant. Besonders im Untergeschoss hielt ich mich nicht so lange auf. Hier ging es nur um die Kartoffel und ihre botanische Bedeutung als Pflanze. Das Obergeschoss interessierte mich doch ein wenig mehr, denn nun ging es endlich wirklich um die (belgischen) Fritten. Es gab immerhin auch eine Tafel, auf der erklärt war, wie die Pommes zubereitet werden müssen. Außerdem war z. B. eine begehbare Pommesbude ausgestellt und verschiedene Saucen wurden erklärt. Abschließend ließ ich es mir dann doch nicht nehmen, im Restaurant noch eine Portion Fritten mit Sauce „Andalouse" zu kaufen. Mit 2,20 € + 60 ct. für die Sauce waren die Fritten relativ billig. Dazu kam noch der Rabatt von 40 ct. Mit den Pommes in der Hand machte ich mich dann auf in grob die Richtung der Herberge.

Tipp: Für Feinschmecker ist das Schokoladenmuseum auf jeden Fall einen Besuch wert. Wie lange man sich für die Ausstellung Zeit nimmt, muss dann jeder selbst entscheiden. 1,5 Stunden sollten aber schon mindestens eingeplant werden. Auf das *Frietmuseum* könnte man allerdings, sofern man kein Pommes- oder Kartoffelfanatiker ist, getrost verzichten und das Geld stattdessen in eine leckere Portion „French Fries" investieren.

Eigentlich wollte ich noch an einem auf *Tripadvisor* gefundenen Bagel-Laden vorbeischauen, der etwas abseits lag. Spontan wollte ich dort entscheiden, ob ich mir einen Bagel gönnen sollte. Im Internet war nämlich auch die Rede von einem süßen Bagel, den ich anstatt eines Eis oder einer Waffel essen könnte.

Auf dem Weg gelangte ich zu einer weiteren Kirche. Mit den Fritten in der Hand konnte ich aber wohl schlecht dort hineingelangen. Deshalb aß ich diese auf dem kleinen Vorplatz der Kirche auf und durchlief anschließend kurz die Kirche. Als ich einmal alles gesehen hatte und wieder vor der Kirche stand, urteilte ich, dass es zwar keine ganz schlechte Idee war, in die Kirche zu gehen, sie jedoch nicht unbedingt sehenswert ist. Schließlich erreichte ich den gesuchten Laden. Von außen konnte ich aber keine süßen, sondern ausschließlich eine Karte mit herzhaften Bagels erkennen. Zudem hatte ich keinen Hunger. Also lief ich weiter stadtauswärts.

Am Fischmarkt begann es wieder zu regnen und ich entdeckte eine Anlegestelle für die 35-minütigen Grachtenfahrten. Da ich bereits in Amsterdam nicht dazu gekommen war, eine solche Fahrt mitzumachen, entschloss ich mich völlig spontan für zehn Euro an der nächsten teilzunehmen. Auf Nachfrage in welchen Sprachen erklärt werden solle, ergab es sich, dass ich an einer französisch-englischen

Bootstour teilnahm. Im Regen ging es also durch die Grachten vorbei an den anscheinend wichtigsten Sehenswürdigkeiten, die vom Boot aus zu entdecken waren. Nach einer guten halben Stunde legten wir wieder an unserer Abfahrtsstelle an und der Bootsfahrer bzw. Guide verlangte beim Aussteigen noch ein wenig Trinkgeld von jedem Gast. Zum Glück hatte ich noch einige Cent Münzen, sodass ich ihm maximal zehn Cent in die Hand warf. Zehn Euro, fand ich, waren für 35 Minuten sowieso schon recht teuer. Außerdem hatte ich mich auf einen einzelnen Stuhl in die Mitte des Bootes setzen müssen. Das hatte zur Folge gehabt, dass es einerseits nahezu unmöglich war, ein Foto ohne eine Vielzahl von Köpfen im Vordergrund zu machen. Andererseits hatte ich ständig ein Handy oder einen Selfiestick vor dem Gesicht.

Tipp: Bei geführten Bootstouren ist es zu empfehlen einen Platz am Rand des Bootes zu ergattern, um von dort aus eine bessere Sicht und eine bessere Ausgangslage für Fotos zu haben. Einziger Vorteil eines Platzes in der Mitte könnte sein, dass einem weniger schlecht wird. Das Risiko dafür ist bei einer solchen Fahrt auf ruhigem Gewässer allerdings sehr gering.

Anschließend lief ich doch noch einmal zu *Brazi's*, da es dort eine verlockend aussehende brasilianische Nachspeise gegeben hatte, die ich nun eventuell probieren wollte. Doch wohl aufgrund des großen Ansturms zu Mittag schien der Laden bereits geschlossen zu sein. Nun kehrte ich endgültig zur Jugendherberge zurück.

Dort ließ ich mir trotz der späteren Abfahrtszeit, wie bereits bei meiner Ankunft vereinbart, ein Lunchpaket zusammenstellen. Dieses war alles in allem v. a. im Vergleich zum Frühstück dürftig: Ein verpackter Schokokeks, eine weitere kleine, abgepackte Süßigkeit, ein kleiner Orangensaft in einem Plastikkarton und als Highlight ein Apfel. Mein Plan war eigentlich gewesen mein Frühstück am Morgen in Brügge einzunehmen und das Lunchpaket als Mittagessen zu verwenden. Das Paket war jedoch eindeutig maximal als kleiner Snack oder als Beilage zum Frühstück zu gebrauchen.

Im Zimmer ruhte ich mich kurz aus und packte mein Abendessen ein. Ich wollte unbedingt noch ein Eis oder eine Waffel essen, sodass ich beschloss, ein wenig auf dem Weg in die Stadt zu essen. Dafür hatte ich mir vorher ein Brötchen, die sehr leckere Grenadinenlimonade und ein neues Wasser besorgt und eingepackt. Gemeinsam mit dem Inder lief ich dann erneut in die Stadt. Dabei aß ich mein Abendessen, ließ allerdings noch ein bisschen als Mittagessen für den folgenden Reisetag übrig. Da der Inder noch keine Waffeln gegessen hatte, steuerten wir *Fred's* an. Allerdings war er es nicht gewöhnt - und wollte es auch nicht - Eier zu essen. Die Waffeln enthielten jedoch Eier. Deshalb entschieden wir uns stattdessen für ein Eis: Er wählte eine Kugel Kokoseis in der Waffel. Das schmeckte ihm zwar, allerdings schien er auch den Konsum von Eis nicht gewohnt zu sein und die eine Kugel mit der Waffel war, nach seiner Aussage, zu viel für ihn. Ich wählte M&M-Eis mit Oreo. Zwei sehr leckere Sorten. Netterweise zahlte er auch für mich mit, sodass ich nur ein wenig Geld beisteuern musste, für das ich keine zwei Kugeln bekommen hätte. Preistechnisch kostete das Eis hier genauso viel wie bei *Da Vinci*. Nur gab es hier weniger Auswahl und keine Probierlöffel.

Tipp: Wer in Brügge ein Eis sucht, kann sowohl zu *Da Vinci* als auch zu *Fred's* gehen. Will man es ein bisschen professioneller mit mehr Auswahl, würde ich *Da Vinci* eher empfehlen. Überlegt man auch noch eine Waffel zu essen, bietet sich *Fred's* wahrscheinlich eher an.

Mit unserem Eis schlenderten wir zurück zur Jugendherberge, wo ich mich noch auf den langen nächsten Tag vorzubereiten hatte. Obwohl ich eigentlich mal früh ins Bett gehen wollte, wurde es 23:30 Uhr bis ich mich wirklich schlafen legte und meinen Wecker auf 7:15 Uhr stellte.

On y va! La fête a déjà commencé
7. Tag/ 3. Reisetag, Sonntag, 14.07.

Wie geplant verließ ich die Jugendherberge um kurz nach halb acht, sodass ich um 8 Uhr in der Stadt ankam. Mein Frühstück sollte unbedingt noch einmal belgische Waffeln enthalten. Ich wusste bereits, dass *Fred's* erst um 10:30 Uhr öffnet. Ein anderer Waffelladen, *Flavourrs*, interessierte mich auch. Ich hatte jedoch keine Öffnungszeiten im Internet finden können, sodass ich es dort auf gut Glück probieren musste. Bereits auf dem Weg wirkte die Stadt sehr verschlafen. Dieser Eindruck sollte nicht täuschen. Selbst um 8:30 Uhr hatte ich noch keinen geöffneten Laden gefunden. *Flavourrs* hatte natürlich ebenfalls noch geschlossen. Als ich die Fußgängerzone fast vollständig durchlaufen hatte, erblickte ich endlich den ersten geöffneten Bäcker (*Chantilly*). Dort deckte ich mich mit einem Éclair für 2,20 €, einem mit Vanillecreme gefüllten sowie mit Puderzucker bestäubten Plundergebäck und einer „8'tje" (süße belgische Plunderteigbreze) ein. Inzwischen war auch mein guter Freund, der Regen zurück. Deshalb setzte ich mich auf dem großen Platz vor dem Concertgebouw (Konzertgebäude) unter ein Dach eines Parkhauseingangs. Dort verspeiste ich dann das Éclair, die abgepackte Süßigkeit des Lunchpakts und das Plundergebäck mit Cremefüllung. Dazu trank ich u. a. den mit Wasser verdünnten Orangensaft.

Anschließend wollte ich das WLAN der Touristinfo direkt am Concertgebouw nutzen, um nach weiteren Waffelläden und deren Öffnungszeiten zu suchen. In dieser Zeit hörte es auf zu Regnen. Also wandte ich mich wieder in Richtung Zentrum, da mir eingefallen war, dass sich auf dem Weg dorthin ein weiterer gut aussehender Waffelshop befand. Außerdem war es inzwischen schon etwa Viertel nach Neun, sodass ich davon ausging, die meisten Läden müssten inzwischen geöffnet haben. Doch auch dieser Waffelladen war noch geschlossen. Zu allem Überfluss begann es wieder zu regnen. Trotzdem lief ich, auch ein wenig aus

Verzweiflung weiter bis ich schließlich die große Mariastraat erreichte, die in die Stadt hineinführt. Diese Straße war ich an diesem Tag schon einmal entlanggelaufen. Da war sie absolut menschenleer und verlassen gewesen. Doch nun ließen sich ein paar Menschen blicken und glücklicherweise hatten nun auch einige Geschäfte ihre Türen geöffnet. Ich entschied mich für einen „Best Belgian Waffle" Shop (*I love Waffles*), der wohl erst vor wenigen Minuten geöffnet worden war. Die Preise schienen zwar nicht ganz billig, jedoch auch nicht absolut überteuert. Ich bestellte eine Waffel mit Nutella für 3,50 €. Sie wurde vor meinen Augen frisch gebacken, sodass sie noch warm war und vorzüglich schmeckte. Erst nach der Hälfte der Waffel fragte ich dann doch einmal nach, was ich kaum glauben konnte: Die vielen verschiedenen Toppings seien im Preis mitinbegriffen. Schier unglaublich - aber wahr! So kam es, dass ich meinen verbliebenen Waffelrest mit gemixten Schokokügelchen, geröstetem Haselnusspulver und zerstoßenen Spekulatiusbröseln aufpeppte. Ein echter Genuss, selbst wenn ein wenig kalorienhaltig.

Glücklich, noch eine Waffel bekommen zu haben, lief ich erneut durch die Fußgängerzone Noordzandstraat, in der ich auf weitere geöffnete Läden spekulierte, in Richtung Bahnhof. Allerdings sprang mich nichts mehr an, sodass ich bereits um kurz vor zehn am Bahnhof ankam. Dort schaute ich noch kurz, ob der dortige Bäcker eine billige Kleinigkeit für den Tag verkaufte. Ich wurde allerdings nicht fündig. Dafür fiel mir ein, dass ich, um nach Paris zu kommen und die teils sehr knappen Umsteigezeiten zu vermeiden, bereits um 10:05 Uhr mit dem vorhergehenden Zug fahren konnte. Diesen Plan setzte ich schlussendlich auch in die Tat um.

Ich fuhr bis Courtrai (Kortrijk) und stieg dort schnell in den Zug nach Lille-Flandres um. Aufgrund von Bauarbeiten auf französischer Seite, fuhr der Zug jedoch nur bis Mouscron. Dort mussten alle aussteigen und mit einem Ersatzbus bis nach Lille fahren. Dabei sah man gleich einige Städte: Der

Bus fuhr durch Tourcoing, Roubaix und gefühlsmäßig durch ganz Lille. Natürlich brauchte er dafür länger als geplant. Dadurch verpasste ich meinen früheren Zug von Lille nach Aulnoye-Aymeries, wo ich noch ein letztes Mal umzusteigen hatte. Nun hieß es erst einmal warten. Eine Stunde hatte ich am Bahnhof Zeit. Immerhin gab es freies WLAN. Ich nutzte die Zeit, um ein paar Bilder in einer Cloud hochzuladen. Das zog sich jedoch ziemlich in die Länge, da ich aus mir nicht verständlichen Gründen jedes Bild einzeln hochladen musste.

Schon einige Zeit vor der Abfahrt stand der Zug bereit. Ich stieg sicherheitshalber ein, musste allerdings feststellen, dass das Bahnhofs-WIFI nicht mehr empfangen werden konnte. Im Zug, der bisher der optisch schönste war, hielt ich mein Mittagessen ab: Die vom Bäcker aufgesparte 8'tje, den Schokobrowniekeks sowie mein Brötchen mit Wurst und dem letzten Käse, den ich aus Amsterdam mitgenommen hatte. Letzterer hätte eigentlich bei maximal 10 Grad aufbewahrt werden sollen. Dafür hatte ich natürlich nicht sorgen können. Demzufolge floss er mir nahezu aus der Packung entgegen und war nicht mehr sonderlich stabil. Trotzdem schmeckte er noch ganz gut.

Tipp: Alleinreisende sollten sich genau überlegen, ob sie wirklich Käse kaufen wollen. Einerseits ist Käse in der Regel deutlich teurer als Wurst. Andererseits gerade, wenn es diesen nur in großen Stücken gibt, isst man recht lange daran und muss immer versuchen, den Käse kühl zu lagern. Sonst kann es passieren, dass einem der Käse entgegenfließt bzw. ausfettet und alles in seiner Nähe, inklusive den Essenden, fettig macht. Somit sollte man sich immer zweimal fragen, ob man den Käse unbedingt braucht. Eine gute Alternative ist es, sich des Öfteren Gebäck, das bereits mit Käse überbacken oder gefüllt ist, zu besorgen.

Nach dem Essen hoffte ich auf die Toilette in der Bahn gehen zu können, auch um dort meine Hände zu waschen, selbst wenn das Symbol schon seit Beginn der Fahrt „besetzt" anzeige. Das konnte ich mir einfach nicht vorstellen. Ich testete also die nächste Toilette. Auch an ihr stand „occupé" (besetzt) und ich musste unverrichteter Dinge an meinen Platz zurückkehren.

Tipp: Nach weiteren Versuchen in französischen Zügen auf ein WC zu gelangen, schlich sich die Ahnung ein, dass die Toiletten in normalen französischen Zügen generell gesperrt sind. In reservierungspflichtigen (Schnell)Zügen sind die WCs nach meinen Beobachtungen benutzbar.

Durch das Mittagessen fühlte sich die Zugfahrt recht kurz an. Bald war der Bahnhof für den letzten Umstieg erreicht. Dieser schien der kritischste zu sein, da lediglich neun Minuten Zeit dafür waren. Am Bahnhof angekommen löste sich das Problem jedoch schlagartig in Luft auf. Der Zug zum Gare du Nord in Paris fuhr am gegenüberliegenden Gleis ab, sodass ich nicht einmal den Bahnsteig wechseln musste. Mit diesem Zug, auf den anscheinend auch viele andere ausgewichen waren, erreichte ich pünktlich Paris. Leider fiel mir erst zu spät ein, dass ich mal probieren könnte, hier auf die Toilette zu gehen. Etliche Leute waren aber an mir vorbeigekommen und schienen genau das versucht zu haben. So wie ich das von meinem Platz aus mitbekam, würde ich sagen, dass ihre Versuche vergebens waren, bin mir diesbezüglich allerdings keines Wegs sicher.

Ohne auf einer Toilette gewesen zu sein, seit ich den Zug aus Brügge verlassen hatte, verließ ich den Pariser Nordbahnhof. Ich ging davon aus, die Jugendherberge schnell zu erreichen. Sie müsste sich ja zwischen Gare du Nord und Gare de l'Est befinden. Allerdings hatte ich mir den genauen Weg dorthin bisher noch nie so richtig angeschaut. Kurz probierte ich die Unterkunft auf gut Glück zu finden. Dass das in einer solch großen Stadt nicht zielführend sein konnte, wurde mir schnell klar. Also packte ich mein Tablet aus und ließ mir die Route von *Maps me* anzeigen. Zu meinem Entsetzen kalkulierte die App mit einer Laufzeit von ungefähr einer dreiviertel Stunde - und das vom Nordbahnhof, nicht vom Stadtzentrum. Mit dem Tablet in der Hand beeilte ich mich jetzt, so schnell wie möglich anzukommen. An einer Ampel bei der U-Bahn-Station „La Chapelle" wies mich eine freundliche dunkelhäutige Frau darauf hin, dass ich mein Tablet mindestens gut festhalten solle. Ich schien, nicht mehr weit von der Jugendherberge entfernt, in ein Viertel mit v. a. ärmerer Bevölkerung afrikanischer Abstammung geraten zu sein. Zur Sicherheit packte ich mein Tablet gleich ganz ein und prägte mir den Weg ein. Nachdem ich dann auch noch auf eine kleine Gruppe Jugendliche traf, die offensichtlich dasselbe Ziel ansteuerten, war es kein Problem mehr, die Jugendherberge zu finden.

Dort checkte ich sofort ein. Zum ersten Mal war die Einverständniserklärung meiner Eltern für meinen Aufenthalt erforderlich. Auf der Website hatte es sogar geheißen, man nehme Minderjährige überhaupt nicht auf.

Tipp: Besonders wenn man noch nicht volljährig ist und dennoch ohne seine Eltern verreisen möchte, sollte man unbedingt im Vorfeld der Reise eine Einverständniserklärung der Eltern schriftlich fixieren und ausgedruckt mit Unterschrift auf der Reise dabeihaben. Was solch eine Einverständniserklärung alles beinhalten muss, findet man bei der Internetrecherche beispielsweise auf der Seite des Auswärtigen Amts (Link: https://www.auswaertiges-amt.de/de/service/fragenkatalog-node/11-kindohneeltern/606308?isLocal=false&isPreview=false).

Nach dem Check-in sowie den weiteren üblichen Informationen (z. B. Frühstück nur von 7-9 Uhr), besorgte ich mir einen kleinen, groben Stadtplan und ein paar Flyer zu so genannten *„Freeguided Tours"* (wie viel man bezahlen möchte, scheint einem selbst überlassen zu sein). Dann bezog ich mein Zimmer und sortierte mich ein wenig. Meine Tasche konnte ich sogar komplett in den Spind einsperren.

Tipp: Häufig gibt es zwar Schließfächer, allerdings ist kein Vorhängeschloss zum Verschließen angebracht. Das sollte man unbedingt immer selbst dabeihaben.

Erstaunt war ich wie schön und groß das Zimmer mit den zwei Hochbetten und dem einen Einzelbett war. Es verfügte über eine eigene Dusche sowie über zwei Waschbecken. Außerdem gab es eben zu jedem Bett einen hohen verschließbaren Schrank. Nur die Toiletten waren im Gang. Im 1.Stock gab es sogar einen Waschraum mit Waschbecken, Waschmaschine und Trockner.

Nachdem ich mich eingerichtet hatte, musste ich mich wieder zur Rezeption setzen, weil man ausschließlich dort WLAN-Empfang hatte. Hier galt es nun für mich, da es nun schon kurz vor sieben war, schnellstmöglich meine Liste an Lokalitäten auf den Stadtplan zu übertragen. Auf diese Weise wollte ich herausfinden, welche Lokalitäten sich heute, auf dem Weg zum Eiffelturm anböten. Allgemein verfolgte ich dadurch auch das Ziel, immer wenn ich Hunger bekäme, nachschauen zu können, was sich gerade in meiner Nähe befände.

Tipp: Wer sich die Mühe macht, im Voraus verschiedene Möglichkeiten zu suchen, bei denen man gutes Essen bekommen kann, sollte nicht nur die zugehörige Straße notieren, sondern diese auch analog in einen Stadtplan eintragen. Am besten vermerkt man auch die Öffnungszeiten daneben und überlegt sich Symbole, anhand derer schnell erkannt werden kann, was es dort gibt (z. B. ein Hörnchen für einen Bäcker). Dadurch spart man nicht nur Zeit, das Lokal zu finden, sondern kann auch das auf der Strecke liegende auswählen und sich so Umwege ersparen.

Als ich ein paar Möglichkeiten eingetragen hatte, schien mir der Asiate *Les pâtes vivantes* am günstigsten zu liegen. Also machte ich mich endlich auf den Weg. Nach einiger Zeit und einigem Suchen, da der Stadtplan etwas ungenau und das Restaurant doch ein gutes Stück entfernt war, kam ich dort an. Zuerst überlegte ich, das Essen mitzunehmen. Da beispielsweise eine knusprige Ente eingepackt sehr schnell „lätschig" wird und es mir schwierig erschien, das Essen während des Laufens oder auf irgendeiner Bank zu verzehren, fragte ich nach, ob ich mich doch setzen könne. Das Lokal sah zwar sehr klein und voll aus, allerdings besaß es noch ein paar Plätze im ersten Stock, sodass ich mich dort setzen durfte. Ich bestellte nach langem Überlegen eine 0,5 L-Flasche spritziges Wasser (San Pellegrino) und lange Nudeln, die Spezialität des Hauses, mit Gemüse und einer leicht knusprig gebratenen Ente in (Soja)Sauce. Das kostete mich zusammen 16 €. Mein bislang teuerstes Essen. Aber es schmeckte echt gut, war eine üppige Portion und man aß sogar mit Stäbchen. Deshalb gab ich immerhin zehn Cent Trinkgeld, bevor ich weiter in Richtung Eiffelturm lief. Sehr preiswert wären die verschiedenen Mittagsmenüs gewesen (ca. 12-15 €, mehrere Gänge mit Getränk).

Tipp: Wenn es möglich ist, sollte man sich vor der Einreise in ein Land mit fremder Sprache einige wichtige Begriffe notieren: Zum Beispiel eben, welche Wassermarke mit und welche ohne Sprudel ist. Hierbei ist im Zweifelsfall das billigere Wasser das ohne Sprudel. In manchen Ländern kostet jedoch beides denselben Preis.

Tipp: Möchte man in einer größeren Stadt mit evtl. auch gehobeneren Preisen essen gehen, empfiehlt es sich in den allermeisten Fällen nach Mittagsmenüs oder Tagesgerichten Ausschau zu halten. Auf diese Weise kann man meist eine Menge Geld sparen und gleichzeitig mehrere verschiedene Gerichte ausprobieren.

Wo ich das Feuerwerk zum Nationalfeiertag am besten sehen würde, wusste ich leider nicht genau. Außerdem wollte ich eigentlich keine zwei Stunden (Weg von der Jugendherberge bis zum Eiffelturm) mitten in der Nacht zurücklaufen müssen. Also lief ich zuerst zur Seine. Dabei passierte ich die Börse und stieß kurz vor dem Louvre auf eine deutsche

Familie, die sich ebenfalls das Spektakel ansehen wollte. Ihnen lief ich erst einmal ein wenig hinterher. Beim Jardin des Tuileries hielt ich mich länger auf. Ich überlegte, ob ich einfach hierbleiben sollte und so nur eine knappe Stunde für den Heimweg benötigen würde. Einige Menschen hatten sich nämlich bereits ihre Sitzplätze gesichert. Allerdings hatte ich noch ziemlich lange Zeit bis zum geplanten Start um 23 Uhr. Deshalb überquerte ich die Seine und lief auf der anderen Seite des Flusses, vorbei am Musée d'Orsay sowie der Assemblée Nationale, weiter gen Eiffelturm. Bereits jetzt war dieser beleuchtet. Je näher man ihm kam und je später es wurde, desto mehr Menschen waren auf den Straßen. Dazu kamen noch die unzähligen Essensstände und Getränkeverkäufer. An einer der letzten Brücken vor dem Eiffelturm gab es dann eine Personenkontrolle. Mein Taschenmesser war anscheinend nicht aufgefallen, sodass ich mich der Sehenswürdigkeit immer weiter nähern konnte. An mehreren Stellen waren die Leute bereits gespannt versammelt. Nachdem ich nun aber schon so weit gelaufen war, entschied ich zu versuchen, so nah wie möglich an den Eiffelturm heranzukommen. Endstation schien das Champ de Mars zu sein. Das war zwanzig Minuten vor elf natürlich schon brechend voll. Deshalb lief ich wieder bis zur letzten Brücke zurück und verschaffte mir dort knappe zehn Minuten vor dem geplanten Beginn einen Stehplatz mit weitestgehend guter Sicht auf den Eiffelturm.

Um fünf nach elf hatte sich immer noch nichts getan und das Publikum wurde etwas unruhig, ich inbegriffen. Doch gute zehn Minuten später ging es endlich los: Zuerst eine Lightshow am Eiffelturm, dann rund um ihn herum ein riesiges Feuerwerk. Ein schier unbeschreibliches Erlebnis. Mehrfach dachte man, das Schauspiel sie beendet, doch immer wieder ging es weiter. Erst um ca. 23:50 Uhr hatte das Spektakel sein Ende erreicht.

Nun hieß es jedoch für mich, schnellstmöglich zur Jugendherberge zu kommen, wenn möglich als erster meines Zimmers. Ich gab also mein Ziel in *Maps Me* ein und erhielt eine Strecke, für die ich gute 1,5 Stunden benötigen sollte. Da die umliegenden Metrostationen aufgrund der Menschenmassen, wie angekündigt, geschlossen waren, ich sowieso keine Fahrkarte besaß und auch nicht kaufen wollte, joggte ich teils zwischen den feiernden Menschen und Imbissbuden hindurch in Richtung der „Auberge de jeunesse" (frz. Jugendherberge). Dabei war auffällig, dass scheinbar die ganze Stadt auf den Beinen war. Dazu kamen etliche Autos, aus denen die algerische Flagge gehisst wurde. Im Nachhinein vermute ich, dass Algerien zeitgleich sein K.o.-Spiel beim Afrikacup gewonnen hatte. Welch glücklicher Umstand, dass beide Feierlichkeiten an einem Tag zusammenfielen. Ziemlich fertig mit der Welt, aber gleichzeitig glücklich, endlich angekommen zu sein, betrat ich um kurz nach ein Uhr bzw. ca. einer Stunde und zehn Minuten die Jugendherberge. Glücklicherweise kam ich nicht alleine an, sodass uns der Nachtportier bemerkte und die Tür öffnete. Der eigentlich selbstständige Öffnungsmechanismus per Zimmerkarte funktionierte nämlich nicht. Zu meinem Erstaunen hatte ich es tatsächlich geschafft, vor den vier anderen Zimmergenossen zurück zu sein. Erst etwa 10 Minuten später traf ein netter Deutscher, der gerade in Heideberg studierte, ein. Er war erst ein Stückchen zu Fuß gegangen und dann mit der Metro gefahren. Als ich erzählte, ich sei den ganzen Weg zu Fuß gegangen, blickte er mich verständlicherweise etwas verwundert an. Schnellstmöglich begab ich mich anschließend ins Bett und versuchte zu schlafen, da das Frühstück keine Rücksicht auf den Nationalfeiertag nahm und ganz normal nur von 7 bis 9 Uhr verfügbar war.

Tipp: Sollte man am Nationalfeiertag zufällig in Paris sein, empfehle ich jedem, auch jedem, der eigentlich nicht so auf Party und langes Aufbleiben steht, sich das Feuerwerk nicht entgehen zu lassen. Danach sollte man allerdings wahrscheinlich nur ein kurzes Stückchen laufen und dann in die Metro einsteigen, wenn man seine Unterkunft nicht zu Fuß in 20 Minuten erreichen kann.

Le jour après - 8. Tag, Montag, 15.07.

Etwas verschlafen beeilte ich mich, mich so schnell wie möglich zum Frühstück zu begeben. Meinen Wecker hatte ich nämlich aus Rücksicht auf die vergangene Nacht und meine späte Rückkehr erst auf 8:30 Uhr gestellt. Doch glücklicherweise war das Frühstücksbuffet noch geöffnet. Ich nahm mir ein Tablett und versuchte kurz das Angebot zu überblicken. Diesmal war ich echt enttäuscht. In einer Stadt, die so viele Leckereien und gute Bäcker zu bieten hatte, dürfte man doch wohl mehr erwarten als das, was ich dort erblickte: Es gab Cornflakes (einzige Müslisorte), zu denen man sich entweder Milch oder Joghurt (immerhin wechselte der jeden Tag) in eine Schüssel füllen konnte. Zudem konnte man sich abgeschnittene Stücke Baguette mit Butter, Schokolade und zwei verschiedenen abgepackten Marmeladen (ich glaube, Aprikosen- und Blaubeermarmelade) bestreichen. Außerdem gab es genau ein Croissant pro Gast. Das Personal (besonders eine ältere, unfreundliche Frau) überwachte streng, dass sich niemand ein zweites Mal den Croissants näherte oder sich gar zwei nahm. Selbst wenn man noch kein Croissant hatte, wurde man teilweise auf Französisch gefragt, ob man nicht schon eines genommen hätte. Für Getränke existierten ausschließlich kleine Saftgläser und die „Bols" (die Müslischüsseln). Immerhin gab es einen Café-Automaten, aus dem verschiedene heiße Getränke erhalten werden konnten. Dazu zählte auch heißes Wasser. Das fand ich allerdings erst am nächsten Tag heraus, da der zugehörige Knopf an der Maschine nicht ganz so eindeutig als dieser zu identifizieren ist. So hatten auch die Teebeutel (schwarzer und grüner Tee) einen Sinn. Zudem gab es noch einen Orangen- und wohl Apfelsaft aus Kannen sowie einen Wasserautomaten. Dieser erwies sich als Glücksgriff. Vor mir hatten nämlich dort bereits drei Mädchen ihre Flaschen aufgefüllt. Ich tat es ihnen gleich und musste so in Paris nie ein Wasser kaufen. Einziger Wermutstropfen dabei war, dass es sich nur um stilles Wasser handelte.

Tipp: Wenn einem stilles Wasser genügt, kann man sich den Wasserkauf manchmal sparen. Entweder füllt man sein Wasser an einem kostenlosen Zapfautomaten der Unterkunft ab oder man befindet sich in Paris: in der Stadt gibt es unzählige kostenlose Trinkwasserzapfstellen (einige sogar mit aufgesprudeltem Wasser), sodass man auch unterwegs problemlos seine leeren Flaschen füllen kann.

Nach dem Frühstück machte ich mich daran, einen Plan für den heutigen Tag zu entwerfen. Nach einigem Überlegen verließ ich die Jugendherberge, um mich auf einen Fußmarsch ins Zentrum zu begeben. Meine Route führte mich über den „Place de la République" und den „Place de la Bastille", vorbei an der „Opéra Bastille", bis zur Seine. Diese hatte ich nun zu überqueren, bevor ich in den schönen Jardin des Plantes (botanischer Garten) beim Gare d'Austerlitz gelangte. Nachdem ich den Park einmal durchquert hatte, musste ich nur noch ein wenig weiterlaufen und suchen bis ich unweit der Rue Mouffetard *Les Crêpes de Louis-Marie* fand. Dort bestellte ich das Mittagsmenü für Schüler und Studenten (Menu étudiant; nur wochentags von 12-15 Uhr): Ein Getränk, ein Galette und ein Crêpe nach Wahl kosteten mich nur 10,90 €. Eine Karaffe stilles Wasser erhielt ich kostenlos zu meinem naturtrüben Apfelsaft (Jus de pomme), meinem Galette „Lord" (mit Schinkenwürfelchen, Zwiebeln und Frischkäse sowie mit Raclettekäse überbacken) und meinem Crêpe „Daim" (mit Schokoladestückchen der Sorte „Milka Daim" gefüllt). Alles schmeckte hervorragend! Die Crêperie ist absolut empfehlenswert, besonders das Mittagsmenü, das für Erwachsene auch nur etwa 13 € gekostet hätte.

Nachdem ich mich mit 50 Cent bedankt und mich auf den weiteren Weg gemacht hatte, kam ich noch an anderen gut aussehenden Lokalen (auch Fondue) mit recht geringen Preisen vorbei und entschied bei einem weiteren Parisaufenthalt unbedingt zum Essen in dieses Viertel zurückzukehren.

Tipp: Meiner Einschätzung nach empfiehlt sich in Paris die Gegend um die Rue Mouffetard zum Essengehen. Ich vermute, dass diese Gegend zum Studentenviertel, dem „quartier latin", gehört und deshalb relativ günstig ist. Allgemein lohnt es sich häufig in den Studentenvierteln der Universitätsstädte zu speisen. Dort sind die Preise in der Regel noch erschwinglich und auf den kleinen Geldbeutel ausgerichtet.

Nachdem ich eine längere Straße mit etlichen Lokalen hinter mir gelassen und Briefmarken (frz. timbres(-postes)) bei einer der zahlreichen Postämter Paris gekauft hatte, erreichte ich das Pantheon. Obwohl ich nichts zu bezahlen hatte, musste ich mich in die Schlange der Menschen, die noch kein Ticket im Internet besorgt hatten, einreihen. Ob ich mir online ein Ticket für einen freien Einlass hätte besorgen können, weiß ich leider nicht. Zum Glück war die Warteschlange nicht allzu lang. Da ich an diesem Tag noch einiges vorhatte, lief ich recht zügig durch die große Gedenkkirche und ihre berühmte Krypta. Dafür benötigte ich aber dennoch mehr als eine Stunde. Das lag daran, dass das Pantheon tatsächlich einiges zu bieten hat: Viele Bilder, mehrere Altäre, eine kleine Sonderausstellung, die Krypta voller berühmter Franzosen und natürlich das sehenswerte Foucaultsche Pendel, das die Erdrotation beweist. So etwas Beeindruckendes mitanzusehen, ohne etwas gezahlt zu haben, ist genial.

Anschließend lief ich an der Sorbonne, der Pariser Universität, vorbei. So gelangte ich auf die Insel, auf der sich die vor kurzem abgebrannte Kirche Notre-Dame befand. Hier schoss ich lediglich ein paar wenige Fotos und lief dann links an der Kathedrale vorbei. Dabei kam ich an einem Souvenirgeschäft vorbei, wo ich mir eine Postkarte von Paris für recht billige 20 Cent kaufte. Hinter Notre-Dame befand sich das „Mémorial de la déportation", eine Gedenkstätte für die Opfer des Holocausts, direkt an der Spitze der Insel in Mitten der Seine. Ein beeindruckender Platz für ein solches Denkmal. Leider konnte ich es mir nicht ansehen, da die Gedenkstätte montags geschlossen war.

Stattdessen entschied ich mich noch, das zugehörige Shoah-Museum bzw. Memorial, zu dem ich ebenfalls freien Eintritt gewährt bekam, zu besuchen. Dieses erreichte ich nach längerer Suche ca. 1,5 Stunden bevor es um 18 Uhr schließen sollte. Dementsprechend befasste ich mich erst kurz mit der Ausstellung zum Ruanda-Genozid aus Sicht der betroffenen Kinder. Die eigentliche Ausstellung durchschritt ich ziemlich schnell und blieb nur einige Male stehen, um das Gesehene wirken zu lassen. Bis auf ein paar neue Zeitzeugenberichte war der Besuch für mich persönlich nicht sonderlich gewinnbringend, denn ich hatte bereits im Vorfeld viele Ausstellungen und Erfahrungen zu diesem traurigen und schrecklichen Thema gesammelt. So verließ ich das Museum um ca. 17:50 Uhr. Leider wurde die scheinbar sehenswerte Mauer mit den Namen vieler zum Opfer gefallener Juden zurzeit renoviert und konnte deshalb nicht besichtigt werden. Immerhin befand sich an der Außenwand des Museums ein Denkmal für alle Nicht-Juden, die versucht hatten das grausame Schicksal ihrer

Mitmenschen abzuwenden und dabei ihr eigenes Leben aufs Spiel gesetzt oder gar verloren hatten.

Jetzt machte ich mich langsam wieder auf den Rückweg. Ich wollte mich zuerst aber noch in der Tourist Info über das Velib-System (Leihen von öffentlichen Fahrrädern) und den öffentlichen Nahverkehr im Hinblick auf den nächsten Tag und meine Abreise informieren. Da sich die Touri Info im Rathaus befand, herrschten hier strenge Sicherheitsvorkehrungen und eine Kontrolle am Eingang. Taschenmesser waren explizit verboten. Da mir die Kontrolle sehr sicher erschien und ich mir keinen unnötigen Ärger einfangen wollte, gab ich dem einen der beiden Kontrolleure gleich mein Taschenmesser, um es später beim Verlassen des Gebäudes abholen zu können. Bisher hatte ich in Paris zwar immer mein Taschenmesser dabeigehabt und es war nie entdeckt worden, doch sicher ist sicher. Leider war meine Wartezeit im Inneren nicht wirklich belohnt worden: Ich erhielt zwar einen besseren, größeren Stadtplan, einen Plan der Metrolinien und einen Infoflyer zum Velibsystem, allerdings konnte mir die Frau am Schalter lediglich mitteilen, wie viel ein Einzelfahrschein und wieviel ungefähr ein 24 Stunden Ticket kostet. Zum Velib-System konnte sie mir eigentlich nur sagen, dass die Fahrräder tückischer sind als gewöhnliche Räder und dass das Ausleihen bzw. Accounterstellen komplizierter sei als gedacht. Letzteres hatte ich bei meiner Internetrecherche auch schon herausgefunden. Sie verwies mich wegen ihrer beschränkten Kenntnisse an den Schalter im Nebenzimmer, doch selbst dort erhielt ich nur einen Zettel mit der Internetadresse und Telefonnummer des Anbieters Velib. Außerdem hieß es, die anderen überall in der Stadt verteilten Räder seien auch nicht schlecht. Mit diesen Informationen verließ ich die Touri Info und holte mir ohne Probleme mein Taschenmesser zurück. Ich schloss für mich, dass es wohl sinnvoll sei wie in Amsterdam auf ein 24 Stunden Ticket zurückzugreifen, um dieses bei der Abfahrt nutzen zu können.

Auf meinem Rückweg kam ich an einem LIDL vorbei. Da ich nur noch den Apfel aus Brügge besaß, kaufte ich dort 1 kg Pflaumen aus dem Angebot. Außerdem war ich mal wieder auf der Suche nach Käse, entschied mich hier allerdings dagegen einen zu kaufen. Aus Interesse wollte ich einmal sehen, wie viel hier das Wasser kostete. Allerdings musste ich festelle, dass bereits alles ausverkauft war. Immerhin bekam ich noch eine Packung nicht ganz billiger Salamisticks. An der Kasse musste man dann ewig warten. Der komplette Eingangsbereich war von den Schlangen blockiert.

Bis ich dann wieder in der Jugendherberge angekommen war, war die Zeit bereits weit vorangeschritten. Ich sortierte schnell all meine Sachen und zog mich zum Joggen um. Mein Plan: Sofort joggen, auf dem Weg an einem Bäcker ein Baguette und vielleicht noch etwas anderes besorgen, an Sacré-Cœur vorbei zurück zur Unterkunft und dort die Einkäufe verspeisen. Theoretisch ein guter Plan, aber nur theoretisch. Denn der Bäcker, den ich ansteuerte, hatte nur bis 20 Uhr geöffnet. Ich lief bzw. rannte jedoch erst um 19:40 Uhr los. Auf der von meiner Mutter für mich angepassten Tour kam ich u. a. durch den wunderschönen „Parc

des Buttes-Chaumont". Dort geht es zwischen See und Fels ziemlich hoch und runter, sodass ich den richtigen Weg nicht sofort finden konnte und dadurch wichtige Zeit verlor.

Tipp: Der „Parc des Buttes-Chaumont" ist ein absolutes Parkhighlight und dementsprechend auch am Abend noch gut besucht. Hier ist ein Picknick auf einer Anhöhe genauso gut möglich wie am See oder in einer kleinen Höhle.

Die Bäckerei erreichte ich natürlich erst um ca. 20:15 Uhr. Zu diesem Zeitpunkt war sie längst geschlossen, sah aber ganz gut aus und war bereits ausgezeichnet worden. Also musste ich, jetzt ein wenig langsamer, einfach weiterjoggen und hoffen, dass noch irgendwo irgendwas offen hatte. Zuerst lief ich allerdings ein kurzes Stück am gut besuchten Kanal Saint-Martin entlang und durch einen Park. Als nächstes erklomm ich die Stufen zu Sacré-Cœur und stieg diese an einer anderen Seite, nach ein paar Fotos, wieder herab. Da ich auch hier erst einmal kein Essen fand, freundete ich mich langsam mit dem Gedanken an, ausschließlich Pflaumen zu essen. Doch auf einmal entdeckte ich einen Argentinier (*La Porteña*), bei dem ich mir eine kalte Empanada (man hätte sie mir natürlich auch erhitzt) mit insbesondere Mais und Hähnchenfüllung für vier Euro besorgte und mir in ein kleines Pappschächtelchen einpacken ließ. Kurz darauf kam ich sogar noch an einer geöffneten Bäckerei (*La Montmartoise*) vorbei. Trotz längerer Wartezeit wegen dem zwischenzeitlich nicht funktionierenden Kartenlesegerät erstand ich noch ein Baguette und ein Schinken-Käse Croissant für insgesamt vier Euro. Glücklich über mein Abendessen, aber mit schmerzenden Beinen kehrte ich nun zur Herberge zurück, duschte und verspeiste um kurz nach 22 Uhr mein Abendessen in der Lobby. So konnte ich noch ein wenig für den nächsten Tag recherchieren. Das Pappschächtelchen bewahrte ich übrigens auf. Es war kaum verschmutzt und eignete sich aufgrund seiner Stabilität wunderbar, um einige Pflaumen oder anderes druckempfindliches Obst zu lagern.

Tipp: Sind Papier-, Plastiktüten, Schächtelchen oder anderes Verpackungsmaterial, aber auch Servietten, nicht oder nur kaum verschmutzt, sollte man immer zweimal überlegen, bevor man sie entsorgt. Meistens können sie sinnvoll noch einmal verwendet werden. Plastiktüten können beispielsweise um eine Papiertüte vom Bäcker gewickelt werden, damit diese nicht durchfettet oder der Inhalt nicht hart wird.

Alles was möglich ist
9. Tag, Dienstag, 16.07.

Nachdem ich nicht sonderlich spät aufgestanden war und gefrühstückt hatte, begab ich mich mal wieder in den Aufenthaltsraum bei der Rezeption. Dort buchte ich eine französische Führung im Stade de France um 16 Uhr. Meine Stadiontour sollte damit fortgesetzt werden.

Dann beeilte ich mich loszukommen. Bald, um ca. 10 Uhr, kam ich an der Metrohaltestelle „La Chapelle" an, um mir dort ein, wie es hier meines Wissens hieß, Mobilis 24 Stunden Ticket für die Zonen 1 und 2 (Zentrum bis Stade de France vor Saint-Denis) zum Preis von 7,50 € am Schalter zu besorgen.

Mit dem Ticket gelang es mir zuerst dennoch nicht die Türen zur Station zu öffnen. Das lag daran, dass das Mobilis Ticket durch einen kleinen Schlitz, der nicht an allen Ein- und Ausgängen vorhanden ist, eingeführt und anschließend aus einem zweiten Schlitz wieder entnommen werden musste. Dies beobachtete ich bei einigen anderen Fahrgästen, sodass ich von nun an keine Probleme mehr hatte, Metrostationen zu betreten und zu verlassen.

Mein erstes heutiges Ziel lautete Sacré-Cœur. Von der Haltestelle waren es nur wenige Stationen mit der sehr vollen Metro. Der restliche Weg und der finale Anstieg mussten zu Fuß bewältigt werden. Am Fuße des Hügels entschied ich mich ungünstigerweise für den rechten

Treppenaufgang, da dieser im Schatten lag. Auf dem ersten Plateau, versperrten mir jedoch vier Dunkelhäutige den Weg, banden mir zwei Stoffbändchen um und verwickelten mich in ein Gespräch. Schlussendlich brummelten sie etwas in einer fremden Sprache, sagten mir, ich könne mir etwas wünschen und verlangten dann natürlich eine angemessene Bezahlung für ihr Wunderwerk. Ich zögerte, sah jedoch keine Möglichkeit den Vieren ohne Geld schadlos zu entkommen. Also wollte ich ihnen einige Cent abdrücken, doch als sie das sahen, sagten sie gleich, sie akzeptierten kein Münzgeld, sondern ausschließlich Scheine. Wieder zögerte ich. Langsam wurden sie ungeduldig und behaupteten auch zu wechseln. In dem wilden hin und her zwischen Englisch und Französisch zückte ich schließlich einen Fünfer. Man hielt mir drei 1 € Stücke hin und schlug einen Austausch vor. Ich überreichte den Schein, meine Gegenleistung blieb jedoch aus. Stattdessen hieß es nun sie würden mir den Fünfer und zwei 1 € Stückchen im Austausch gegen einen Zehner überlassen. Nun machte ich einfach nichts mehr, selbst wenn man mich schon davor der Sabotage bezichtigt hatte, weil etliche Leute an uns vorbeigehen konnten. So lief es darauf hinaus, dass zumindest einer ein Einsehen hatte, mir immerhin zwei 1 € Münzen zurückgab und ich endlich das Weite suchen konnte.

Tipp: Der Aufstieg zu Sacré-Cœur ist auch über eine kleine schattige Treppe rechts des Haupteingangs möglich. Dort habe ich keine solcher Gauner gesehen. Trifft man doch auf eine Gruppe, ist zu empfehlen, dass man sein Tempo etwas erhöht und so die Gesprächsaufnahme verhindert. Ansonsten sollte man schnell seine Hand wegziehen und versuchen weiterzugehen. Eine weitere Möglichkeit, für den Fall, dass bereits Geld verlangt wird, wäre schon im Voraus in einer Tasche nur kleine Münzen aufzubewahren und Scheine gut versteckt zu halten. So könnte man behaupten, man habe nur Münzgeld. Ob das jedoch tatsächlich funktioniert, kann ich nicht garantieren.

Bei der Kirche angekommen leistete ich mir zuerst trotzdem noch den Eintritt, um Paris von oben sehen zu können. Nach dem anstrengenden Aufstieg im engen Turm bot sich dem Besucher ein toller Blick über die ganze Stadt. Früh am Vormittag war der Aussichtspunkt glücklicherweise noch nicht allzu sehr überlaufen und es hatte sich nicht einmal eine Warteschlange gebildet. Anschließend reihte ich mich in der kurzen Schlange für den Sicherheitscheck vor dem Einlass in die Kathedrale ein. Auch hier wurde mein Taschenmesser nicht entdeckt, sodass ich mir problemlos das Innere der großen Kirche ansehen konnte. Als ich eigentlich einmal durchgelaufen war, setzte ich mich, um ein wenig auszuruhen und inne zu halten, in eine der Bänke. Wenig später betraten Nonnen den Altarraum: Um 11:15 Uhr wurde das Tagesgebet abgehalten. Dieses begann bald mit dem Gesang der Ordensschwestern. Zum Ende hin trat ein Pfarrer ein und eröffnete mit einer Ansprache den Gottesdienst, in den ich geraten war. Leider verstand ich kaum etwas von dem, was der Geistliche zu sagen hatte. Da ich auch noch mehr von Paris sehen wollte, verließ ich möglichst unauffällig und leise beim nächsten Gesang der Nonnen nach ca. einer viertel Stunde die Kirche.

Tipp: Wahrscheinlich ist die Kirche und ihr Aussichtsturm am Vormittag noch nicht allzu besucht. Um also Zeit zu sparen und es etwas ruhiger zu haben sollte man wohl spätestens um 10 Uhr dort sein. Eventuell ist es auch besser, zuerst den Turm zu besteigen und dann in die Kirche zu gehen, da die Mehrheit der Besucher die Aussicht eher als Abschluss nach dem Besuch des Gotteshauses vorsieht.

Die Kirche habe ich dann über die Treppen und den Park, links des Ausgangs, gen U-Bahn verlassen. Zwar befanden sich auch im Park einige zwielichtige Gestalten, allerdings ließen mich diese ungehindert zur U-Bahnstation laufen.

Mit der Metro wollte ich nun in Richtung des Marché d'Aligre fahren. Da auch die Station Cimetière du „Père

Lachaise" auf dem Weg lag, beschloss ich dort auszusteigen, einmal parallel zur Straße über den Friedhof zu laufen und bei der nächsten Station mit der U-Bahn weiterzufahren. Allerdings hatte ich die Größe des Friedhofs ein wenig unterschätzt. Außerdem hatte ich keinen Plan des riesigen Parks, sodass ich nach längerem Suchen wieder ein Stück zurücklaufen musste, da ich keinen Ausgang mehr fand. Inzwischen war es nämlich bereits 12 Uhr und der Markt schloss angeblich um 13 Uhr. Ich war jedoch darauf angewiesen mir dort ein Mittagessen kaufen zu können.

Tipp: Wer sich den riesigen Friedhof mit den Gräbern einiger berühmter Persönlichkeiten ansehen möchte, sollte einerseits genügend Zeit einplanen, um die Gräber zu finden, andererseits, noch wichtiger, sich einen Plan des Friedhofs besorgen, auf dem auch die wichtigsten Gräber eingezeichnet sind. Ein solcher ist per QR-Code an mindestens einem der Friedhofseingänge herunterladbar.

Nach kurzem Suchen fand ich die U-Bahnstation, hechtete hinunter und erwischte gerade noch eine abfahrbereite Metro. Als ich dort noch einmal überprüfte, wo und wie ich umzusteigen hatte, fiel mir auf, dass ich ja eigentlich zu einem anderen Markt wollte: zum „Marché des enfants rouges". Schnell verortete ich die nächstgelegenen Metrostationen. Zum Glück war der Markt nicht weit vom Markt entfernt, in dessen Richtung ich fuhr. Deshalb verließ ich um ca. 12:30 Uhr die letzte Metro und machte mich auf die Suche. Dummerweise war es mir nicht gelungen mich schnell zu orientieren, sodass ich erst ein wenig im Kreis lief, bevor ich den tatsächlich nicht weit von der Station befindlichen Markt um ca. 12:50 Uhr betrat.

Meine Beeilung schien jedoch überflüssig gewesen zu sein, denn maximal die (wenigen) eigentlichen Marktstände, an denen frische Lebensmittel verkauft werden, hatten im Gegensatz zu den Essständen ab 13 Uhr geschlossen. Insgesamt war der Markt recht eng und übersichtlich. Trotzdem gab es ein ausgefallenes Essensangebot: Vegane Speisen, Sushi, italienische Gerichte, einen Libanesen sowie einige weitere Buden und einen Stand, der Essen aus den ehemaligen Inselkolonien (z. B. Antillen) verkaufte. Dort (*Corossol*) aß ich eine gebackene Banane (brochette d'aloko) und eine kreolische, gefüllte Teigtasche (Boudin créole) mit scharfer Soße für etwa 5 €. Da mir das jedoch etwas wenig war, besorgte ich mir beim Libanesen noch eine Art libanesischen Döner mit Pommes für ungefähr 7 €.

Damit lief ich nun zur nächsten Metrostation. Eigentlich wollte ich auch Käse kaufen, aber alle Käsegeschäfte im und um den Markt schienen nur recht teure, große Stücke zu verkaufen. Ich ging davon aus, dass der Käse nicht lange überleben würde und entschied mich deshalb gegen den Kauf.

Mit der Metro fuhr ich dann zur Station „Bastille". Ich dachte, es handle sich um die „Opéra Bastille", von der aus mehrere öffentliche Busse eine Art Sightseeingstrecke abfuhren. Doch musste ich dort angekommen feststellen, dass keiner der interessanten Busse von dieser Haltestelle abfuhr und ahnte, dass ich zur Station „Opéra" gemusst hätte. Immerhin konnte ich von meinem Standort relativ schnell zum Place des Voges laufen. Dort schoss ich einige Fotos und ruhte mich Pflaumen essend auf einer Parkbank aus.

Anschließend packte ich meine Sachen wieder zusammen und begab mich zur nächsten Metrostation, von der ich bis zur Haltestelle „Opéra" fuhr. Zuerst einmal beeindruckte mich das glänzende Gebäude vor dem ich aus dem Untergrund hinaufstieg. Da mir jedoch nicht mehr sonderlich viel Zeit bis zum Stadionbesuch geblieben war, suchte ich hastig nach dem nächsten Bus, der an den Sehenswürdigkeiten vorbeifuhr. Als nächstes fuhr Linie 27 ab. Also nahm ich diese und nicht die Linie 21 oder 29. Mit dem Bus fuhr ich dann beispielsweise direkt am Louvre vorbei in Richtung Seine. Unglücklicherweise stand der Bus von dort an im Stau, ich musste aber noch weitere drei Stationen fahren, um dann in die RER Station „Les Halles" umzusteigen. So wurde die Zeit immer knapper. Endlich konnte ich den Bus verlassen. Es war bereits kurz vor drei Uhr. Für die Führung solle man eine halbe Stunde vor dem Beginn der Tour am Stadion sein, also um 15:30 Uhr. Auf Zuspätkommer könne keine Rücksicht genommen werden, hieß es auf dem Ticket. Allerdings war die RER Station ein ganzes Stück weiter von der Bushaltestelle entfernt als angenommen. Recht bald kam ich zwar an der zugehörigen Metrostation vorbei, doch von der Regionalbahnhaltestelle gab es weiterhin keine Spur. Je weiter ich lief, desto unsicherer wurde ich. Schließlich fragte ich mehrfach nach, bis ich die Haltestelle im Untergeschoss der Hallen endlich gefunden hatte. Ich spurtete zur nächsten Bahnlinie in die richtige Richtung. Dabei konnte ich zwischen Linie B und D wählen. Ich entschied mich für letztere. Gerade so konnte ich direkt in eine Bahn hineinspringen. Völlig fertig musste ich mich nun erst einmal hinsetzen und ausruhen. Bei der Haltestelle „Stade de France Saint-Denis" stieg ich aus und folgte dem Wegweiser zum Stadion. Allerdings war es nun schon 15:20 Uhr. Das Stadion befand sich auf der Tafel mit einem kleinen Ausschnitt der Gegend jedoch außerhalb des 10 min.-Laufdistanzkreises. Deshalb begann ich nun mit meiner Tasche zu joggen. Die Beschilderung verschwand aber. Stattdessen stieß ich auf eine Autobahn oder Schnellstraße, an der ich nun entlang joggte. Dann tauchte endlich das Stadion auf. Unglücklicherweise befand es sich genau auf der gegenüberliegenden Seite und es war weder eine Brücke, noch eine Unterführung in Sicht. Nach einiger Zeit führte die Autobahn auf eine Brücke und ich konnte die Straße, die sich stattdessen neben mir befand, mit Hilfe einer Ampel überqueren. Zu diesem Zeitpunkt war es nun aber bereits 15:30 Uhr. Dazu kam noch, dass sich der Eingang H für die Führung (und zum Fanshop) genau auf der anderen Seite des Stadions befand. Nachdem ich die kleine Sicherheitskontrolle hinter mich gebracht hatte, erreichte ich den Fanshop und das Museum um ca. 15:40 Uhr - endlich. Dort wurde mir klar, dass es völlig gereicht hätte erst um 15:50 oder gar 15:55 Uhr da zu sein. Daraufhin musste ich erst einmal auf die Toilette, etwas trinken und mich waschen, denn ich war völlig verschwitzt.

Im hintersten Raum des Museums, das ohne Führung besucht werden konnte, traf man sich für die Führung. Diese war allerdings nur auf Französisch oder Englisch angeboten worden, weshalb ich mich für die französische entschied. Warum auf der Internetseite bequeme Schuhe empfohlen worden waren, wurde während des Rundgangs durch das Stadion offensichtlich: Man durchlief tatsächlich einmal komplett das Achtzigtausend Besucher fassende Stadion und war 1,5 Stunden in diesem unterwegs. Die Führung gestaltete sich sehr interessant und informativ. Auch die Sprache der Führerin war durchaus gut verständlich. Dennoch hatte die Johan Cruijff Arena in Amsterdam mehr zu bieten. Das spiegelte sich aber auch im Preis wider: Für die Führung in Amsterdam hatte ich stolze 15,50 €, in Paris nur 10 € gezahlt. Für diese Summe lohnt es sich an der Führung teilzunehmen. Nach der Führung erkundigte ich mich noch nach der nächsten Bahnstation. Natürlich beschrieb man mir den Weg zur Haltestelle der Linie B und nicht zu der der Linie D, mit der ich gekommen war. Auf dem ca. 15-minütigen Weg aß ich dann erneut ein paar Pflaumen. Als die Bahn nach einiger Wartezeit endlich einfuhr, dachte ich schon, ich müsste eine weitere viertel Stunde auf die nächste Bahn warten, doch irgendwie gelang es mir, mich in die völlig überfüllte Bahn zu quetschen. Erstaunlicherweise erreichte ich den nächsten Bahnhof, in dem ich in eine ebenfalls überfüllte Metro umstieg, ohne zerquetscht worden zu sein.

Tipp: Wer zum Stade de France möchte, braucht nur eine Fahrkarte für die Zonen 1 und 2. Zudem sollte man die RER Linie B benutzen und einplanen, dass man vom Bahnhof „Stade de France Saint-Denis" noch etwa 15 Minuten bis zum Eingang läuft. Bei nicht zu großem Andrang genügt es außerdem, wenn man eine viertel

Stunde vor Beginn der Führung im Shop ist. Das Museum kann auch nach der Führung besucht werden.

Tipp: Mit dem öffentlichen Nahverkehr lässt sich in Paris sehr viel in kurzer Zeit erreichen. Zu den Stoßzeiten im Berufsverkehr kann es aber auch leicht dazu kommen, dass man z. B. nicht mehr in eine Metro einsteigen kann und auf die nächste hoffen muss, weil sie schlicht und ergreifend voll ist. Dementsprechend sollte man um ca. 8 und ab ca. 18 Uhr entweder mit deutlich längeren Fahrzeiten rechnen oder gleich Alternativen (Rad, Laufen etc.) nutzen.

Mit der Metro ging es dann erneut in Richtung Sacré-Cœur bzw. nach Montmartre. Diesmal machte ich mich dort auf die Suche nach zwei nahe beieinanderliegenden Bäckereien. Zuerst fand ich *Alexine*. Dort stellte ich fest, dass die Bäckerei für ihr Baguette ausgezeichnet wurde. Obwohl ich ja noch ein dreiviertel Baguette vom Vortag besaß, ließ ich mich dann doch dazu hinreißen mir ein weiteres für günstige 95 Cent zu kaufen. Außerdem besorgte ich mir noch eine leckere „Ficelle feuillettée" in der Variante „lardons-oignons-emmental" (mit Emmentaler überbacken Blätterteigstange mit Speckstückchen und Zwiebeln) für 2,50 €, die ich sofort aß. Der zweite Bäcker war leider im Urlaub und verwies auf andere Bäcker in der Umgebung, u.a. auf *Alexine*. Da es noch vor 20 Uhr war, entschied ich spontan noch zu *Du pain et des Idées*, dem Bäcker, bei dem ich es schon am Vortag vergeblich versucht hatte, zu fahren. Obwohl ich um 19:50 Uhr vor der Bäckerei stand, hatte man allerdings schon alles aufgeräumt und war gerade am Saubermachen. Also kehrte ich, erneut ohne dort etwas gekauft zu haben, zur Jugendherberge zurück. So richtig viel Hunger hatte ich sowieso nicht und außerdem besaß ich ja noch Würstchen, zwei Baguettes und Pflaumen, die gegessen werden mussten.

Ich kam noch vor neun Uhr an der Jugendherberge an, sodass ich spontan nach einem Getränk im gegenüberliegenden Supermarkt schaute. Da meine Lieblingslimonade, Orangina, aus Frankreich stammt, wollte ich mindestens eine Flasche in Frankreich besorgen. Tatsächlich gab es auch in diesem Supermarkt Orangina, aber leider nur eine kleine Flasche und eine 2 Liter Orangina Light Flasche. Beides etwas überteuert. Ob ich noch einen Laden finden würde, der Orangina verkaufte, wusste ich nicht (LIDL hat die Marke traurigerweise nicht im Sortiment). Deshalb kaufte ich die große Flasche der Lightversion für etwas mehr als zwei Euro. Nun war ich gut eingedeckt.

Weil ich noch die Avenue des Champs Elysées entlanglaufen, gleichzeitig aber nicht zu spät zur Jugendherberge zurückkehren wollte, brach ich mir ein Stück des frischen Baguettes ab und stecke eine meiner Würste hinein. Mein Abendessen verspeiste ich dann auf dem Weg zur Metrostation. Ich muss zugeben, das Baguette schmeckte wirklich sehr gut. Das vom Vortag wirkte allerdings schon recht hart, obwohl ich versucht hatte, es mit einer Plastiktüte zu verpacken. Damit war offensichtlich, dass es nicht sonderlich sinnvoll gewesen war, zwei Baguettes zu besorgen.

Immer noch war die Metro von „La Chapelle" aus sehr voll. Dennoch gelang es mir, mich in die nächstbeste zu schieben und vor dem Arc de Triomphe aus dem Untergrund zu steigen. Ich suchte zuerst nach einem Weg auf die Insel im viel befahrenen und nicht überquerbaren Kreisverkehr. Nachdem ich den Triumphbogen halb umrundet hatte, entdeckte ich endlich eine Unterführung. Leider musste ich feststellen, dass man ein Ticket benötigt, um auf die Mittelinsel mit dem Arc de Triomphe zu gelangen. Am Abend, zur Zeit des Sonnenuntergangs, schien es aber fast unmöglich noch eines zu erstehen, denn es hatte sich bereits eine lange Schlange gebildet. So viel Zeit hatte ich einfach nicht. Schade! Immerhin fand ich heraus, dass die Unterführung direkt hinter der U-Bahn-Station begann und ich lediglich dort hinuntergemusst hätte.

Tipp: Als Minderjähriger kommt man zwar prinzipiell kostenlos auf den Triumphbogen, muss sich aber normalerweise trotzdem für ein „freier Eintritt" Ticket am Ticket Office anstellen. Hat man jedoch bereits Tickets für zahlende im online Vorverkauf besorgt und besichtigt als „Gruppe" (Vollzahler & Kostenloser) die Sehenswürdigkeit, so kann man dank der bestellten Tickets einfach rechts an der Schlange vorbeigehen. Dadurch muss man nur vor dem Sicherheitscheck kurz anstehen.

Also blieb mir „nur", die Avenue des Champs Elysées bis zum Place de la Concorde stadteinwärts zu laufen und dabei mal wieder Pflaumen zu essen. Doch alleine die Prachtstraße war die recht weite Fahrt wert. Inmitten der tausend Leute bahnte ich mir einen Weg durch die Fußgängerzone bis ich zu einem Park gelangte, in dessen Nähe der Palais de l'Élysée zu finden sein sollte. Somit machte ich mich auf die Suche und fotografierte einige schöne Häuser, bei denen ich nicht wusste, ob sie Teil des Palastes des französischen Präsidenten waren. Wohl eher nicht. Dafür hielt sich das Aufgebot an Sicherheitspersonal zu sehr in Grenzen. Erst als ich auf einen zweiten Park stieß, fiel mir ein größerer, besetzter Polizeiwagen und ein Soldat auf, der vor der Tür in einer Mauer, hinter der ein großer Park zu liegen schien, patrouillierte. Ein Polizist im Wagen bestätigte mir, dass der Palast hinter der Mauer lag. Ich ging folglich weiter und knipste ein paar Fotos im Vorbeigehen. Meiner Meinung nach ein schöner Sitz für einen Präsidenten, da der Palast etwas versteckt und abgeschirmt ist.

Im zweiten Park führte mich mein Weg hinter den Tribünen für den Aufmarsch am Nationalfeiertag vorbei. Danach hatte ich den Place de la Concorde erreicht und konnte noch ein paar Fotos schießen. Da es inzwischen schon etwas später geworden war, machte ich mich anschließend auf direktem Weg auf zur Metro Haltestelle, stieg in die nächste ein und kehrte um kurz nach halb elf zur Jugendherberge zurück.

Dort recherchierte ich noch ein wenig. Zum Beispiel bestätigte man mir, dass die Metro um ca. 8 Uhr wegen der Pendler sehr voll sei und es sicherer sei, mit der RER-Bahn zum Gare de Lyon zu fahren. Die Bahn sei schließlich größer und könne somit mehr Leute transportieren als die Metro. Bis zum Gare du Nord, wo die Regionalbahn losfährt, müsste ich eine gute viertel Stunde laufen, bevor ich dort mit meinem 24 Stunden Ticket einchecken könnte. Das war nun also der Plan. Zur Sicherheit wollte ich um ca. 8 Uhr, spätestens um 8:15 Uhr loslaufen.

Schweißtreibendes Marseille
10. Tag/ 4. Reisetag, Mittwoch, 17.07.

Deshalb stand ich am Folgetag um 6:30 Uhr auf und begab mich um kurz nach sieben Uhr zum Frühstück. Das frühe Aufstehen störte glücklicherweise niemanden so recht: Die beiden Stuttgarter hatten schon um 5:55 Uhr aufstehen müssen, um um 7 Uhr am Eiffelturm zu stehen. Der Asiate war in der Nacht anscheinend nicht zurückgekehrt und der ausschließlich spanisch sprechende Mexikaner ließ sich nicht wirklich von mir stören.

Nach einem ausgiebigen Frühstück verließ ich die Herberge um kurz nach acht Uhr und begab mich auf Bahnhofsuche. Eigentlich dachte ich, ich müsste einfach immer geradeaus laufen. Diese Annahme stellte sich spätestens nach ca. 20 Minuten als falsch heraus, da ich am Ostbahnhof angekommen war. Mit der verstreichenden Zeit immer hektischer, hastete und fragte ich mich bis zum Nordbahnhof durch. Dort wusste ich dann nicht in welche Etage. Die Wegweiser führten mich schließlich zu einem Aufzug, mit dem ich ein Stockwerk abwärtsfahren sollte. Doch zuerst ging es nach oben, wo ein asiatisches Paar zustieg. Der Aufzug fuhr wieder hinunter und öffnete seine Türen. Ich dachte, wir seien nun wieder in dem Geschoss, in dem ich zugestiegen war und wunderte mich, dass niemand einsteigen und die Asiaten auch nicht aussteigen wollten.

Stattdessen schauten sie mich kurz verwundert an und drückten dann auf die Etage, in der ich eingestiegen war. Der Aufzug fuhr zu meinem Entsetzen tatsächlich wieder nach oben. Ich hätte aussteigen müssen. Zu allem Überfluss fuhr er dann aus mir nicht ersichtlichen Gründen sogar noch einmal ganz nach oben, bevor ich im untersten Stockwerk aussteigen durfte. Da es nun schon fast 8:40 Uhr war, rannte ich zum Gate, führte mein 24 Stunden Ticket ein und nichts passierte. Auch ein zweiter Versuch scheiterte. Das „24 Stunden Ticket" galt anscheinend nur für die 24 Stunden des Kauftages und nicht wirklich 24 Stunden bis in den nächsten Tag hinein. So ein Mist! Jetzt musste ich mir auch noch einen Einzelfahrschein für 1,90 € besorgen. Einen Ticketautomaten konnte ich nicht sehen, nur einen Ticketschalter vor dem eine Schlange wartete. Ich musste mich einreihen. Als ich um 8:40 Uhr immer noch nicht am Schild angekommen war, auf dem stand, dass es von nun an noch ca. 10 Minuten daure, bis man an der Reihe sei, sprach ich aus lauter Verzweiflung den älteren Mann vor mir auf Französisch an. Ich fragte ihn erst, ob es noch eine andere Möglichkeit gäbe, einen Einzelfahrschein zu lösen. Er verneinte, was mich dazu bewegte, ihm meine prekäre Lage zu schildern und ihm mein Ticket des Zuges um 9:07 Uhr am Gare de Lyon nach Marseille zu zeigen. Daraufhin meinte er, ich solle die vor ihm wartende Familie bitten mich vor zu lassen. Zum Glück verstanden sie recht schnell die Dringlichkeit und ließen mich freundlicherweise bis zum Schalter vor. Das Geld hatte ich schon in der Hand. Ich holte mir mein Ticket ab bedankte mich erneut und rannte zur Bahn, die gerade einfuhr. Zum Glück waren die Leute so nett gewesen. Die Bahn erreichte den Gare de Lyon um kurz vor 8:55 Uhr. Von der Haltestelle musste ich das Gebäude allerdings noch in Höchstgeschwindigkeit durchqueren und nach dem richtigen Gleis Ausschau halten. Um kurz vor neun, konnte ich mich dann endlich erleichtert zum Check-in vor dem Bahngleis einreihen und kurze Zeit später meinen Platz im vollen Zug beziehen.

Tipp: In Frankreich schließen die Zugtüren übrigens oft zwei Minuten vor der Abfahrt. Deshalb sollte man bei (Fern)Zügen lieber ein wenig zu früh als zu spät einsteigen.

Die Zugfahrt war zum Glück endlich ein wenig entspannender, selbst wenn ich meinen Rucksack zur Gepäckablage bringen musste, damit sich ein anderer Fahrgast neben mich setzen konnte. Dafür verfügte der Zug über WLAN und Steckdosen, so dass die Zugfahrt um 12:14 Uhr eigentlich viel zu früh beendet war. Trotzdem konnte ich noch ein bisschen schlafen und dank des Internets nachsehen, wie ich zu meiner Unterkunft käme, was ich anschauen sollte und wo ich etwas zu essen bekäme. Außerdem stellte ich so fest, dass ich noch keine Verbindung nach Mailand gebucht hatte. Aus mir unerklärlichen Gründen war eine Buchung mit Hilfe der bisher zuverlässigen Interrail-App bzw. dem Online-Ticketservice jedoch nicht möglich, so dass ich mich am Bahnhof über mögliche Verbindungen informieren und überprüfen wollte, ob ich sicher nichts gebucht hatte. Zudem fand ich in meinem Mailpostfach keine Buchungsbestätigung für das Mailänder Hostel, was mich sehr beunruhigte.

Am Bahnhof verwies man mich zum Ticketkauf per Kartenzahlung erst einmal an den Automaten, denn vor den Schaltern warteten bereits einige Leute. Also versuchte ich mein Glück an der Maschine. Da ich aber gar nicht genau wusste, welche Verbindung ich buchen sollte und jede Einzelstrecke auch einzeln reserviert werden musste, gestaltete sich das Unterfangen äußerst mühselig und nicht sonderlich zielführend. Nachdem mir der Automat Verbindungen ausspuckte, für die ich über 90 € zahlen sollte, gab ich entnervt auf. Ich beschloss in Ruhe die Verbindungen zu recherchieren sowie mich zu vergewissern, dass ich nicht doch irgendetwas reserviert hatte. Ansonsten müsste ich entweder an diesem oder im Zweifelsfall am nächsten Tag versuchen, eine Reservierung am Schalter zu bekommen. Also verließ ich den Bahnhof, wobei ich noch eine aufdringliche Bettlerin abzuschütteln hatte.

Da der Check-in laut Internetseite der Unterkunft erst ab 14 Uhr möglich war, hatten meine Eltern ein Lokal herausgesucht, dass nur knappe fünf Minuten vom Hostel entfernt lag. Dorthin lief ich nun also zuerst. Auf dem Weg kam ich gleich durch eine Art Fußgängerzone, die zu einem prächtigen, großen Gebäude führte. Ansonsten wirkte die Stadt aber sehr schmuddelig und nicht gerade einladend.

In einer kleinen Seitenstraße fand ich das gesuchte Lokal (*Le petit caboulot*). Schon von außen deutete sich an, dass es sich nicht um ein klassisches Restaurant handelte. Alle Speisen, die man mitnahm, waren einen Euro billiger als wenn man sie im Gastraum aß. Außerdem war die Auswahl recht überschaubar und es gab u. a. zwei fertige Quiches, die man wohl aufgewärmt mitnehmen konnte. Daneben befand sich eine kleine Salatbar. Ich entschied mich trotzdem mein Essen im Restaurant zu verspeisen, um nicht weiter mit meiner Tasche umherziehen zu müssen. Automatisch erhielt ich eine Karaffe Tafelwasser. Zum Essen bestellte ich mir ein Moussaka. So schnell wie ich es erhielt, vermute ich fast, war es auch nur noch einmal kurz erhitzt worden. Die relativ kleine Portion befand sich in einem kleinen Tongefäß, das die Hälfte des Tellers bedeckte. Garniert wurde das Gericht dadurch, dass man die andere Hälfte mit kaum angemachtem Salat bedeckte. Da ich einfach kein großer Salatfan bin, musste ich mich ein bisschen zwingen, alles zu essen. Zusätzlich gab es noch kostenloses Baguette als Beilage. Immerhin war ich dann recht satt und das Mahl kostete mich nicht einmal 10 €.

Obwohl es noch nicht ganz 14 Uhr geworden war, versuchte ich mein Glück beim Hotel Sylvabelle. Was hätte ich mit meinem ganzen Gepäck sonst machen sollen? Der Check-in verlief zuerst problemlos. Die Zimmer waren zwar noch nicht komplett gereinigt, doch trotzdem zeigte man mir schon einmal meinen Schlafplatz. Auf dem Weg ins Zimmer machte die Unterkunft nicht den besten Eindruck, aber für eine Nacht schien sie tauglich. Mit einem etwas mulmigen Bauchgefühl musste ich feststellen, dass es zwar WLAN gab, dafür aber keine Schließfächer existierten - und das ausgerechnet in einer Stadt mit ziemlich hoher Kriminalitätsrate. Noch dazu wurde die Eingangstür nie verschlossen. Es konnte also jeder jederzeit raus und rein gehen wie er wollte. Die einzige Möglichkeit mein Gepäck nicht frei im Zimmer zu lassen war es, den Rucksack stattdessen in der Putzkammer gegenüber der Rezeption zu lassen. Naja, scheinbar die beste Lösung. Meine echten Wertsachen wollte ich trotzdem nicht dort lassen.

Erst einmal war das sowieso kein Problem, da ich neben dem Raum nach günstigen Zugverbindungen recherchierte und glücklicherweise eine ausgedruckte Mail als Bestätigung der Buchung in Mailand entdeckte. Es gelang mir jedoch weiterhin nicht, eine Zugverbindung zu reservieren. Gleichzeitig vermutete ich langsam auf einen sehr frühen Zug ohne Reservierung gesetzt zu haben. Für diesen hätte ich aber spätestens um fünf Uhr morgens aufstehen müssen und keine Chance gehabt, ein frisches Frühstück zu besorgen. Diese Möglichkeit schien mir nun doch etwas verwegen. Also beschloss ich nicht noch länger sinnlos Zeit zu verschwenden, sondern gleich zum Bahnhof zu laufen, mir eine Verbindung empfehlen zu lassen und dann die Stadt zu besichtigen.

Den Weg wählte ich so, dass ich an einer gut bewerteten Eisdiele vorbeilief. Meine Vorfreude auf die Abkühlung war aber schnell verflogen. Ungeachtet der Tatsache, dass sich die Eisdiele in einem nicht gerade einladenden Viertel befand, kostete eine Kugel satte 3 €. Kurz überlegte ich, ob ich gleich wieder gehen sollte, spendierte mir dann trotzdem eine auf Honig basierende Eiskugel. Diese war zwar ziemlich lecker und erfrischend, aber drei Euro für eine Kugel sind echt zu viel. Selbst in Paris konnte man billigeres Eis bekommen.

Am Bahnhof musste ich mich dann in eine Warteschlange stellen, bis ich an der Reihe war und mein Anliegen vorbringen konnte. Die freundliche Dame schrieb mir die, ihrer Meinung nach, beste Verbindung mit nur einer Reservierung von Ventimiglia nach Mailand auf, für die ich erst etwas später losfahren müsste. Allerdings meinte sie, ich könne die Reservierung erst in Nizza oder in Ventimiglia, in Italien, vornehmen. Zufrieden und sehr gespannt auf den nächsten Tag verließ ich das Bahnhofsgebäude gen Hafen. Dabei passierte ich eine Art Nachbildung des Arc de Triomphe in Paris. Im Gegensatz zu Paris konnte man hier die Verkehrsinsel im Kreisverkehr sogar kostenfrei über eine Ampel erreichen.

Ein paar Pflaumen essend lief ich weiter. Mein Ziel war es, den Hafen über das bekannte „Le Panier" Viertel mit einigen schönen, schmalen Gassen und Läden zu erreichen. Nach einiger Sucherei fand ich das Viertel. Ich durchquerte es einmal und fand mich anschließend vor einer größeren, schönen Kirche am Meer wieder. Sie war mir einen kleinen Abstecher wert.

Danach lief ich am Meer entlang in Richtung des berühmten Vieux-Port. Dabei kam ich auch am Fort Saint-Jean vorbei. Von dort hatte man einen schönen Blick auf die nun hinter einem befindliche Stadt und das unmittelbar vor einem liegende Meer. Die Festung selber wurde inzwischen zu einem Museum umgewandelt, für das ich allerdings keine Zeit mehr hatte. Rund um die Festung badeten und grillten einige Leute, obwohl mindestens ersteres ausdrücklich verboten war. Das schien aber niemanden zu interessieren.

Von dort aus erreichte ich nach einiger Zeit endlich den alten Hafen, den Vieux-Port. Den Hafen an sich fand ich wenig sehenswert. Es war nur rundherum ziemlich viel Trubel. Was durchaus sehenswert ist, ist die Spiegelkonstruktion auf dem Hafenplatz. Diese spendet Schatten, man kann tolle Bilder machen und es finden wohl regelmäßig Auftritte von Straßenkünstlern statt. Dabei sollte man jedoch bedenken, dass diese nicht zum Spaß dort auftreten, sondern ziemlich deutlich eine Entlohnung fordern. Außerdem vermute ich, nutzen etliche Taschendiebe die Spektakel aus, um sich zu bereichern. Sehenswert ist der Vieux-Port sicherlich bei Nacht. Mir war es leider nicht möglich, in der Dunkelheit zurückzukehren.

So langsam hatte ich wieder Hunger. Ich wusste, dass sich in der Nähe ein Laden (*Twist Avenue*) befinden sollte, der süße „Twists" (auch „Baumstriezel" genannt) verkauft. Diesen steuerte ich nun an und erreichte ihn kurze Zeit später. Dort bestellte ich mir die billigste Variante: einen Twist mit Zucker und Spekulatiuscreme als Füllung. Das kostete mich dennoch 5,20 €, was mir erst deutlich zu teuer vorkam. Als ich den Twist allerdings nach ca. zehn Minuten eingepackt zum Mitnehmen erhielt und vor dem Laden begutachtete, verstand ich den Preis so langsam: Die gefüllte Hefeteigrolle war ziemlich groß. Außerdem stellte ich während des Versuchs, die Süßigkeit zu essen, fest, dass man kein bisschen mit der Spekulatiuscreme gespart hatte. Das hatte aber auch zur Folge, dass die Verkostung zu einem regelrechten Massaker wurde. Trotzdem schmeckte es so grandios, dass ich den Preis nicht bereute.

Tipp: In der *Twist Avenue* gibt es nicht nur sehr leckere, süße („sucré") „Twists"

(„Baumstriezel"), sondern auch eine große Auswahl an herzhaften („salé") Varianten. Möchte man beides probieren, werden auch verschiedene Menüs angeboten. Danach dürfte man sicherlich gut gefüllt sein. Ein Besuch lohnt sich!

Nachdem ich fertig gegessen und mich bestmöglich gesäubert hatte, ging ich noch im Carrefour des Kaufhauses *„Galeries Lafayette"* (Marseille Bourse) einkaufen. Auf dem Weg zum Ausgang konnte ich den Stadtplan nicht mehr wiederfinden. Also lief ich meinen gesamten Weg im Supermarkt und zurück zur *Avenue Twister* erneut ab. Der Stadtplan aber blieb verschwunden. Zum Glück hatte ich mir bereits angesehen, wie ich weiterlaufen wollte. Trotzdem ein ärgerlicher Verlust.

Auch mit Hilfe meines Tablets machte ich mich auf die Suche nach dem LIDL im Hafenbereich, denn von dem Angebot im Carrefour war ich nicht hundertprozentig überzeugt gewesen. Dabei hielt ich immer auch Ausschau nach einem Bäcker für den nächsten Morgen. Der LIDL war leider schon weit ausgeräumt, hatte aber einige gerade nicht mehr verfügbare, interessante Angebote. Deshalb beschloss ich mich hier am nächsten Morgen bei Ladenöffnung einzudecken. Zudem lief ich noch an einer Bäckerei vorbei, die nicht allzu teuer war, obwohl sie sich in der Fußgängerzone in Richtung Bahnhof befand. Besonders die Preise für die Éclairs schienen bezahlbar. Auch hierhin wollte ich am Folgetag zurückkehren.

Im Hotel packte ich mir dann mein Abendessen zusammen und bestieg damit den Hügel, auf dem sich die Kathedrale Notre Dame de la Garde befindet. Dort schoss ich erst ein paar Fotos. Anschließend setzte ich mich mit toller Aussicht auf die Mauer, um Abend zu essen. Inzwischen war auch das zweite Pariser Baguette etwas härter geworden, aber immer noch gut mit den letzten scharfen Würsten und den französischen Salamisticks essbar. Einen Teil des anderen Baguettes aß ich ebenfalls, selbst wenn man Feinden wohl eine Beule mit der Stange hätte schlagen können. Dazu gab es natürlich Pflaumen. Außerdem schoss ich wie einige weitere Besucher noch ein paar schöne Bilder während des Sonnenuntergangs. Noch bevor dieser vollständig beendet war, verließ ich die Aussichtsplattform vor der äußerlich schönen Kirche. Ich wollte nämlich noch vor dem Einbruch der vollständigen Dunkelheit das Hotel erreichen. Zudem fühlte ich mich in Mitten der vielen Paare und Familien ziemlich einsam und verlassen.

Dort angekommen versuchte ich noch ein wenig mehr über die mir am Bahnhof empfohlene Zugverbindung herauszufinden und die nötige Reservierung über die Interrail Website zu tätigen. Letzteres blieb jedoch weiterhin erfolglos, warum auch immer. Außerdem recherchierte ich gleich ein bisschen über Mailand, bevor ich versuchte schnell zu schlafen, um am nächsten Morgen das Hotel baldmöglichst verlassen zu können.

Sabotage/Nichts für Genießer
11. Tag/ 5. Reisetag, Donnerstag, 18.07.

Am Morgen musste ich allerdings feststellen, dass ich, obwohl als erster aus dem Zimmer wach, nicht früh genug aufgestanden war bzw. sich mein Bauchgefühl nicht getäuscht hatte: Als ich in die Abstellkammer gegenüber der Rezeption trat, waren meine beiden Baguettes, die seitlich an der Tasche gesteckt hatten, verschwunden. Etwas verstört suchte ich nach ihnen und fand sie kurz darauf ausgepackt auf dem Boden der eigentlichen Mini-Putzkammer. Wahrscheinlich wollte sie jemand stehlen, erkannte dann aber, dass die Stangen schon etwas älter waren und beschloss deshalb seine Zähne zu schonen. Durchaus verständlich. Für meine Pflaumen hatte man sich dafür überhaupt nicht interessiert. Äußerst seltsam.

Da ich von Dieben ausging, dachte ich, ich sollte den Vorfall an der Rezeption melden. Vielleicht wäre das ja interessant für das Hotel und man könnte vielleicht doch in Schließfächer investieren. Also tat ich genau das. Und die Reaktion: Sagen wir mal vorsichtig „gleichgültig". Ich wurde nun darauf hingewiesen, dass man einfach kein Essen in dem Raum lassen darf. Sehr sinnvoll, mir das schon jetzt beim Check-out mitzuteilen. Mir war das jetzt eigentlich ziemlich egal. Es ärgerte mich zwar, aber im Nachhinein ist man meistens schlauer. Im Zimmer wären die Sachen wahrscheinlich doch sicherer gewesen.

Mit meinen beiden Steinbaguettes ging es für mich endlich zum Frühstück bei *La mie mâline* in der Fußgängerzone. Da ich ja anschließend noch zum LIDL wollte, lief ich zwar einen kleinen Umweg, aber der Bäcker hatte nun einmal bereits vor dem LIDL geöffnet. Dort kaufte ich mir ein Éclair Nougat (2,50 €) und ein Croissant (0,95 €). Damit schlenderte ich gemütlich über den leeren alten Hafen zum LIDL. Dieser sollte zwar erst in einer guten viertel Stunde öffnen, dennoch warteten tatsächlich schon mehrere Leute vor dem Eingang. Direkt nach der Öffnung rollte also eine kleine Menschenlawine in den Laden, um sich die größten Schnäppchen zu sichern. Doch so früh dort zu sein, hatte nicht nur Vorteile. Zwar gab es wieder billigeres Wasser, auch wenn eine Sorte weiterhin fehlte, aber die Backtheke war noch nicht vollständig gefüllt. Beispielsweise klaffte noch eine Lücke, wo ein reduzierter Artikel, der sich irgendwie lecker anhörte, hätte sein sollen. Zum Glück lag immerhin die reduzierte Quiche aus. Um eventuell noch den anderen Angebotsartikel zu bekommen, ließ ich mir ein wenig Zeit und machte noch einmal eine Runde durch den Laden, doch leider war der Bäcker immer noch nicht so weit, sodass ich stattdessen ein Käsebrötchen einpackte. Mit meinen Einkäufen machte ich mich nun auf den Weg zum Bahnhof.

Tipp: Möchte man bei einem recht kleinen, aber billigen Supermarkt in einer Großstadt, der zentrumsnah gelegen ist, günstig einkaufen, so ist es empfehlenswert möglichst bald oder während der Arbeitszeit der Einheimischen dorthin zu gehen, da der kleine Vorrat von den Touristen (und Einheimischen) oft schnell aufgekauft wird. Besonders schlimm ist es bei Wasser oder im Preis reduzierten Lebensmitteln.

Dabei kam ich am Carrefour vorbei und ließ mich dazu hinreißen noch ein relativ kleines Stück Käse zu kaufen. Ich wollte nämlich unbedingt mindestens einen französischen Käse auf meiner Reise gegessen haben. Ich hoffte einfach, dass er sich einigermaßen halten würde.

Durch das ganze hin und her Gelaufe, war die Zeit weit vorangeschritten und ich musste mich beeilen, um rechtzeitig am Bahnhof zu sein. Dort angekommen wurde deutlich, dass ich mich gar nicht so stressen hätte müssen, denn ich hatte noch dicke Luft und das Gleis, auf dem der Zug abfahren sollte, stand auch noch nicht an. Was ich in dieser Zeit anstellen sollte, wusste ich nicht so recht, da mein Tablet ziemlich leer war. Das lag daran, dass der Strom im Hotel nicht funktioniert hatte: kein Licht und keine funktionierenden Steckdosen im Zimmer. Ich konnte nur hoffen im Zug Steckdosen zu finden.

Doch der Zug nach Nizza besaß natürlich keine Steckdosen und war noch dazu recht gut gefüllt. Immerhin ergatterte ich mir einen Sitzplatz. Meine Tasche musste ich allerdings in die Gepäckablage hinter mir stellen, da ich ständig einen Sitznachbarn neben mir hatte. Um nicht noch mehr Akku zu verbrauchen, verbrachte ich den Großteil der Fahrt schlafend.

In Nizza angekommen wollte ich meine viertel Stunde Umsteigezeit eigentlich dafür nutzen, mein Ticket von Ventimiglia nach Mailand zu reservieren. Da mein Anschlusszug jedoch bereits anstand und mein Zug aus Marseille leicht verspätet war, lief ich trotzdem gleich zum Gleis. Dort hieß es aber, der Zug habe zehn Minuten Verspätung. Deshalb lief ich nun doch zum Ticketschalter und reihte mich in der Schlange ein. Dafür musste ich nur durch ein Gate in die Vorhalle und ein Ticket ziehen, was ich aber erst nicht bemerkte und dadurch ein paar Plätze verlor. Während ich noch wartete, wurde die Verspätung plötzlich auf fünf Minuten reduziert. Das bedeutete ich hatte nur noch ca. vier Minuten, bis ich am Gleis stehen sollte. Also verließ ich die Schlange und gelangte schnell zum Einlassgate. Dieses ließ sich aber natürlich mit meinem Interrailpass nicht öffnen. Ich fragte einen Bahnhofsmitarbeiter, der mein Problem erst anscheinend nicht verstand, dann mir nur sagen konnte, ich solle an die „Hilfe" Gegensprechanlage links des Gates gehen und dort mein Problem schildern. Dorthin spurtete ich. Noch zwei Minuten. Glücklicherweise verstand die Dame, mit der ich verbunden war sofort und öffnete mir eines der Gates. Noch eine Minute. Jetzt rannte ich bis zum Bahnsteig. Der Zug war noch nicht angekommen. Kurz darauf fuhr ein absolut voller Zug ein. Irgendwie schaffte ich es mich hineinzudrängen. Besonders erschwerend waren dabei mehrere Kinderwägen im Abteil. Es war sogar so voll, dass ich mit meinem Rucksack auf ein kleines Podest ausweichen musste und mehrfach drohte rückwärts vom

Gewicht herabgerissen zu werden. Anscheinend bestand die Ursache für die Überfüllung darin, dass viele Leute, die von Monaco aus an den Strand gefahren waren, nun zurückwollten. Denn ab der Haltestelle Monaco-Monte Carlo schien der Zug auf einmal wie leergefegt. Ich bekam einen Sitzplatz und hätte sogar eine Steckdose gehabt. Dummerweise bemerkte ich diese erst kurz vor der Ankunft in Ventimiglia. An sich muss man aber zugeben, dass es sich um eine schöne Strecke entlang der Côte d'Azur handelte, die ich nur leider in meiner Position nicht wirklich genießen konnte.

Tipp: Bei der Auswahl seiner Zugverbindungen sollte man, wenn möglich, einbeziehen, wer diesen Zug sonst noch nutzen könnte. Denkt man etwa an Pendler oder Strandbesucher, könnte man unangenehm überfüllte Züge vermeiden.

In Ventimiglia angekommen begab ich mich zuerst direkt zum Ticketschalter und zeigte der Dame den Zettel mit der Verbindung, die man mir in Marseille notiert hatte. Allerdings stellte die Frau, wie auch schon die Interrailapp am Vorabend, fest, dass der herausgeschriebene Zug ein *Thello* war. Dieser sei allerdings nicht im Interrail Pass enthalten und ich müsse deshalb das normale Ticket für 33 € kaufen. Alternativ könne ich aber auch mit einem im Pass enthaltenen IC von *Trenitalia* fahren. Für diesen müsste ich nur 3 € Reservierungsgebühr bezahlen. Obwohl ich dadurch einen längeren Aufenthalt in Ventimiglia haben und erst um kurz vor neun in Mailand ankommen würde, entschied ich mich für den billigeren IC.

Mit meiner Reservierung im Gepäck machte ich mich nun auf die Suche nach einer Steckdose und einer Beschäftigung. Im Bahnhofsgebäude wurde ich jedoch nicht fündig. Stattdessen aß ich auf dem Bahnhofsvorplatz erst einmal einen Teil meiner Vorräte. Dann machte ich mich auf die Suche nach der Tourist Information. Zwar stand sie an, fündig wurde ich allerdings nie. Stattdessen erreichte ich eine

Post. Da ich noch zwei Postkarten ohne Briefmarken hatte, nutzte ich die Gelegenheit, um eine Nummer zu ziehen und zu warten bis ich an der Reihe war. Besonders vorteilhaft war dabei, dass ich einen Warteplatz an einer Steckdose ergattern konnte. Also blieb ich noch eine ganze Zeit nachdem ich die beiden Postkarten mit Zeichensprache bei der ausschließlich italienisch sprechenden Dame am Schalter abgegeben hatte. Während ich noch darauf wartete, dass mein Tablet die 50 % Hürde knackte, zog doch tatsächlich außen ein kleines Gewitter mit Regen auf.

Dennoch entschloss ich mich, als ich mit der Akkuladung einigermaßen zufrieden war, zum Strand zu laufen. Zu dem Zeitpunkt als ich die Post verließ, regnete es lediglich schwach, doch je näher ich dem Strand kam, desto stärker wurde der Regen. Aus diesem Grund musste ich schließlich am Strand meine Regenhaube über den Rucksack stülpen, bevor ich mich auf den Rückweg zum Bahnhof machte. Ungeachtet des Wetters gönnte ich mir, auch ein wenig aus Trotz, zwei Kugeln Eis in der Waffel (Rocher & Nutella) für günstige zwei Euro.

Im Regen begab ich mich nun gleich zum Bahnhof, obwohl noch üppig Zeit war, bis der Zug abfahren sollte. Trotzdem stand der Zug schon bereit, sodass man bereits einsteigen konnte, selbst wenn noch nicht deutlich angezeigt worden war, dass es sich tatsächlich um den richtigen Zug handelte. Hier konnte ich auch mein Tablet und Handy weiter aufladen. Ich hatte einen Viererplatz reserviert bekommen. Da die anderen drei Plätze noch frei blieben, waren genügend Steckdosen vorhanden. Nachdem der Zug das Bahnhofsgelände verlassen hatte, durfte man sich auch auf der Toilette erleichtern. Mit der Zeit, je näher wir Mailand kamen, füllte sich der Zug immer mehr. Bald waren alle Plätze des 4er-Platzes belegt und ich konnte lediglich ein Gerät weiterladen. Mit 15 Minuten Verspätung erreichte ich schlussendlich Mailand um kurz vor neun.

Nun musste ich mir noch etwas zu essen besorgen und zu meinem Hostel laufen. Bereits im Voraus hatte ich einen Laden gefunden, der mehr oder weniger auf dem Weg lag und noch bis 21:30 Uhr geöffnet habe sollte. Somit beeilte ich mich dorthin zu gelangen, sodass die Piadineria Artigianale Pascoli noch geöffnet war. Ich bestellte mir für 6,50 € Piada (dünner italienischer Fladen) mit Gorgonzola, Brokkoli und Zwiebeln. Die Portion bestand sogar aus zwei gefüllten Fladen. Allerdings sind diese äußerst schwer zu essen. Es ist fast unmöglich, sich die Hände nicht vollkommen einzusauen. Nicht umsonst gibt es eine extra Handwaschanlage. Bei mir war die Sauerei aber besonders groß, da die Gorgonzola-Sauce durch den Fladen hinaustropfte. Auch muss erwähnt werden, dass der Gorgonzola sehr kräftig herausschmeckte. Wer also keinen intensiven Gorgonzola mag, sollte lieber die Finger von dieser Variante lassen.

Nachdem ich mich wieder einigermaßen gesäubert hatte, lief ich zum California Hostel, was ich um fünf nach zehn erreichte. Damit dachte ich, sei der Tag gut überstanden, doch der größte Schreck sollte noch folgen: Erst war die Erlaubnis meiner Eltern für den Aufenthalt im Hostel und die Reise erforderlich, dann fand man meinen Namen nicht unter den Buchungen. Stattdessen sollte ich meine Buchungsnummer angeben. Diese musste ich erst heraussuchen. Aber mit der Nummer, die ich per E-Mail erhalten hatte, konnte der Mann an der Rezeption auch nichts anfangen. Er meinte, er bräuchte eine andere Nummer. Da ich aber nur diese eine Bestätigungsmail erhalten hatte, konnte ich ihm aber nichts anderes bieten. Wir drehten uns eine Stunde im Kreis. In der Zwischenzeit checkte ein anderes Pärchen ein und während er telefonierte bzw. alle seine Buchungsportale nach meiner Buchung durchsuchte, prüfte ich schon einmal die Öffnungszeiten der Mailänder Jugendherberge, die eher gemischte Bewertungen erhalten hatte. Nach einer Stunde rückte er dann endlich heraus, dass er eine Buchung auf Holger Michael Knapp erhalten hatte.

Das war der Name meines Vaters. Ich konnte doch einchecken. Der Rezeptionist beschwerte sich zwar noch, warum ich ihm nicht gleich auf seine mehrfache Nachfrage hin gesagt hatte, dass ich auf einen anderen Namen gebucht hatte, aber immerhin musste ich um halb zwölf nicht mehr auf Unterkunftssuche gehen. Zu dem Missverständnis hatte wohl geführt, dass ich zwar auf meinen Namen gebucht hatte, aber die Kreditkarte meines Vaters als Zahlungsmittel hatte angeben müssen.

Tipp: Sollte man bei einer Buchung die Kreditkarte eines anderen angegeben haben und die Buchung auf den eigenen Namen beim Check-in nicht auffindbar sein, so ist es ratsam zu fragen, ob eine Buchung für den Kreditkarteninhaber vorliegt.

Im Schlafsaal wies man mir das obere Bett des ersten Stockbetts zu. Im bereits recht dunklen Schlafsaal richtete ich mich nur noch kurz ein, bevor ich erschöpft schlafen konnte.

Nicht mein Tag - 12. Tag, Freitag, 19.07.

Am nächsten Morgen begann ich den Tag damit, sicherheitshalber das Wetter nachzusehen und über *Getyourguide* (10 % Rabatt mit Interrailticket bei Buchung über Interrail-App) Eintrittskarten für Dom, Terrasse und Museum um 16 Uhr zu buchen. Ob ich nicht deutlich billiger in alles hineingekommen wäre, hätte ich das Ticket nicht online gekauft, sondern vor Ort, bin ich mir nicht sicher. Schnellstmöglich brach ich auf und hinterließ meinen Schlafanzug unter dem Kopfkissen, wie ich es schon häufiger getan hatte. An der Rezeption erkundigte ich mich noch nach einem Stadtplan. Leider besaß das Hostel keinen und meinte stattdessen, ich solle um die Ecke laufen, dort gäbe es einige asiatische Läden, die Stadtkarten für 1 € verkauften. Da ich ja immer noch *Maps Me* besaß und mir eine Tour für den heutigen Tag durch die Stadt auf *Komoot* (kostenpflichtige App, v.a. zum Joggen und Fahrradfahren) erstellt hatte, machte ich mich lediglich mit Hilfe letzterer App auf den Weg und hoffte an einer Tourist Information einen kostenlosen Plan erhalten zu können.

Auf meinem Weg in die Stadt wollte ich mir zuerst noch einmal den Bahnhof ansehen und nachschauen, ob herauszufinden war, wo mein Zug nach Zürich abfahren sollte. Um noch etwas zu frühstücken, lief ich einen minimalen Umweg zu einer Bäckerei. Wie der rege Betrieb vermuten ließ, handelte es sich um einen Glücksgriff. Hier erstand ich für wenig Geld ein sehr leckeres Frühstück. Zusammengenommen mit der äußerst vorteilhaften Lage in der Umgebung des Bahnhofs, beschloss ich, am Morgen des Folgetags zurückzukehren.

Tipp: Für Reisende würde ich die Bäckerei *Rovida* unbedingt weiterempfehlen.

Im recht schönen Bahnhof fand ich nach einiger Zeit eine Tafel, auf der ich das planmäßige Gleis (6) für die Abfahrt des Zuges in Richtung Zürich herausfinden konnte. Eigentlich hatte ich dann vor, noch ein wenig beim Carrefour in der Nähe des Bahnhofs einzukaufen. Dafür wollte ich aber keinen großen Umweg laufen und unnötig Zeit verschwenden, weshalb ich dort nur hineingehen wollte, sofern ich am Supermarkt sowieso vorbeikäme. Das war aber nicht der Fall. Also lief ich einfach weiter in Richtung Dom. Dabei passierte ich einige Kirchen, von denen es in Italien ja bekanntlich genügend gibt, und ein Restaurant, in dem ich eventuell Mittagessen wollte. Die Speisekarte des *Napiz* hing aus, sodass ich sie mir ansehen und abfotografieren konnte. Allerdings begeisterte sie mich nicht sonderlich, denn es gab ausschließlich eine kleine Auswahl an teuren Pizzen. Noch dazu sollte ich am Dom angekommen bemerken, dass es doch noch ein ziemliches Stück von dort zur Pizzeria wäre. Damit hatte sich diese Idee eigentlich erledigt.

Bevor ich endgültig den Dom erreicht hatte, kam ich noch durch eine toll verzierte, sehenswerte Einkaufs- und

Esspassage (Galleria Vittorio Emanuele II). Auf dem Domplatz dahinter konnte ich noch einige Fotos schießen und beweisen, dass ich aus Paris gelernt hatte: Einen Dunkelhäutigen, der sich mir mit Armbändern zu nähern versuchte, schüttelte ich nun problemlos ab, wobei ich darauf achtete ihm keine Möglichkeit zu bieten, das Band um meinen Arm zu binden.

Nachdem ich mich nun meiner Meinung nach direkt vor der Touristenattraktion Nummer Eins befand, ging ich davon aus, in der Nähe eine Tourist Info finden zu können. Ich umrundete den Platz, wurde allerdings nicht fündig. Folglich begab ich mich in den Schatten der Einkaufspassage, um dort auf meiner offline Karte nach einer Touri Info zu suchen. Doch auch mit dieser wurde ich nicht fündig. Stattdessen suchte ich nach weiteren Sehenswürdigkeiten und versuchte, weitere Essensmöglichkeiten zu verorten. Zwischendurch musste ich meinen Sitzplatz am Boden wechseln. Nachdem ich einigermaßen wusste, wohin ich zu laufen hatte, machte ich mich auf zur Kirche Santa Maria delle Grazie. Dort sollte auch das berühmte „Abendmahl" Leonardo da Vincis zu sehen sein. Mir würde aber auch schon eine Besichtigung der Kirche ohne das Gemälde genügen, dachte ich mir. Im Ticketshop erkundigte ich mich, ob dies möglich sei. Man erklärte mir, dass es prinzipiell schon möglich wäre und die Karten für die Besichtigung des Gemäldes ohnehin schon weit im Voraus ausgebucht seien, aber die Kirche über Mittag noch bis 16 Uhr geschlossen sei.

Tipp: In Italien sollte man sich unbedingt über alle Öffnungszeiten informieren, da sowohl Sehenswürdigkeiten als auch Supermärkte in der Regel über Mittag eine Siesta einlegen. Dafür sind sie teils am Abend länger geöffnet.

Da ich keine vier Stunden untätig und ohne Essen vor der Kirche warten wollte, lief ich weiter zu *Pasta fresca da Giovanni*, einem Nudelrestaurant. Um kurz nach 12 Uhr war dort noch nicht so viel los, sodass ich problemlos einen Platz im sehr kleinen Lokal bekam. Ich entschied mich für das Spezialangebot „Bis di primi" („Half and Half"). Meine Auswahl von Ravioli di limone & Maccheroni „Gricia" kostete mich 12 €. Für einen Teller einer Nudelsorte hätte ich 9 € bezahlen müssen. Beide Sorten schmeckten richtig gut und waren selbstgemacht. Allerdings reichte mir die Portion nur gerade so, dass ich satt war. Je später es wurde, desto mehr füllte sich der Raum. Bald bildete sich eine Warteschlange vor dem Lokal. Bevor ich das Lokal wieder verließ, ging ich noch auf die Toilette, was sich zu einem echten Erlebnis entwickelte: Zuerst musste man sich einen Schlüssel und einen Lageplan von der Bedienung aushändigen lassen, dann in der nächsten Seitenstraße mit dem Schlüssel in einen Hinterhof hinter der Küche laufen. Von dort aus musste man einen winzigen Gang neben der Küche betreten, der auch in den Keller führte, und dort direkt linkerhand eine Tür zur Toilette öffnen. Natürlich brauchte ich einige Zeit, bis ich die Tür erkannte. Als ich wieder zum Lokal zurückkam, konnte ich Schlüssel und Plan gleich an die nächsten Gäste weitergeben und einen weiteren Tisch für die Wartenden frei machen.

Obwohl es bei weitem noch nicht 16 Uhr war, lief ich in Richtung Dom. Ich ließ mir Zeit und besuchte noch eine geöffnete Kirche. Da meine Eintrittskarten ja ebenfalls ab 16 Uhr gültig war, entschied ich auf die Kirche Santa Maria

delle Grazie zu verzichten. So erreichte ich den Dom bereits um 14 Uhr. Dort versuchte ich dennoch gleich auf die Domterrasse zu gelangen. Wahrscheinlich weil nichts los war, stellte es kein Problem dar, dass ich bereits zwei Stunden vor der eigentlichen Gültigkeit meines Tickets eintrat. Zuerst bestieg ich die Terrasse, von der aus sich ein schöner Blick über die Stadt bot. Leider hatte ich mal wieder das Glück in eine Baustelle geraten zu sein: Der hintere Teil der Terrasse war vollkommen eingezäunt, was das tolle Bild etwas schmälerte. Ein größeres Problem ergab sich jedoch, als ich bereits eine Etage des Weges zum Ausgang hinabgestiegen war und bemerkte, dass meine Cap fehlte. Ich hoffte, sie oben wieder zu finden. Dafür musste ich gegen den Abwärtsstrom wieder hinaufsteigen. Oben entdeckte ich sie bald im verlassenen Häuschen der Aufpasserin. Immerhin erhielt ich dadurch meine Cap, nachdem ich sie angesprochen hatte, wieder zurück und konnte nun gegen Vorlage meines Tickets direkt in den Dom hinabsteigen. Die Kathedrale schaute ich mir während meines kleinen Rundgangs im Inneren an. Es gab beispielsweise schöne Fenstergemälde hinter dem Alter zu sehen und natürlich etliche Statuen. Auch für die Krypta stellte ich mich an. Das Warten war es aber nicht wert gewesen, denn man konnte nur in zwei ziemlich dunkle Räume hineinblicken. Fast dasselbe Bild bot sich einem, wenn man die Gruft umrundete und durch die Fensteröffnungen ins Innere blickte.

Nachdem ich mir den Dom genügend angesehen hatte, verbrachte ich noch eine gute dreiviertel Stunde im benachbarten Dommuseum. Dieses gestaltete sich interessanter als angenommen. Besonders faszinierten mich die glänzenden Domschätze, das große Modell des Domes und die Gemälde mit zugehörigen Holzfresken.

Im Gefühl genügend besichtigt zu haben, machte ich mich auf den Rückweg zum Hostel. Inzwischen war mir das Wasser ausgegangen, sodass ich noch billiges Wasser bei der italienischen Supermarktkette *Auchan* besorgte. Anschließend legte ich noch einen Stopp bei der Eisdiele

Terra ein. Dort leistete ich mir ganze drei Kugeln für 3,20 €. Dafür musste man erst an der Kasse bezahlen und sich eine Art Eisgutschein geben lassen, den man dann an der Eistheke einlösen konnte. Leider machte es einen Unterschied, ob man Sorbet- oder normales Eis wollte. Das hatte zur Folge, dass mir das Sorbet verwehrt blieb. Trotzdem schmeckte mein Eis sehr lecker.

Tipp: In Italien sollte man sich genau anschauen, was für ein Eis (Sorbet- oder Milcheis) verkauft wird und welche Sorten man gerne hätte. Häufig macht es nämlich einen Unterschied, ob man eine fruchtige Sorbetsorte oder ein normales Milcheis haben möchte. Zusätzlich verkompliziert wird der Bestellvorgang, indem in nicht wenigen größeren Gelaterien zuerst bezahlt und erst anschließend die Sorten gewählt werden.

Zurück im Hostel erwartete mich eine unschöne Überraschung: Mein Bett war von einem schlafenden Mann belegt. Etwas irritiert darüber, dass ihm mein Schlafanzug nicht aufgefallen war und ich ihn jetzt auch nirgends sah, versuchte ich erst darauf zu warten, dass er aufwachte und ich nachsehen könnte. Doch der Mann schlief tief und fest. Als ich langsam Abendessen gehen wollte, musste ich ihn dann trotzdem wecken. Zu meinem Entsetzen war der Schlafanzug aber weg. Der Mann hatte ihn nicht gesehen und nur das Bett genommen, was ihm zugewiesen wurde. Also wandte ich mich an die Rezeption. Der Rezeptionist sah erst selber erneut nach, rief dann die Putzfrau an und meinte, wir sollten jetzt alle Schließfächer durchsuchen. Doch selbst diese unkonventionelle Suche wurde nicht vom Erfolg gekrönt. Anschließend wandte sich der Rezeptionist an einen Mitarbeiter. Zum Glück hatte dieser den Schlafanzug gesehen. Die Putzfrau musste ihn, nachdem sie das Bett abgezogen hatte, in einen Schrank im unteren Stockwerk gelegt haben. Dass sie das Bett überhaupt gemacht hatte und es nun von dem anderen Mann belegt war, schien darauf zurückzuführen, dass ich im System für das untere Bett gemeldet war. Nun sollte ich einfach im für mich gebuchten Bett schlafen. Was für ein Chaos.

Meine Tasche war am Tag auch noch unter dem Gewicht gerissen. Da ich nicht gewusst hatte, ob ich ein warmes Mittagessen bekommen würde, hatte ich alles für eine kalte Mahlzeit mitgenommen. Das war einfach zu schwer. Während ich darauf gewartet habe, dass der Mann in meinem Bett aufwacht, musste ich mich folglich auch noch mit Nadel und Faden herumschlagen. Notdürftig gelang es mir die Tasche mühselig wieder zu stabilisieren. Um jetzt mit meinem Abendessen in einen Park zu gehen, verwendete ich allerdings lieber eine meiner anderen Tüten.

Zu Fuß wäre ich eindeutig zu lange unterwegs gewesen. Deshalb beschloss ich, nur bis zur nächsten U-Bahnstation zu laufen, mir dort ein Ticket für eine Einzelfahrt (gültig 90 min.) zu besorgen und bis zum Park zu fahren. Gesagt getan. Für zwei Euro löste ich am Automaten ein Ticket. In der Eile möglichst bald den Park zu erreichen, um mit dem Ticket auch noch zurückfahren zu können, stieg ich ohne großes Nachdenken in die nächstbeste U-Bahn in die Richtung des Parks. Was ich nicht bedacht hatte war, dass „Loreto" eine zentrale Haltestelle ist und demnach mehrere verschiedene Linien von dort abfahren. Natürlich befand ich mich nicht in der, die ich eigentlich hatte nehmen wollen. Aber halb so schlimm. So musste ich an einem anderen Eck des Parks, nicht direkt beim Stadion, das ich noch sehen wollte, aussteigen. Deshalb lief ich noch am Castello vorbei. Sonderlich viel Zeit konnte ich mir jedoch nicht für die Burg lassen. Beeindruckend war sie trotzdem. Am Stadion angelangt, setzte ich mich auf eine Bank und nahm schnell mein Abendessen ein. In das Stadion hinein konnte ich leider nicht mehr, da es bereits geschlossen hatte. Mein Abendessen bestand aus dem Rest des „Steinbaguettes" und dem halben Käsestück, das ich noch übrig hatte. Dem schmierigen, schon fast zerfließendem Stück hatte es verständlicherweise nicht wirklich gut getan, den ganzen Tag durch das heiße Mailand getragen zu werden. Aus diesem

Grund musste ich nun den gesamten Rest aufessen, der auch meine Tüte ziemlich eigefettet hatte. Dazu gab es noch ein paar Pflaumen. Richtig unangenehm wurde das Sitzen dadurch, dass ich mich vorher nicht mit Mückenspray eingesprüht hatte. Mit den juckenden Konsequenzen musste ich nun leben.

Nachdem ich einige Jogger gesehen hatte, beschloss ich auch noch ein wenig Fitness auf der Wiese zu machen. Anschließend lief ich noch eine kurze Zeit durch den Park. Dabei entdeckte ich ein paar schöne Plätze und sogar einen Frosch. Am Stadion vorbei steuerte ich danach die U-Bahnstation an, zu der ich ursprünglich hatte fahren wollen. Mit etwas Beeilung erreichte ich mein Ziel und konnte mit meinem 90 Minuten Ticket die Metro bei der Haltestelle „Loreto" wieder verlassen.

Dort machte ich mich noch auf die Suche nach dem *Pam*, an dem ich beim Hinweg vorbeigekommen war. Erschwerend für die Orientierung gestaltete sich jedoch die riesige unterirdische Station, die sich über zwei Plätze erstreckte und mehrere Ausgänge besaß. So erreichte ich den Laden erst um kurz nach Ladenschluss um 21 Uhr. So dringend hatte ich glücklicherweise nichts gebraucht.

Über ein kleines Straßenfest gleich in der Nähe des Hostels kehrte ich zu meiner Unterkunft zurück. Dort wollte ich mich allerdings nicht mehr richtig duschen, damit mein Handtuch möglichst trocken blieb. Deshalb entschied ich mich für eine kurze „Waschbeckendusche" vor dem Zähneputzen. Als ich bettfertig war, bereitete ich mich noch auf den nächsten Tag vor. Das Packen im zur relativ frühen Uhrzeit schon vollen Schlafsaal war gar nicht so einfach. Außerdem informierte ich mich noch ein wenig über Essen und Sehenswürdigkeiten im teuren Zürich. Und mit Johannes vereinbarte ich zu guter Letzt den *Coop* direkt am Züricher Bahnhof als Treffpunkt für morgen.

Erster Tag zu zweit
13. Tag/ 6. Reisetag, Samstag, 20.07.

Mein Wecker riss mich um 6:45 Uhr aus dem Schlaf. Auch einige andere Gäste schienen abzureisen und standen schon auf. Um rechtzeitig loszulaufen, wollte ich gleich schnell meine Wertsachen einpacken. Den Schlüssel für mein Schloss am Spind packte ich normalerweise immer in dieselbe Hosentasche meiner einzigen echten Hose. Doch heute war er verschwunden. Hektisch durchsuchte ich mein Bett, ob er herausgefallen war. Auch den Ersatzschlüssel konnte ich nicht verwenden, denn dieser befand sich in meiner Gürteltasche im Spind. Bald entdeckte ich zum Glück noch eine Hosentasche auf der Hosenrückseite. Dort musste ich den Schlüssel am Vorabend aus Versehen hineingesteckt haben. So konnte ich meine Wertsachen schließlich aus dem Spind befreien und ohne weitere Probleme auschecken.

Auf dem Weg zum Bahnhof kam ich zuerst wieder am *Pam*, dann an einem *Auchan* vorbei. Beide hatten allerdings noch geschlossen. Kurz bevor ich die Bäckerei *Rovida* erreichte, entdeckte ich einen *Pam local*, der bereits geöffnet hatte. Diese Gelegenheit nahm ich prompt wahr, um mich mit etwas mehr zum Trinken einzudecken. Direkt danach ließ ich mir in der Bäckerei schnell einige Leckereien für mein Frühstück im Zug einpacken. Als ich verpflegt war, beeilte ich mich, um rechtzeitig zum Bahnhof zu kommen. Da es nur noch ein kurzer Weg war, stellte das kein Problem dar.

Als dann endlich das Gleis, von dem ich abfahren musste, auf der Anzeigetafel erschien, machte ich mich unverzüglich auf den Weg dorthin. Erstaunlicherweise wurde Gleis 5 anstelle von Gleis 6, wie am Vortag erkundet, angezeigt. Deshalb fragte ich an der Einlasskontrolle vor den Bahnsteigen, ob ich für den Zug nach Lugano auf Gleis 5 warten müsse. Desinteressiert winkte man mich nach Vorzeigen meines Interrailpasses durch und antwortete „yes". Zum

Glück kontrollierte ich selbst noch einmal die Anzeige am Bahnsteig, sodass sich herausstellte, dass der Zug doch von Gleis 6 abfahren sollte.

Tipp: Um einen Bahnsteig in den größeren italienischen Bahnhöfen betreten zu dürfen, muss die Fahrkarte vorgezeigt werden. Also ist es zu empfehlen, dass man seinen Interrailpass parat hält und die Fahrt bereits eingetragen hat.

Im Zug, der wieder einmal bereits am Bahnsteig stand, nahm ich mein köstliches, aber etwas schmieriges Frühstück (Nutellafüllung aus Croissant gelaufen, weil so viel darin war) zu mir. Danach folgte eine recht kurze Fahrt durch eine schöne Landschaft. Der Zug fuhr nämlich entlang des Comer und Luganer Sees. Einziger Wermutstropfen war, dass die Toilette mal wieder abgesperrt war.

In Lugano angekommen, verließ ich in meiner Umsteigezeit kurz das Bahnhofsgebäude, um den schönen Ausblick ins Tal zum See zu genießen und versuchte mich an einen früheren Urlaub in Lugano zu erinnern. Dafür konnte ich mir jedoch nicht allzu viel Zeit lassen, da ich den Zug nach Rotkreuz erreichen wollte, um früher in Zürich anzukommen. Dafür musste ich das Risiko eingehen, wegen der kurzen Umsteigezeit in Rotkreuz meinen Anschlusszug zu verpassen. Allerdings könnte ich dann immer noch in den späteren Zug nach Zürich zusteigen.

Also nahm ich den früheren Zug. Natürlich kam es, wie es kommen musste: Der Zug erreichte Rotkreuz nicht planmäßig um 11:13 Uhr, sondern mit einer Verspätung von ca. zwei bis drei Minuten. Hektisch verließ ich, genau wie viele andere, den Zug und lief schnellen Schrittes zum Bahnsteig, von dem der Zug nach Zürich abfuhr. Diesen konnte ich gerade so vor seiner Abfahrt um 11:18 Uhr erreichen, wobei ich davon profitierte, dass der Zug zumindest die ersten Passagiere aus dem verspäteten Zug abwartete.

So kam ich schon um 12 Uhr in Zürich an. Da ich mich erst für halb eins angekündigt hatte, nutzte ich die Zeit für einen Bahnhofsbesuch. Ich schaute mir die Schließfächer an, fand das Servicezentrum für Tickets und suchte die Touristeninformation. Ab ca. 12:20 Uhr wartete ich vor dem *Coop* auf Johannes. Doch obwohl dieser bereits früh am Morgen angekommen war, erschien er auch um kurz nach 12:30 Uhr nicht. Deshalb schrieb ich ihm eine SMS, denn mein Datenvolumen ließ sich unverständlicherweise nicht nutzen. So erfuhr ich, dass er den *Coop* nicht finden konnte. Also versuchte ich ihm die Lage erneut zu beschreiben und wartete einfach weiter. Um 13 Uhr war es dann so weit: Die Reise zu zweit konnte beginnen. Er hatte den *Coop* und mich gefunden.

Zusammen machten wir uns auf die Suche nach einer Essensmöglichkeit. Dabei liefen wir ein Stück durch die Bahnhofstrasse bevor wir uns auf dem Lindenhof hinsetzten und beratschlagten. Von dort ging es über das Fraumünster und vorbei am Grossmünster zum schweizer Lokal *Sternen Grill*. Sonderlich viel von der Stadt nahmen wir allerdings nicht mit, da wir eher damit beschäftigt waren uns gut zu unterhalten. Für ein paar Erinnerungsfotos reichte es trotzdem.

Der *Sternen Grill* unterstrich leider, warum die Schweiz als sehr teuer gilt: Für eine 0,75 L Flasche Wasser zahlten wir 5,50, für eine recht kleine Portion Käsespätzle 18 und für ein ebenfalls nicht übermäßig großes Kartoffelrösti mit Raclettekäse 18,50 Schweizer Franken. Dass man sich kostenlos stilles Wasser an einer Theke hätte abzapfen können, bemerkten wir dummerweise erst als wir beim Gehen waren. Freundlicherweise gab Johannes das Essen großzügig aus, da er noch einige Schweizer Franken von seinen Eltern bekommen hatte, die er möglichst aufbrauchen sollte/wollte. Ich konnte meine mickrigen knapp 20 Franken dafür wieder mit nach Hause nehmen. Ebenfalls erfreute es mich, dass Johannes kein Problem damit zu haben schien unsere verschiedenen Speisen zu teilen, damit jeder so viel wie möglich probieren konnte. Diese Praxis sollte sich auf unserer Reise bewähren und dazu führen, dass wir beide eine große Vielfalt an regionaler Küche austesten konnten. Dafür, dass Johannes das ermöglicht hat, bin ich ihm sehr dankbar.

Tipp: Sollte man zu zweit reisen und beim Restaurantbesuch ein wenig Geld sparen wollen, so lohnt es sich herauszufinden, ob es kostenloses Wasser gibt. Wenn nicht, ist es meist empfehlenswert, sich stattdessen eine große Flasche Wasser zu bestellen.

Nach unserem Restaurantbesuch liefen wir noch ein wenig entlang des Zürichsees bevor wir uns frühzeitig auf den Rückweg gen Bahnhof machten. Erneut setzten wir uns auf eine Bank auf dem Lindenhof. Dort diskutierten wir darüber, wie wir am besten von Bukarest nach Istanbul kommen könnten. Bis Bukarest hatte ich die Züge ja bereits vorreserviert. Eigentlich sah unser Plan vor, dass wir in der Nacht nach unserer dortigen Ankunft um 0:22 Uhr wieder in Bukarest losfuhren, am Nachmittag (16:48 Uhr) in Sofia wären, die Stadt kurz besichtigen könnten und schließlich noch am selben Abend (21:30 Uhr) mit dem Sofia-Istanbul Express weiter nach Istanbul reisen würden. Allerdings ergaben sich hierbei einige Probleme: Eine Umsteigezeit von 3 bis 8 Uhr morgens irgendwo in Rumänien und nur sehr wenig Zeit, um Sofia zu besichtigen.

Einige andere Ideen mussten wir schnell wieder verwerfen, da wir vergessen hatten, dass der Zug nach Bukarest bereits gebucht war. Zwischenzeitlich stand sogar eine Verkürzung des Aufenthalts in Budapest zur Debatte.

Eine echte Alternativlösung schien zu sein, direkt von Bukarest nach Istanbul zu fahren. Nachteil daran war jedoch, dass wir Sofia überhaupt nicht sehen könnten und stattdessen eine 19-stündige Zugfahrt vor uns hätten. Deshalb entschieden wir uns auch gegen diese Variante. Stattdessen wollten wir unser Glück am Ticketschalter im Bahnhof probieren. Wir hofften, dort könne man uns eine gute Verbindung vorschlagen. Ansonsten wollten wir einen Zug, der um 12:40 Uhr, zehn Minuten nach unserer planmäßigen Ankunft in Bukarest, nach Sofia abführe, reservieren lassen. Dadurch kämen wir zwar erst um 22:20 Uhr in Sofia an und müssten einmal dort übernachten, hätten dafür aber genügend Zeit für eine Stadtbesichtigung, bevor es am Abend weiter nach Istanbul ginge.

Mit diesen Vorüberlegungen kamen wir bald darauf am Bahnhof an. Schon nach kurzer Wartezeit wurde unsere Nummer aufgerufen. Leider spuckte der Computer dem Bahnangestellten lediglich die 12:40 Uhr Verbindung aus. Deshalb entschieden wir uns das Risiko einzugehen und die zehnminütige Umsteigezeit in Kauf zu nehmen. Doch erstaunlicherweise war es dem Angestellten nicht möglich, die Reservierung vorzunehmen. Die Deutsche Bahn hingegen hatte in Frankfurt problemlos unsere Reservierung nach Bukarest vornehmen können. Über den Reservierungsservice von Interrail konnten wir ebenfalls nicht reservieren, da für Züge in Osteuropa mindestens 8 Tage im Voraus reserviert werden muss.

Tipp: Der online Reservierungsservice von Interrail (self-service) ist insbesondere in vielen Ländern Mittel-, West- und Südeuropas von Nutzen. Hier genügt es mindestens drei Stunden vor Abfahrt zu reservieren. In

Osteuropa muss der zweite Interrailreservierungsservice genutzt werden, der eine achttägige Vorlaufzeit benötigt. Dieser hilft also nur bei etwas weiter vorausgeplanten Reisen. Außerdem fallen bei beiden zusätzliche Bearbeitungsgebühren (meist 2 €) an, die einem am Ticketschalter erspart bleiben. Am besten ist es, seine Reservierungen in einem DB-Reisezentrum vorzunehmen. Scheinbar können dort alle Züge in ganz Europa reserviert werden.

Somit hatte sich die Idee, in Bukarest sofort weiterzufahren, eigentlich schon zerschlagen, denn in zehn Minuten eine Reservierung vorzunehmen, eventuell Geld zu tauschen und den Zug zu wechseln, schien unmöglich, selbst wenn der Nachtzug aus Budapest pünktlich wäre. Da wir nun eigentlich nichts mehr machen konnten, blieben wir im Reisezentrum und profitierten vom sehr guten WLAN. Sei es um Netflix-Serien herunterzuladen oder sei es um weiter zu recherchieren. Außerdem überlegten wir noch ein bisschen, wie wir unsere weitere Reise gestalten sollten. So problematisch wie sich die Route nach Istanbul gestaltete, zogen wir erstmals in Erwägung die Stadt komplett wegzulassen. Weitere Gründe neben der schwierigen Verbindung waren die Unsicherheit, ob wir problemlos ein- und ausreisen könnten, dass nicht klar war, wie man von der Endhaltestelle des Nachtzuges, Halkali, tatsächlich in die Stadt käme und ob die Bus- und Zugverbindung nach Griechenland klappen würde.

Nach guten zwei Stunden am Bahnhof (das WLAN funktionierte nur zwei Stunden am Stück) hatten wir immer noch viel Zeit, bis der Nachtzug abfahren sollte. Zudem waren noch Schweizer Franken übrig. Dementsprechend statteten wir dem *Coop* am Bahnhof einen kurzen Besuch ab, um uns mit 1,5 kg Aprikosen und Getränken einzudecken. Anschließend begaben wir uns zum frühen Abendessen in einen nahegelegenen Park am Fluss. Jeder aß seinen verbliebenen Proviant. Erst hier brauchte ich alle Überreste meiner beiden Baguettes vollständig auf. Während wir gemütlich vesperten, kühlten wir uns noch ein wenig ab, indem wir uns auf ein Mäuerchen hockten und unsere Füße ins kühle Wasser baumeln ließen. Danach schlug ich vor, dass wir noch ein bisschen mit meinem extra mitgenommenen Miniball spielen könnten. Also suchten wir uns einen größeren freien Platz auf dem Rasen und absolvierten dort ein paar Technikübungen mit dem Ball. Das machte tatsächlich sehr viel Spaß.

Bevor es wieder zum Bahnhof ging, kühlten wir unsere Füße erneut ab und füllten eine der Wasserflaschen an einem Trinkwasserbrunnen am Parkeingang wieder auf.

Im Bahnhof nutzten wir zum zweiten Mal das kostenlose WLAN, da unser Zug noch nicht auf der Anzeigetafel erschienen und wir überpünktlich waren. So konnten wir ein günstiges und bahnhofsnahes Hostel in Bukarest buchen. Ungefähr 20 Minuten vor der planmäßigen Abfahrt um 21:40 Uhr wurde der Zug dann angezeigt und wir konnten direkt einsteigen und unser 6er Abteil im Liegewagen betreten. Wir besaßen die oberen beiden Betten, was den Vorteil hatte, dass wir unser Gepäck leichter auf die Ablage legen und besser überwachen konnten. Bald kam der für den Wagen zuständige Schaffner vorbei und sammelte alle unsere Interrailpässe und Reservierungen ein. Zum Frühstück wollte er sie wieder zurückgeben. Als er wieder gegangen war, erkannte ich zu meinem Erstaunen, dass für jeden im Abteil eine kleine Flasche mit stillem und eine mit sprudeligem Wasser bereitstand. Dafür waren die Betten für den ca. 1,95 m großen Johannes fast etwas kurz. Außerdem war es äußerst ärgerlich, dass die Steckdosen nicht funktionierten und wir deshalb unsere Geräte nicht aufladen konnten. Ein weiteres Problem stellte die Uhrzeit dar. Da der Zug erst so spät losgefahren war, lagen alle schnell in ihren Betten und schienen sich schon bettfertig gemacht zu haben. Ich jedoch war seit dem Mittagessen nicht mehr auf der Toilette gewesen, weil ich davon ausging, dass das im Zug problemlos möglich sei. Nur hatte ich im Abteil verstanden, es gäbe nur Toiletten in den teureren Schlafwagenabteilen.

Das konnte ich zwar eigentlich gar nicht glauben, aber ausschließen wollte ich es auch nicht. Erschwerend kam dazu, dass ich das Abteil vom obersten Bett aus nicht mehr so einfach verlassen konnte und man die Tür bereits verschlossen hatte. Man bat sogar bereits darum, das Licht auszuschalten. Also riskierte ich es, ohne auf die Toilette zu gehen, zu schlafen. Auch ergab es sich so nicht mehr, dass wir, wie angedacht, noch ein wenig Obst essen konnten. Glücklicherweise besaß unser Abteil zumindest eine Klimaanlage, was die Fahrt deutlich angenehmer machte.

Budapester Highlights
14. Tag, Sonntag, 21.07.

Um 7:25 Uhr gab es das Frühstück: ein abgepackte Schokocroissant und eine Packung O-Saft. Dazu aß ich noch eine meiner letzten Pflaumen. Viel war das nicht, aber es genügte vorerst. Die Pässe gab es allerdings doch noch nicht.

Nachdem nun unser komplettes Abteil wach und die Tür geöffnet war, machte ich mich gleich auf die Suche nach Toiletten. Gute 17 Stunden hatte meine Blase durchhalten müssen. Jetzt wollte ich mich dann doch, wenn möglich, erleichtern. Schon wenige Meter von unserem Abteil entfernt, stieß ich auf einen Handwaschraum mit Waschbecken, den ich zum Zähneputzen nutzen konnte. Ums Eck entdeckte ich zum Glück auch eine Toilette, die ohne weiteres benutzt werden konnte.

Kurz vor unserer Ankunft mussten wir unsere Bettwäsche beim Schaffner abgeben, erhielten dafür aber unsere Tickets zurück. Bald darauf erreichten wir um 9:20 Uhr Budapest (-Keleti).

Dort versuchten wir erneut vergeblich den Zug von Bukarest nach Sofia zu reservieren. Johannes leistete sich am Bahnhof noch einen Toilettenbesuch, für den er einen Euro bezahlte. Ein kleines Stück vom Bahnhof entfernt hieß es dann Geld zu tauschen. Die Wechselstube bot einen Kurs von 1 € : 320 HFt. (ungarische Forint). Mit einer Bearbeitungsgebühr von etwa 70 Cent tauschten wir zusammen je 70 Euro in Forint um. Dass dies deutlich zu viel Geld gewesen sein sollte, wurde uns recht schnell klar. Vielleicht hatten wir noch damit gerechnet, dass wir drei statt zwei Tage in der Stadt sein würden.

Tipp: Hält man sich in Ländern außerhalb der Eurozone auf, sollte man wenigstens als grobe Orientierung den aktuellen Wechselkurs recherchieren. So ist es einfacher den Preis ausländischer Güter zu bewerten und eine günstige Wechselstube auszuwählen. Die meisten Wechselstuben befinden sich in der Regel in Bahnhofsnähe. Direkt im Bahnhof ist mit schlechteren Kursen zu rechnen. In touristischeren Städten wie Budapest gibt es auch etliche Möglichkeiten in Fußgängerzonen oder ähnlich bevölkerten Gegenden sein Geld zu tauschen.
Bei Kartenzahlungen sollte bedacht werden, dass in der Regel zusätzliche Gebühren von ca. 1 € pro Nutzung anfallen. Deshalb ist es meist vorteilhaft bar in regionaler Währung zu bezahlen.
Möchte man Geld abheben, sollte gleich der gesamte benötigte Betrag abgehoben werden, da pro Abhebung mindestens vier Euro, je nach Automat, an zusätzlichen Gebühren anfallen.

Mit der einheimischen Währung im Gepäck machten wir uns auf die Suche nach dem gebuchten Maverick Hostel. Nach knappen 30 Minuten gelangten wir in etwa an die Stelle, an der sich die Unterkunft befinden sollte. Wir konnten sie jedoch nirgends erkennen. Also fragten wir, nachdem wir den Block das erste Mal umrundet hatten, einen Verkäufer der Budapest Card nach dem Weg. Er meinte, einfach am LIDL vorbei und dann käme ein Schild. Auf dem Schild stand, dass die Jugendherberge noch 50 Meter entfernt sei. Wir liefen also einfach ein Stück gerade aus, bis wir uns sicher waren schon deutlich mehr als 50 Meter gegangen zu sein, ohne aber den Eingang entdeckt zu haben. Insgesamt suchten wir die Gegend fast eine Stunde lang ab, bis wir neben einem Dönerladen ein großes, vergittertes Tor ausmachten. Am Klingelschild stand die Herberge an. Die Rezeption erreichten wir durch einen imposanten Innenhof über ein Treppenhaus, zu dem einem die Tür ein zweites Mal geöffnet werden muss. Obwohl wir so viel Zeit mit der Suche vergeudet hatten, konnten wir noch nicht einchecken. Immerhin war es möglich unser Gepäck im Gepäckraum zu hinterlassen und später wiederzukommen. Außerdem konnte man sich in das WLAN einloggen und so verwendeten wir eine weitere Stunde dafür, dass wir überlegten, was wir jetzt tun könnten.

Schließlich brachen wir zur Mittagszeit auf. Die Unterkunft lag nicht weit von der Donau entfernt. Deshalb schlenderten wir zuerst den Donaukorso entlang. Nach einiger Zeit entfernten wir uns von der Donau um durch eine Fußgängerzone zur Sankt-Stephans-Basilika zu laufen. Für eine kleine Spende statteten wir der großen Kirche einen kleinen Besuch ab. Danach lautete unser nächstes Ziel „Parlament". Dieses erreichten wir bald, nachdem wir durch einen schönen Wasserpark (Freiheitsplatz mit Virulj-Denkmal) gekommen waren. Vor dem riesigen Parlamentsgebäude, dem Vorplatz und den anderen imposanten Denkmälern sowie Gebäuden hielten wir ein wenig inne. Mit einigen Bildern im Gepäck fassten wir den Entschluss zu versuchen, am Folgetag noch eine deutsche Führung im Inneren zu ergattern.

Auf der Suche nach einem geeigneten Lokal für ein günstiges Mittagessen wechselten wir an der nächsten Brücke die Flussseite: Von Pest nach Buda. Dabei nahmen wir uns kurz Zeit, um ein paar Meter auf der schönen Margareteninsel zu gehen. Sonderlich weit liefen wir jedoch nicht, da unsere Mägen sich immer deutlicher zu Wort meldeten. Kein Wunder, wenn man um kurz nach 14 Uhr lediglich ein Croissant mit einer Pflaume gegessen hat – und das vor sieben Stunden. Auf jeden Fall wollten wir noch einmal auf die Insel zurückkehren. Im Optimalfall um dort dem Strandbad einen Besuch abzustatten - selbst, wenn wir nicht genau wussten, ob dort Bademützenpflicht herrscht. Aber eine Abkühlung käme uns sicherlich noch ganz gelegen. Weiter ging es nun auf Budaer Seite. Doch so viele Lokale wir auf Pester Seite passiert hatten, schienen wir nun in eine völlig „un-Wirtliche" andere Stadt geraten zu sein. Zwar fanden wir eines der für Budapest typischen Thermalbäder, allerdings standen wir um 20 vor drei immer noch ohne etwas Essbares da. Als an einer Straßenecke fünf Minuten später endlich ein Restaurant auftauchte, beschlossen wir uns überraschen zu lassen und traten ein. Außen stand ein 3-Gänge-Mittagsmenü für 12 € an. Das hörte sich ganz bezahlbar an.

Im Inneren des Restaurants (*Kacsa Étterem*) wurden wir kurz etwas unsicher, ob das ein geeigneter Platz zum Mittagessen sei. Der Raum wirkte sehr edel und gleichzeitig ein wenig wie eine Antiquitätensammlung. Wir befürchteten in ein Sternerestaurant gestolpert zu sein, doch gab es kein Zurück mehr. Der schick gekleidete Kellner wies uns bereits einen Platz zu. Selbst jetzt, um kurz vor 15 Uhr, gab es noch das 3-Gänge-Mittagsmenü für 3600 HFt. (12 €). Wir wunderten uns zwar ein wenig über den geringen Preis, aber entschieden uns beide für ein solches Menü. Um so viel ungarische Küche wie möglich zu kosten, nahmen wir unterschiedliche Speisen und tauschten später Teller. Nachdem wir bestellt hatten, gab es gleich eine Vorspeise des Hauses: Baguettescheiben mit hausgemachten Dips. Damit waren wir noch nicht einmal ganz fertig, als der erste Gang serviert wurde. Da außerdem noch Dip übrig war, erhielten wir auch noch ein paar Scheiben Baguette. Zum Trinken bestellten wir eine 0,75 L-Flasche spritziges Wasser. Im Nachhinein hätten wir wahrscheinlich zwei Getränke bestellen können, da pro Menü ein Getränk enthalten zu sein schien. Zumindest zahlten wir nichts für die Flasche Wasser.

1. Gang: Gulaschsuppe & Entenleber in ihrem Fett mit Gemüse:

Beides schmeckte gut, wobei die Entenleber etwas fettig und gewöhnungsbedürftig war. An der ungarischen Suppe gab es nichts auszusetzen.

2. Gang: Hühnchen mit Gemüse und Spätzle & traditionell ungarisches Schweinefleisch mit Knoblauch und (Brat)Kartoffeln:

Auch die Hauptgerichte waren sehr lecker. Das Schwein beeindruckte nicht nur durch seinen Geschmack, sondern vor allem dadurch, dass es extrem zart war. Sehr lecker fanden wir auch die Spätzle und die Saucen.

3. Gang: Eis (Stracciatella + Vanille mit Orange) & Somlo sponge cake classical style with whipped Cream (in etwa: Biskuitkuchen mit Schlagsahne):

Das Eis war nicht schlecht, aber auch nicht besonders. Ob die Orange dazu passte, wurden wir uns nicht ganz einig. Die klassische ungarische Nachspeise, bei der wir nicht genau wissen, was es überhaupt war, schmeckte interessant und keinesfalls schlecht.

Mit Spannung warteten wir nach unserem üppigen Mahl auf die Rechnung. Tatsächlich mussten wir nur 2 x 3600 Forint bezahlen. Nicht einmal das Baguette mit den Dips hatte extra gekostet. Sicherlich war das Lokal für ungarische Verhältnisse etwas teurer, aber da wir ja sowieso genügend Geld getauscht hatten, war das schon in Ordnung.

Vom Lokal aus steuerten wir nun die Fischerbastei an. Diese lag auf einem Hügel, sodass man von dort einen guten Blick über die Stadt hatte - sofern man sich an den anderen Touristen vorbei nach vorne zur Brüstung drängen konnte. Die Bastei an sich betrachteten wir lediglich von außen. Zum Hineingehen hatten wir irgendwie nicht so wirklich Lust und auch eigentlich nicht ausreichend Zeit. Stattdessen setzten wir uns noch kurz hin, ruhten aus und beobachteten die Besucher. Dann erklommen wir noch ein kleines Türmchen, von dem aus man eine noch bessere Sicht hatte. Selbst wenn man nichts bezahlte und außerhalb des Innenraums blieb, konnte man ein paar schöne Fotos schießen.

Danach liefen wir die nicht sonderlich weite Strecke zur Burg. Bereits vor dem eigentlichen Buda Castle stießen wir auf einige Soldaten, die einen benachbarten Häuserkomplex zu bewachen schienen. Wir vermuteten, dass dort der ungarische Präsident residierte. Zur Burg liefen wir einfach an den Soldaten vorbei. Genau wie wir es bei der Fischerbastei getan hatten, betraten wir auch hier nicht das Innere. Wahrscheinlich hätte es in der Burg nur eine Kunstausstellung zu sehen gegeben. Stattdessen umrundeten wir das Gebäude und genossen die auch hier gute Aussicht. Besser gefiel uns an der Burg, dass sich dort weniger Leute tummelten als um die Fischerbastei.

Nachdem wir die Aussicht genügend genossen hatten, machten wir uns um ca. 16:45 Uhr auf den Rückweg zum Hostel. Dabei hofften wir einen Supermarkt zu finden, der noch geöffnet war. Auf dem Weg entdeckten wir leider keinen, sodass unsere Hoffnungen auf dem LIDL bei unserer Unterkunft ruhten. Doch dieser war ebenfalls vor kurzem geschlossen worden: Am Sonntag war er nur bis 17 Uhr geöffnet. Wir trafen etwa eine halbe Stunde zu spät ein. Zum Glück hatten wir von den Vortagen noch ein bisschen Proviant für das Abendessen. Uns blieb folglich nichts anderes übrig als in der Jugendherberge einzuchecken, unseren Schlafsaal zu beziehen, zu duschen und noch ein wenig auszuruhen. Überraschend hatten wir in unserem 5er Schlafsaal nicht einmal Hochbetten. Insgesamt sah die Unterkunft sehr sauber und ordentlich aus. Im Stockwerk besaßen wir sogar mehrere Bäder und Toiletten.

Die Zeit bis zum Abendessen konnte ich dazu nutzen eine deutsche Führung im ungarischen Parlament am Nachmittag des Folgetags für uns beide online zu buchen. Die Eintrittskarten mussten wir auch noch ausdrucken lassen. Glücklicherweise bot die Unterkunft diesen Service kostenlos an.

Tipp: Bei online Tickets sollte man genau lesen, ob die Tickets nur in ausgedruckter Form gültig sind.

Manchmal lassen sich die Tickets zwar auch vor Ort noch ausdrucken, das ist aber nicht der Regelfall. Auf der sicheren Seite ist man immer, wenn man die Tickets von der Unterkunft ausdrucken lassen kann. Häufig stellt das kein Problem dar und ist sogar kostenlos. Danach zu fragen kostet sicherlich nichts.

Kurz vor neun Uhr begaben wir uns ans Donauufer, um dort auf einer Bank Abend zu essen. Dabei platzierten wir uns in der Nähe eines Brunnens von dem wir bereits am Morgen Wasser abgefüllt hatten. Als Johannes seine Flasche nun füllen wollte, verronnen gerade die letzten Tropfen. Anscheinend wurden die Brunnen um 21 Uhr ausgeschalten. So blieben uns unsere wenigen verbliebenen Trinkreserven, Aprikosen und eine Focaccia aus Italien.

Nach dem Essen und gemütlichen Sitzen am Ufer beschlossen wir noch ein kurzes Stück den Gellerthügel hinaufzulaufen. So bewunderten wir den beleuchteten Wasserfall und stiegen die Stufen bis zu dessen Ursprung hinauf. Selbst von dort oben hatten wir bereits einen schönen Blick über die Stadt. Sonderlich lange dauerte es auch nicht. Von dort aus kehrten wir schließlich ins Hostel zurück, wo wir uns dann in unser Einzelbett legen konnten.

Süßes Budapest
15. Tag/7. Reisetag, Montag, 22.07.

Am nächsten Morgen klingelte mein Wecker bereits um 6:45 Uhr, da wir frühestmöglich zum Joggen gehen wollten. Auf diese Weise hofften wir, der großen Hitze und der Sonne zu entgehen. Ursprünglich hatten wir sogar überlegt zum Sonnenaufgang unterwegs zu sein. Doch 5:05 Uhr war uns dann zu früh.

Die Joggingtour führte uns entlang des Donaukorsos. So entdeckten wir das Holocaust-Mahnmal „Schuhe am Donauufer". Weiter ging es dann auf der Margareteninsel. Dort joggten wir bis zum „Musikbrunnen". Leider war dieser noch ausgeschaltet. Also machten wir uns am Buda Donauufer entlang auf den „Rückweg". Unglücklicherweise lag dieses Ufer fast ausschließlich in der Sonne. Sicherlich auch deshalb bat mich Johannes nach einiger Zeit ihm den Schlüssel für das Hostel zu überlassen, damit er auf direktem Weg dorthin zurückkehren könne. Somit trennten sich unsere Wege, denn für mich stand die größte Herausforderung noch bevor: Der Gellértberg. Diesen galt es zu erklimmen, um mit einem grandiosen Blick über die Stadt belohnt zu werden und eine Freiheitsstatue auf dem Gipfel anzusehen. Leider kam die Laufapp *Komoot* nicht so gut mit den Höhenunterschieden klar, sodass es nicht so einfach war, den richtigen Weg zu wählen. Dazu kam der steile Anstieg des Weges. Zwischenzeitlich zog ich tatsächlich in Erwägung umzukehren oder hatte das Gefühl zu verdursten (etwas zu trinken hatte ich nicht mitnehmen können). Erschöpft kam ich schließlich auf dem Berg an. Von dort aus hatte man wirklich eine sehr gute Aussicht über die ganze Stadt und Umgebung. Viel Zeit konnte ich mir jedoch nicht lassen, denn wir mussten uns noch ein Frühstück besorgen und rechtzeitig auschecken. Also suchte ich, teils etwas verzweifelt, den Weg vom Berg hinunter. Endlich unten angekommen, überquerte ich die Donau über die berühmte „Freiheitsbrücke". Von dort aus ging es schlussendlich zur

Unterkunft zurück. Diese erreichte ich nach anstrengenden 11,1 km und 1h 11 min. ziemlich erschöpft.

Dort duschte ich mich kurz bevor es für das Frühstück zum „Bäcker" ging. Dieser war jedoch hauptsächlich auf ein richtiges Frühstück (z. B. English Breakfast) im Lokal ausgerichtet, sodass wir lediglich ein Schoko- und Haselnuscroissant (1400 Ft.) kauften. Dazu besorgten wir uns eine ungarische Spezialität bei einem benachbarten Laden: Kürtőskalács (ungarischer „Baumstriezel", wie in Marseille, nur kleiner und ohne Füllung) mit Schokostückchen für umgerechnet 4 €. In der Nähe des Donauufers verspeisten wir zuerst unsere leckeren Croissants. Die Hefeteigrolle war noch zu heiß, weshalb wir beschlossen, diese erst einmal aufzuheben. Dafür statteten wir dem LIDL neben der Jugendherberge noch einen Besuch ab. Dort besorgten wir noch Getränke für die Fahrt. Außerdem zwei Stangen und ein Sesamwurstbrötchen für das Abendessen. Da ich weiterhin Hunger hatte, gönnte ich mir noch eine süße „Schnecke". Meine Suche nach kleinen Würstchen blieb leider erfolglos.

Zurück im Hostel packten wir unsere restlichen Sachen ein und checkten rechtzeitig aus (kurz vor 11 Uhr). Um nicht den ganzen restlichen Tag mit unseren Rucksäcken unterwegs sein zu müssen, stellten wir diese erneut kostenlos im Gepäckraum ab.

Als nächster Programmpunkt stand der Budapester Markt in der bekannten Markthalle bei der Freiheitsbrücke an. Dieser war tatsächlich sehr eindrucksvoll und begeisterte uns beide, selbst wenn im Obergeschoss bei den zahlreichen Essensgelegenheiten ein ziemliches Gedränge herrschte. Besonders die Innenarchitektur beeindruckte uns sehr. Um alle Ecken des Marktes zu erkunden, schoben wir uns einmal durch das Getümmel. Hunger hatten wir noch nicht. Deshalb sahen wir uns lediglich an, wo man sich später etwas besorgen könnte. Nachdem wir die Markthalle einmal durchquert hatten, verließen wir sie wieder und liefen ein wenig in der Gegend um den Markt umher. Nach einiger Zeit entschieden wir, als kleine Vorspeise, das Kürtőskalács zu probieren. Das lief darauf hinaus, dass wir eine ziemliche Schokoladenspur hinterließen, da die Schokostückchen sich leicht von der Teigrolle ablösten. Trotzdem schmeckte die Spezialität gut, wenngleich der Twist in Marseille noch ein wenig größer und leckerer gewesen war. Vielleicht lag das aber auch daran, dass die Schokolade, meiner Meinung nach, nicht so gut passte wie der Zimt-Zucker mit der Spekulatiusfüllung.

Nachdem wir weitergelaufen und fast wieder am Haupteingang des Markts angekommen waren, traten wir erneut ein. Zuerst suchten wir den ALDI im Untergeschoss. Dort hoffte ich ungarische Salamisticks zu finden. So wirklich fündig wurde ich hier nicht, allerdings gab es als Aktion recht große, verpackte ungarische Salami mit Paprikageschmack. Dafür zahlte ich stolze 669 Ft. Im Nachhinein wäre es vielleicht sogar billiger oder zumindest authentischer gewesen eine Salami von einem der zahlreichen Wurststände im eigentlichen Markt zu kaufen. Stattdessen besorgte ich mir dort nur mein Mittagessen. Trotz des hohen Andrangs und des nicht gerade billigen Preises von ca. 1700 Forint, leistete ich mir *Honey's Favorite*: Einen Langos mit Mandeln und Honig – nicht schlecht, aber ich hatte mehr erwartet.

Den Langos verzehrend liefen wir in Richtung des Parlaments. Da wir noch viel Zeit bis zum Beginn unserer gebuchten Führung hatten, ließen wir uns bei der Brunnenanlage kurz vor dem Parlament nieder. Dort ruhten wir uns noch ein wenig aus.
Von dort aus erreichten wir dann rechtzeitig den Eingang zum Parlament rechts des eigentlichen Gebäudes. Als sich die Warteschlange für unser Zeitfenster bildete, reihten wir uns weit vorne ein. Froh, mein Taschenmesser heute im Hostel gelassen zu haben (und auch kein Pfefferspray dabei zu haben), passierten wir die strenge Sicherheitskontrolle problemlos. Rucksäcke mussten an der Garderobe

abgegeben werden, bevor es losgehen konnte. Die, laut anderen Besuchern, „schlechteste" bzw. am schlechtesten Deutsch sprechende Führerin, die sie je erlebt hatten, führte uns durch die verschiedenen eindrucksvollen Säle des Parlaments. Grundsätzlich waren Fotos dabei erlaubt. Nur in einem Raum wurde unsere Gruppe auf ein Fotoverbot hingewiesen. Nach der etwa halbstündigen Führung durfte man sich selbstständig noch das kleine Parlamentsmuseum ansehen. Insgesamt waren die etwa 12 Euro Eintritt geradeso noch in Ordnung.

Als wir später zurück im Hostel waren, nutzten wir das kostenlose Internet noch dazu, eine Jugendherberge in Istanbul zu buchen. Bis auf die geleistete Anzahlung wäre es möglich bis 18 Uhr (Ortszeit) am Tag vor der Anreise kostenlos zu stornieren.

Anschließend konnten wir frühzeitig zum Bahnhof aufbrechen. Auf dem Weg hatten wir so die Möglichkeit bei einem ALDI Getränke zu besorgen. Da wir häufig etwas Saft mit Wasser mischten, besorgten wir auch einen Liter Limettensaft. Unglücklicherweise sollten wir erst später feststellen, dass der Saft über 50 % Fruchtgehalt enthielt und dementsprechend fast ungenießbar sauer war. Wenige Topfen genügten, um circa einen Liter Wasser zu „vergiften". Doch das sollte nicht der einzige Fehleinkauf der Reise bleiben.

Vor dem Bahnhof nahmen wir bald darauf unser Abendessen ein. Zu den Einkäufen von LIDL besorgten wir uns noch einige Backwaren von einem Bäcker im Untergeschoss vor dem Bahnhof. Ich leistete mir beispielsweise eine leckere Käseteigtasche für 160 Forint. Dazu hatten wir ja immer noch unsere schweizer Aprikosen. Längere Zeit saßen wir noch vor dem Bahnhof, bevor wir unsere 15 Stunden Zugfahrt antraten. Im Zug konnte ich dann zum Abschluss noch meine halbe Käsestange von LIDL verspeisen.

Eventuell war das Abteil etwas größer als in unserem vorherigen Nachtzug. Vielleicht wirkte das aber auch nur so, weil wir lange lediglich zu dritt im 6er-Abteil waren. Die übrigen drei Plätze sollten erst später belegt werden. Allerdings ließ der Zug ansonsten etwas an Komfort vermissen. So gab es keine Wasserflaschen. Dafür besaß das Abteil immerhin eine funktionierende Steckdose.

Die Fahrt ging dann gleich gut los: Wir fuhren bereits mit acht Minuten Verspätung ab. Nicht besser wurde das dadurch, dass ich dann auch noch starkes Nasenbluten bekam. Es sollte nicht das letzte Mal gewesen sein. Noch sieben weitere Male verlor ich mein Blut durch das rechte Nasenloch. Besonders ungünstig war natürlich, dass ich mich nun in einem Zug befand: Erst fand ich meine Taschentücher nicht, dann kam im winzigen Waschraum kein wirklich kaltes Wasser und heiß war es sowieso. Aber aussuchen konnte ich es mir natürlich nicht. Freundlicherweise halfen mir ein netter Bukarester und Johannes, die Blutung zu stoppen.

Bewegung kam wieder in unseren Wagen, als wir die Betten beziehen und das Abteil zum Schlafen vorbereiten mussten. Dummerweise brauchten wir zu lange, sodass in der Zwischenzeit ein kalifornisches Paar, das bereits seit März durch Europa reiste, und eine ältere rumänische Frau, die sich über unsere Langsamkeit zu beschweren schien, zustiegen. Selbst nachdem wir bettfertig waren, konnten wir nicht schlafen gehen, denn um 23 Uhr folgte die ungarische Passkontrolle. Nachdem diese überstanden war, wurde das Licht ausgeschalten und es schien, als könnten wir nun endlich schlafen. Schließlich wurde uns eine Stunde Schlaf durch die Zeitumstellung nach Rumänien geraubt. Um 0:30 Uhr klopfte es leider erneut: die rumänische Passkontrolle.

Selbst nach dieser war nicht alles Übel überstanden. Zu unserem Unglück in den obersten beiden Betten (die Steckdose war übrigens unten rechts), hatten die Rumänen vergessen eine Lüftung in den Zug einzubauen, sodass wir in einer schier unerträglichen Hitze - ungewiss, ob der Sauerstoff bis zum nächsten Morgen reichen würde - versuchen mussten zu schlafen. Immerhin gelang es Johannes das Fenster ein bisschen zu kippen. Nur das Nötigste tragend schafften wir es halbwegs gut einzuschlafen.

Regen in Bukarest
16. Tag, Dienstag, 23.07.

Mein Tag begann unfreiwillig um 9 Uhr Ortszeit. Aus mir nicht ersichtlichen Gründen hatte mein Tablet einen Sicherheitsalarm ausgelöst. Kurze Zeit später kam der Schaffner, um den später Zugestiegenen, die nun aber schon früher aussteigen wollten, ihre Pässe zurück zu bringen. Um 9:25 Uhr schreckte mich der nächste seltsame Sicherheitsalarm auf. Letztendlich stand ich um 9:45 Uhr auf und begab mich dann in Brasov zum Zähneputzen und auf die Toilette. Auf ein Frühstück der Bahn warteten wir vergeblich. So mussten meine Oreos und meine Art Tucs dafür herhalten.

Ohne weitere Vorkommnisse erreichten wir Bukarest. Noch im Bahnhof tauschten wir die nahezu wertlosen Forint in rumänische Leu. Auch den 12:40 Uhr Zug nach Sofia am Folgetag reservierten wir bei einer kaum des Englischen mächtigen Rumänin am Schalter. Damit entschieden wir uns endgültig gegen einen Aufenthalt in Istanbul.

Anschließend begaben wir uns auf die Suche nach unserem Hostel (*Friends Hostel*), das nur zehn Minuten zu Fuß entfernt sein sollte. Wir benötigten ein wenig länger. Dort checkten wir ein und kümmerten uns um die weitere Reiseplanung, indem wir versuchten die Jugendherberge in Istanbul zu stornieren. Das war gar nicht so einfach, da sich auf deren Homepage keine Stornierungsmöglichkeit finden ließ. Also schrieb ich kurzer Hand eine Mail. Eine Antwort sollte ich zwar nie erhalten, aber außer der Anzahlung wurde auch nichts mehr abgebucht. Es schien also funktioniert zu haben. Nun konnte ich die Buchung für das *Hostel*

Mostel in Sofia am nächsten Tag vornehmen. Da mir dabei längst der Magen knurrte, beschlossen wir zumindest unsere übrigen Vorräte auf dem Weg in die Stadt zu essen. In meinem Fall verschlang ich eine halbe Käsestange mit der ungarischen Wurst und einen halben Hotdog. Zu diesem Zeitpunkt war es bereits 15 Uhr - kein Wunder, dass ich nach dem mickrigen Frühstück Hunger hatte.

Unser Weg führte uns zuerst durch ein hauptsächlich verfallenes Villenviertel, dass ein gewisses Flair besaß. Der folgende Großteil der Stadt bzw. etliche Bauwerke erwiesen sich jedoch als ziemlich hässlich. Zum schlechten Bild der Stadt trugen auch die verwirrenden Straßennamen bei, die teilweise nicht mit denen auf dem Stadtplan übereinstimmten und dadurch die Orientierung deutlich erschwerten. Zudem musste man sich ständig vor den unberechenbar fahrenden Autos in Acht nehmen. Eine Straßenverkehrsordnung schien nicht zu existieren oder es bekam einfach jeder Rumäne zum 18. Geburtstag den Autoführerschein geschenkt. Rote Ampel, Zebrastreifen oder andere Fußgängerüberwege interessierten die meisten Autofahrer jedenfalls kaum bis überhaupt nicht. Wenn dann doch mal einer anhielt, kam es nicht selten vor, dass er auf uns zugeschossen kam, kurz vor uns stark zu bremsen begann und dann auf der hübschen Straßenmarkierung (Zebrastreifen), der sicherlich eine Parkfläche sein musste, anhielt.

Tipp: In fremden Ländern empfiehlt es sich zuerst sehr vorsichtig im Verkehr unterwegs zu sein und sich mit den örtlichen „Gewohnheiten" vertraut zu machen. Am besten beobachtet man hierzu Ortsansässige und versucht deren Verhalten nachzuahmen bzw. gleich mit ihnen die Straße zu überqueren.

Nach dem Villenviertel erreichten wir unser vorläufiges Ziel: Einen Park mit dem riesigen, aber in der Bevölkerung unbeliebten Parlament und der noch verhassteren Kathedrale. Letztere war noch im Bau, sah für uns aber ebenfalls nicht gerade wie eine neue Schönheit aus. Außerdem fielen uns die Gehsteigmarkierung rund um die staatlichen Bauwerke auf: Statt der gewöhnlichen weißen gab es hier eine innovative Alternative. Die Markierungen waren, wie auch der Rest des Gehsteigs, mit schwarzem Teer, der ein wenig dicker aufgetragen wurde, gemalt worden.

Nachdem wir beide Gebäude umrundet hatten - um das Parlament zu besichtigen war es bereits zu spät - schlenderten wir noch ein wenig durch den gegenüberliegenden Park. Dieser war im Gegensatz zur Stadt recht schön angelegt worden. Von dort aus begaben wir uns in die Altstadt, die wiederrum recht heruntergekommen wirkte. Ein paar kleine Sehenswürdigkeiten wie eine sehr goldene orthodoxe Kirche bzw. Kloster („Stavropoleos") hatte die Stadt zwar zu bieten, aber

trotzdem deuteten wir den Tipp des Bukaresters im Zug um. Er hatte gemeint, Bukarest sei für sein Nachtleben bekannt und dieses besonders schön - wahrscheinlich, weil man dann die ganzen hässlichen Bauwerke und den Verfall der Stadt nicht sehen musste. Von nun an stand der „Bukarest Style" für verfallene, meist einst vom Kommunismus beherrschte und nun ziemlich hässliche Städte.

Zu diesem schlechten Bild der Stadt trug auch das einsetzende Gewitter mit starkem Regen bei. Wir mussten folglich circa eine halbe Stunde durch den strömenden Regen und über überschwemmte Gehsteige waten. Ein weiteres Mal bereute ich meine Schuhe nicht vor der Reise gegen Feuchtigkeit imprägniert zu haben.

Tipp: Vor längeren Reisen, bei denen vorher nicht abzusehen ist, wie sich das Wetter entwickelt, ist es empfehlenswert, all seine Schuhe im Voraus mit Imprägnierspray zu behandeln. Auch ein kleiner Regenschirm und eine Regenjacke sind immer empfehlenswert.

Die letzten beiden Sachen hatten wir dummerweise im Hostel vergessen, sodass besonders ich - Johannes Schuhe waren nahezu und seine Zip-off-Hose komplett wasserfest - vollkommen durchnässt am Hostel ankam.

Während ich meinen Klamotten, die ich wieder zum Essen gehen brauchte, ein wenig Zeit zum Trocknen gab, kümmerten wir uns um eine Unterkunft in Athen und debattierten über unsere weitere Reiseroute. Letztendlich hatten wir ja dadurch noch Tage übrig, dass wir Istanbul ausließen. Zu einem endgültigen Entschluss kamen wir vor dem Essen nicht mehr.

Mit noch nassen Sachen ging es bald darauf ins Restaurant *Calise*. Im in einem Hinterhof versteckten Lokal versuchten wir nicht allzu teure Speisen zu bestellen, da wir ja nur wenige Leu besaßen. Allerdings gab es angeblich sämtliche günstige Gerichte, die wir bestellen wollten nicht mehr. Stattdessen schlug man uns freundlicherweise die teuersten

Speisen der Karte vor. So lief es darauf hinaus, dass wir eine große Flasche Wasser mit Sprudel (8 Leu) und zweimal den „Turm von Babel" orderten. Dass die Auswahl jedoch weniger preiswert als erwartet sein sollte, stellten wir erst später fest. Auf der Karte waren die Preise etwas verschoben neben den Gerichten angegeben, sodass wir um eine Zeile verrutscht waren. Dadurch kostete das immerhin sehr leckere und füllende Gericht 25, 50 Leu - ca. 10 Leu mehr. Bis das Essen gebracht wurde, verbrachten wir unsere Zeit damit „Schnauz" zu spielen. Da eine Runde zu zweit recht schnell gespielt und wenig aufregend war, erfand ich noch einen weiteren imaginären Mitspieler, Peter, der dazu beitrug, dass nun mehr Karten im Umlauf waren. Noch während des Essens stellten wir fest, dass wir uns mit dem Preis vertan hatten. Den Wasserpreis konnten wir nicht herausfinden, weshalb Johannes ein wenig in Panik aufgrund unserer möglichen Zahlungsunfähigkeit verfiel. Dass die 62 Leu (RON) Bargeld knapp werden könnten, sah ich ebenfalls ein, versuchte allerdings zu beruhigen. Sicherlich sei auch eine Kartenzahlung möglich. Damit gab sich Johannes jedoch nicht zufrieden, denn er war von meiner Annahme nicht vollständig überzeugt. Also fragte ich am Tresen nach der Toilette und konnte mich so vergewissern, dass sich dort auch ein Kartenlesegerät befand. Auf dem Weg zur Toilette erkannte ich sogar noch einen möglichen Fluchtweg, durch den Innenhof auf die Straße - bei Problemen. So konnte ich Johannes mit meinen Erkenntnissen entspannen und erfolgreich mit der Karte bezahlen. Tatsächlich hätte unser Bargeld um ein Leu nicht gereicht (Preis: 63 RON). Dank der Kartenzahlung konnten wir das Lokal um kurz vor neun Uhr über den normalen Ausgang verlassen - weder zum Tellerwaschen mussten wir dort bleiben noch vom Fluchtweg Gebrauch machen.

Da die Geschäfte in Bukarest sehr lange geöffnet waren und es nicht wieder zu regnen begonnen hatte, kauften wir noch vier Liter Wasser bei „Carrefour" ein und schauten uns die Backtheke hinsichtlich eines Einkaufs am nächsten Tag an.

120

Gegen halb zehn bezahlten wir unsere Getränke. Erstaunlicherweise war noch sehr viel los. Das lag wohl an den Öffnungszeiten: Von 6:30 bis 23 Uhr.

Im Hostel konnten wir uns dann endlich duschen, bevor wir uns erneut der Unterkunftssuche widmen mussten. Zumindest konnten wir auf diese Weise ein Ho(s)tel in Athen buchen - selbst, wenn es auch dort hieß: Mindestalter 18 Jahre.

Erschöpft konnte ich schließlich von 0 bis 7:30 Uhr schlafen.

Geburtstagsgrüße aus Bukarest
17. Tag/ 8. Reisetag, Mittwoch, 24.07.

Am nächsten Morgen gratulierte ich zu allererst meiner Schwester zu ihrem Geburtstag, da ich aufgrund der Zeitverschiebung am Vortag hatte nicht so lange aufbleiben wollen, um ihr um Mitternacht deutscher Zeit, meine Glückwünsche zu senden.

Als das erledigt war, informierte ich mich gleich über die Fährüberfahrt von Griechenland nach Italien und die Vorteile des Interrail Passes bei den verschiedenen Anbietern.

Danach konnten wir endlich frühstücken. Auf dem Weg Richtung Stadt, wo wir uns etwas besorgen wollten, gab es erst einmal den Rest Oreos. An der ersten Bäckerei kauften wir uns einen Apfelstrudel und eine Blätterteigtasche mit Frischkäsefüllung (je 3 Leu). Beides aßen wir bald darauf auf einer Parkbank. Nach einem Spaziergang durch den zugehörigen Cişmigiu-Park musste man zugeben, dass es die Rumänen immerhin verstanden schöne Parks anzulegen.

Danach schlugen wir bei einem Bäcker (*Maia Naturala/megapan*) nahe des Parks zu, vor dem bereits etliche Einheimische Schlange standen. Für uns sprangen ein köstlicher Apfelnussstrudel zum Frühstück sowie zwei warme, fettige Käseringe (je 2 Leu) und eine ebenfalls warme und fettige Blätterteigtasche mit Schinken-Käsefüllung für das

Abendessen heraus. Den letzten Einkauf für das Frühstück tätigten wir bei der Bäckerkette *Fornetti* an einer anderen Ecke des Parks. Leider erkannten wir erst im Nachhinein, das es dort hauptsächlich herzhaftes Gebäck gab. So erwischten wir eine Blätterteigtasche mit wahrscheinlich Leberpastete oder einer anderen ähnlichen Fleischfüllung, was wir jedoch erst mutmaßen konnten, als wir schon zu essen begonnen hatten.

Um 10 Uhr kehrten wir ins Hostel zurück, sodass noch Zeit blieb, um die Fähre von Patras nach Bari zu buchen. Ich reservierte uns zwei Fährtickets „auf dem Deck". Schlafkabinen oder andere Schlafmöglichkeiten waren nicht mit dem Interrailpass abgedeckt (teils zumindest Rabatt). Obwohl unsere Tickets faktisch kostenlos sein sollten, hatten wir durch Hafengebühren und andere Zuschläge trotzdem 39 € pro Person an *Superfast Ferries* (bzw. *ANEK Lines*) zu entrichten. Außerdem mussten die Fahrkarten an einem Büro der *ANEK Lines* abgeholt werden. Zudem blieb noch genügend Zeit, um das *Alessandro Palace & Bar* in Rom zu buchen. Da wir von Streiks der italienischen Bahn hörten und Johannes gelesen hatte, man bräuchte ein amtlich beglaubigtes Dokument, um nach Griechenland einreisen zu können, zahlten wir einen kleinen Zuschlag für eine etwaige kostenlose Stornierung.

Tipp: Um sicher zu gehen, sollte man sich, gerade als Minderjähriger, im Vorfeld der Reise frühzeitig über etwaige Einreisebestimmungen in den Ländern, die man besuchen möchte, informieren.

Nach dem Check-out um ca. 11:05 Uhr (eigentlich hätten wir bis 11 Uhr weg sein müssen, wir bekamen aber keine diesbezüglichen Probleme) machten wir uns auf den Weg zum „Carrefour". Dort besorgten wir erneut eine Wasserflasche, praktische Müsliriegel und Brötchen.

Anschließend setzten wir uns zum Mittagessen in einen Dönerladen beim Einkaufszentrum. Dort bestellten wir einen Döner im Bagheta für nur acht Leu. Dieser war eindeutig anders gefüllt als ein Döner in Deutschland: Unter anderem befanden sich Pommes, Mais, Rotkraut und Oliven im Fladenbrötchen. Solche Füllungen scheinen jedoch in Osteuropa gängig zu sein, denn ich bekam im weiteren Reiseverlauf noch ein paar weitere Döner dieser Art zu Gesicht.

Ab ca. 12:05 Uhr hieß es dann: Auf zum Bahnhof. Zwischenzeitlich hatte ich zwar die Sorge, dass wir unseren Zug verpassen würden, aber nach einem etwas schnelleren Lauf kamen wir um 12:30 Uhr, zehn Minuten vor der Abfahrt unseres Zuges, dort an.

Bei dem Zug handelte es sich eigentlich nur um einen Waggon nach Istanbul und einen nach Sofia, die beide von einer Lokomotive gezogen wurden. Im kleinen Sofia-Waggon gab es lauter 6er-Abteile. Unser im Gegensatz zu einigen anderen Abteilen volles Abteil, aus dem wir sogar einen alten, unfreundlichen Rumänen von unseren Plätzen verscheuchen mussten, wurde schnell sehr heiß und stickig. Dummerweise konnte man auch kaum lüften, da die Fenster immer wieder von selbst zufielen. Insgesamt gab es keinen großen Komfort in diesem Zug.

Beim Grenzübergang gab es wie gewöhnlich wieder je eine Passkontrolle in Rumänien und eine in Bulgarien. Der längere Aufenthalt wurde gleich sinnvoll genutzt: Weitere Wagen wurden an den Zug angekoppelt. Außerdem leerte sich hier unser Abteil, sodass wir von nun an zu dritt mit einem Mexikaner weiterfuhren.

Ein wenig später musste ich mich einmal erleichtern. Gespannt begab ich mich auf die Toilette. Diese erfüllte meine Erwartungen voll und ganz und passte super in das Bild des Zuges: Das Klo bestand lediglich aus einem Loch in der Kloschüssel, durch das man die Gleise sehen konnte. Auch der Rest des WCs wirkte ziemlich schmuddelig. Als ich dann das Klo verließ, stellte ich fest, dass die Waggontür etwas offen stand. Wirklich sehr vertrauenserweckend!

Später wurde dann der Istanbulwagen abgekoppelt. Um 18 Uhr machten wir uns das Abendessen aus den Einkäufen des Tages. Je näher wir Sofia kamen, desto schöner wurde die Landschaft. So konnte ich noch eine ganze Weile die beeindruckende Berglandschaft bewundern. Leider brach bald die Dunkelheit ein, sodass man nicht mehr viel erkennen konnte.

Etwas beunruhigten mich zwar mehrere Halte auf der Strecke, die nicht von der Interrail-App aufgeführt waren, trotzdem kamen wir fast rechtzeitig um 22:25 Uhr in Sofia an. Von dort aus sollten wir bis elf Uhr beim *Hostel Mostel* eintreffen. Also versuchten wir den schnellsten Weg dorthin zu finden. Das gelang aber nicht auf Anhieb. Dazu kam noch, dass Johannes zur Sicherheit 40 bulgarische Lew abhob. Wir wussten zwar nicht, wie viel diese wert waren, ein bisschen Bargeld konnte aber sicherlich nicht schaden. Zudem trafen wir eine wenig bekleidete Frau, die auf Kundschaft zu warten schien und die wir schnell abwimmelten. So erreichten wir das leicht versteckte Hostel zum Check-in mit zehn Minuten Verspätung, was jedoch niemanden dort störte. Wir erfuhren sogar noch, dass wir Handtücher gegen eine Kaution in Lew leihen könnten. Da wir die

Übernachtung bar in der lokalen Währung bezahlen mussten, blieben für Handtücher allerdings zu wenige Lew. Zwar hätten wir die Unterkunft auch erst am nächsten Tag bezahlen können, aber wir wollten lieber sofort unsere Rechnung begleichen. Beim freundlichen Empfang erfuhren wir, dass der Wechselkurs Euro: Lew circa 1:2 betrug, weshalb wir nur 20 Euro abgehoben hatten. Auch einen sehr nützlichen Stadtplan gab es umsonst. Schließlich führte man uns in unser Zimmer im Apartment eine Straße weiter. Schnell mussten wir anerkennen, dass auch diese Unterkunft einen recht hohen Standard für das wenige Geld bot und keines Falls eine billige Absteige war.

Nachdem wir ja am Morgen bereits die Fähre nach Bari gebucht hatten, nutzte ich noch einen Rabattgutschein, den ich durch die Installation der Flixbus-App erhalten hatte, um für je 3,59 € zwei Plätze für die Busfahrt von Bari nach Neapel zu reservieren. Für diese Strecke gibt es nämlich keine Zugverbindung. Erst anschließend, um 0:30 Uhr Ortszeit, konnte ich schlafen gehen.

Bis es nicht mehr geht
18. Tag/ 9. Reisetag, Donnerstag, 25.07.

Mein Wecker holte mich um 8 Uhr aus dem Schlaf. Danach packten wir unsere Sachen zusammen und stellten unser Gepäck im Gepäckraum ab. Ab ca. 8:40 Uhr machten wir uns dann über das Frühstücksbuffet (!) her: Eine große Getränkeauswahl mit Tee, Wasser, Fruchtsaft, Milch, Kaffee gepaart mit einer vorzüglichen Speisenauswahl bestehend aus Salami, Schmelz- und Hawaii Toast Käse, weißen weichen Käsewürfeln (Ziegen- oder Schafskäse), Karotten, Apfelscheiben, Toast, Baguettescheiben, Cornflakes, Mehrkornmüsli, (Aprikosen)Marmelade aus einer Schüssel, leckerer Schokolade, frischem Rührei, hartgekochtem Ei, Joghurt und fantastischen frische Waffeln. Dazu gab es an jedem Tisch einen eigenen Toaster. Ein wahrer Genuss und ein guter Start in den Tag. Bemerkenswert daran, das

Frühstück war im billigen Übernachtungspreis mit inbegriffen. Man musste sich lediglich an der Rezeption am Morgen einen Frühstücksbutton geben lassen, bevor man sich den Bauch vollstopfen konnte. Mehr Luxus für den Preis geht eigentlich gar nicht.

Leider gab es nur große Wasserkaraffen an der Rezeption, die eher für das sofortige Trinken gemacht waren, weshalb wir uns nicht so richtig trauten unsere großen Flaschen mit Wasser aufzufüllen. Immerhin füllten wir noch unsere kleinen Flaschen auf, um nicht ganz ohne etwas Trinkbares aus dem Haus zu gehen.

Um nach dem Mittagessen nur noch unser Gepäck abholen zu müssen, bevor es zum Bahnhof gehen sollte, erledigten wir den Check-out bereits um ca. 9:10 Uhr und starteten anschließend unsere Stadtbesichtigung.

Zuerst wollten wir so laufen, dass wir am Bahnhof noch eine Reservierung für die Fahrt nach Athen besorgen könnten. Auf dem Weg dorthin hob diesmal ich noch etwas Geld ab. Am Rande der Innenstadt durchliefen wir einen (Straßen)Markt (in der bul. „Stefan Stambolov") und kamen sogar an einer Demonstration (vor dem obersten Gerichtshof) vorbei. Da wir einmal keinen Straßenübergang entdecken konnten, liefen wir einen ziemlich großen Umweg bis wir endlich den Bahnhof erreichten. Dort erfuhren wir, dass auf dem ersten Streckenstück im Zug bis Thessaloniki keine Reservierung nötig war. Allerdings könnten wir die Reservierung für den Zug von Thessaloniki bis zu unserem Ziel Athen erst vor Ort (in Griechenland bzw. in Thessaloniki) vornehmen. Das bedeutete Spannung, denn laut der griechischen Bahnwebsite *TrainOSE*, sollten wir um 23:30 Uhr in Thessaloniki ankommen und um 23:50 Uhr von dort aus weiterfahren. Viel Zeit würde uns also nicht bleiben. Somit verließen wir den Bahnhof nicht hundertprozentig zufrieden.

Tipp: Die Interrail-App und auch deren Website wirft keine Zugverbindungen in ganz Griechenland aus. Für

Informationen muss man die Internet-Website der griechischen Bahn *TrainOSE* aufrufen und wenn man der griechischen Schrift nicht mächtig ist, noch die Sprachauswahl finden, um auf Englisch umzustellen.

Zurück in der Stadt besorgten wir uns bei einem LIDL (bei der Banja-Baschi-Moschee) unseren Reiseproviant: Blätterteigtaschen mit Tomatenfüllung, einen reduzierten Schoko-Muffin und Johannes, um seinen Durst zu stillen, eine Flasche Milch. Weitere Getränke wollten wir erst später einkaufen. Auf das Wasser aus den heißen Quellen direkt vor dem LIDL, wo viele Einheimische riesige Kanister mit Wasser befüllten, hatten wir keine Lust. Wer weiß, welche Qualität solch ein Wasser hat und wie unser Magen darauf reagieren würde.

In der Innenstadt liefen wir dann von der Bania Bashi Moschee bis zur Alexander Nevski Kathedrale und dem dortigen Tzar Osvoboditel-Monument - also einmal quer durch die Stadt. Dabei kamen wir überraschend an großflächigen Ausgrabungen aus der Römerzeit und u. a. an einer kleinen, dafür aber umso prunkvolleren russischen Kirche „Sveti Nikolay Mirlikiiski" vorbei.

Unser Mittagessen suchten wir anschließend mit Hilfe der Karte des Hostels. Auf dieser waren einige Lokalitäten, darunter auch drei Bulgaren, eingezeichnet. Also steuerten wir *Manastirska Magernitsa*, das näheste Restaurant, an. So viel Zeit bis wir am Bahnhof sein sollten, blieb uns schließlich auch nicht mehr. In dem urigen Lokal entschied sich Johannes für einen Bohneneintopf mit Datteln und ich mich für den sehr schmackhaften „Grillmix" aus verschiedenem Fleisch mit Pilzen und gegrillten Paprikas. Dazu orderten wir 1,5 L Wasser zum Teilen, so wie wir es fast immer taten. Für alles zusammen zahlten wir inklusive eines kleinen Trinkgeldes, was außergewöhnlich auf unserer Reise war, 40 Lew (Rechnung: 37,40 Lew). Das hatte sich das Restaurant aber redlich verdient: So voll sollte ich auf der gesamten weiteren Reise nicht mehr werden. Leider war ich fast ein wenig übervoll, sodass ich zuerst auf die Toilette wankte und mich dann noch durch die Fußgängerzone zum Hostel schleppen musste.

Dieses verließen wir um 13:40 Uhr und wählten den Weg zum Bahnhof so, dass wir dabei noch ein paar Sehenswürdigkeiten betrachten konnten. Außerdem deckten wir uns nun noch bei LIDL mit Getränken ein. Dabei hatten wir jedoch ein paar Problemchen mit den kyrillischen Schriftzeichen. Eigentlich wollten wir eine(n) ganz normale Apfelsaft(schorle) besorgen, um neben dem Limettenkonzentrat noch ein normales Getränk zum Mischen zu haben. Erst später am Bahnhof sollten wir schmecken, dass es sich bei den 2,5 Litern um einen pappsüßen Apfelsirup handelte. Immerhin machte hier „Minus mal Minus Plus": Gemixt mit sehr wenig Limettensaft und sehr viel Wasser schmeckte das Gesöff einigermaßen erträglich.

Am Bahnhof konnten wir natürlich auch die Anzeigetafel nicht lesen und fragten deshalb zwei beschäftigungslose Polizisten auf Englisch, auf welchem Gleis der Zug nach Thessaloniki bzw. Griechenland abführe. Nach zuerst etwas verständnislosen Blicken und der Wiederholung der Frage, wies man uns zum Gleis 1. Dort stand bereits ein kleiner, etwas in die Jahre gekommener Zug. Zur Sicherheit erkundigten wir uns noch bei der Schaffnerin, bevor wir einstiegen. Obwohl diese kaum Englisch sprach und mir nicht sehr nett vorkam, deutete sie auf zwei Plätze, die wir einnehmen sollten. Als sich das Abteil zunehmend (mit

Interrailern) füllte, bedeutete sie mir mehrfach ungeduldig mein Gepäck gefälligst noch oben zu wuchten. Sie verstand dummeweise nicht, dass ich erst noch den Taschendeckel mit meinen Wertsachen abmachen wollte, um diese in meiner unmittelbaren Nähe sicher zu wissen. Das dauerte nun mal seine Zeit.

Was ich zudem ärgerlich fand war, dass unser Wagen nach Sofia wieder sehr einfach gehalten war. Die Waggons des Sofia-Istanbul-Express hatten deutlich mehr zu bieten gehabt. Nun war es aber zu spät, um zu wechseln. Wir hatten uns ja gegen Istanbul entschieden.

So mussten wir uns mit den Gegebenheiten im Zug anfreunden, bis es scheinbar kurz vor der Bulgarisch-Griechischen Grenze „Aussteigen" hieß. Also verließen alle Fahrgäste am kleinen bulgarischen Bahnhof den Zug. Auf dem Parkplatz stand dann ein Sprinter Bus für die Weiterfahrt bereit. Da wir zu viele Fahrgäste waren, bestellte der sehr freundliche, ältere Fahrer, der sogar ein paar Brocken Deutsch konnte, auf eigene Kosten ein Taxi für alle übrig gebliebenen. Mit dem vollgepackten Kleinbus ging es dann in einer stürmischen Fahrt bis zur bulgarischen Grenzkontrolle, die alle problemlos überwandten. Diese Kontrolle ging sogar bemerkenswert flott. Etwas angespannt erwarteten wir eine strenge griechische Kontrolle, doch zu unserem Erstaunen fuhr der Bus über eine Art Feldweg unterhalb der Grenze ohne Kontrolle nach Griechenland. An einem verlassenen, kleinen Bahnhof setzte man uns nach der nur etwa 20-minütigen Fahrt um kurz nach 19 Uhr ab. Wie es jetzt weitergehen sollte, wusste keiner.

Aus dem Bahnhofsgebäude kam dann allerdings ein Mann, der einen Zettel an seine Tür klebte. Auf diesem muss in etwa gestanden haben, dass der nächste Zug nach Thessaloniki um 21:15 Uhr abfahren solle. Einer Gruppe reisender Mädchen teilte er scheinbar auf Nachfrage mit, dass der Zug um ca. 23:45 Uhr in seinem Zielbahnhof Thessaloniki ankommen solle. Das würde ein wenig eng mit unserer Anschlussverbindung werden. Weitere Reisende sahen sich

dort bereits nach einer Bleibe um. Mit einer kleinen Reisegruppe aus ganz verschiedenen Nationen, darunter auch zwei Brüder mit deutschen Wurzeln, und einem jungen Schweizer kamen wir bald ins Gespräch. Diese luden uns sogar zum gemeinsamen Abendessen auf einer idyllisch gelegenen Sitzgruppe mit einem großen Tisch ein. Wir aßen aber lieber unsere eigenen Vorräte auf. Erschwert wurde das jedoch dadurch, dass zwei Hunde ebenfalls scharf auf unsere Salami waren, sodass wir diese regelrecht verteidigen mussten.

Danach unterhielten wir uns noch ein bisschen und tauschten Reiseerfahrungen aus. So erfuhren wir zum Beispiel, dass die Reisegruppe eigentlich in die Türkei einreisen wollte. Da jedoch der Pass des einen Deutschstämmigen nicht mehr lange genug über den Aufenthalt hinaus gültig war, hatte man ihnen die Einreise verwehrt.

Tipp: Vor jeder Reise sollte man überprüfen, wie lange seine Ausweisdokumente noch gültig sind und wie lange diese für die Einreise gültig sein müssen.

Weil wir nicht wussten, was wir in der verbliebenen Zeit anstellen sollten, erkundeten wir den Bahnhof und seine Umgebung ein wenig. Um einen guten Überblick und eine tolle Aussicht zu gewinnen, kletterten wir nach und nach auf einige abgestellte Güterwaggons. Später erklärte uns die Reisegruppe noch ein Kartenspiel, dass sie während ihrer Reise häufig und gerne spielten. Als wir jedoch gerade mit der ersten Runde begonnen hatten, erschien der Bahnwärter wieder aus seinem Häuschen und teilte uns mit, dass wir nun das Gleis überqueren und auf dem Bahnsteig auf den Zug, der gleich ankommen solle, zu warten hatten.

Tatsächlich fuhr recht pünktlich kurz darauf der Zug um 21:15 Uhr ein. Obwohl er gut belegt war, fanden wir beide noch einen Platz und konnten uns mit zunehmender Fahrzeit weiter ausbreiten, denn viele Fahrgäste stiegen bereits vor der Endstation aus. Bedauerlicherweise verfügte auch dieser Zug über keine Steckdosen am Platz. Lediglich eine einzige Steckdose an einem Wagenende war vorhanden, aber natürlich besetzt.

In Thessaloniki fuhren wir bereits um 23:30 Uhr - wie von *TrainOSE* prognostiziert - ein. Gegenüber stand jedoch bereits der Zug nach Athen bereit. Also beeilten wir uns einen Ticketschalter für unsere Reservierungen zu finden. Wir schienen jedoch an das falsche Ende des Bahnhofs gelaufen zu sein. Das Hauptgebäude musste sich auf der rechten und nicht auf der linken Seite, vom Bahnsteig aus gesehen, gelegen haben. Da wir inzwischen auch davon ausgingen, sowieso keinen besetzten Schalter mehr finden zu können und die Zeit langsam knapp wurde, kehrten wir zum Bahnsteig zurück. Dort versuchten wir dem griechischen Schaffner unser Problem auf Englisch zu erklären. Unglücklicherweise verstand dieser die fremde Sprach wenig bis gar nicht, sodass wir ihm nur unseren Interrailpass vorzeigen und unser Ziel, „Athens", eindringlich wiederholen konnten. Daraufhin winkte er uns zum Glück in den Zug. Ohne Reservierung stellte sich nun die Platzsuche als weiteres Problem heraus. Plätze, die reserviert waren, wurden nicht extra gekennzeichnet. Wir mussten dementsprechend auf gut Glück zwei Plätze auswählen und hoffen, dass niemand Anspruch auf diese erhob. Einmal mussten wir dann aber doch noch umziehen, bevor unser Beten und Hoffen erhört wurde. Bis der sehr volle Zug um 23:50 Uhr endlich losfuhr und selbst noch ein wenig später, mussten wir mit der doppelten Unsicherheit leben, entweder wieder auf einem reservierten Platz zu sitzen und gezwungen zu sein, erneut einen neuen suchen zu müssen oder von einem anderen Schaffner kontrolliert und irgendwo mitten in Griechenland um kurz nach Mitternacht aus dem Zug geworfen zu werden.

Doch wir hatten Glück. Kurz nach der Abfahrt kontrollierte uns derselbe Schaffner, der uns am Bahnsteig in den Zug gewunken hatte. So durften wir weiterfahren und von nun an versuchen zu schlafen.

Tipp: War es nicht mehr möglich Tickets oder Reservierungen zu besorgen, empfiehlt es sich den nächsten Schaffner aufzusuchen, sein Problem zu schildern und zu hoffen, dass dieser einen entweder sogar durchwinkt oder zumindest die fehlende Fahrerlaubnis verkauft.

Ein hoher Preis - 19. Tag, Freitag, 26.07.

Das war allerdings leichter gesagt als getan. Obwohl ich sehr müde war, wachte ich z. B. um ca. 3:50 Uhr wieder auf, da der Waggon so stark gekühlt war, dass es mich ein wenig fror. Meine Jacken befanden sich unglücklicherweise aber in meiner Tasche auf der Gepäckablage. Also konnte ich mir nicht so einfach etwas Wärmendes zum Anziehen holen und verzichtete lieber darauf andere Fahrgäste im Halbschlaf zu stören. Stattdessen bemühte ich mich bald weiterzuschlafen. Das schien mir jedoch erstaunlich gut gelungen zu sein, denn obwohl ich mir einen Wecker kurz vor der geplanten Ankunft um 5:15 Uhr gestellt hatte, musste mich Johannes um 5:18 Uhr in Athen wachrütteln - die meisten anderen Fahrgäste verließen bereits den Zug. Wer weiß, wo ich ohne ihn gelandet wäre.

Noch sehr verschlafen wollte ich am Fahrkartenschalter gleich auf Nummer sicher gehen und unsere Fahrt nach Patras (mit dem Zug bis Kiato und von dort aus mit dem dauerhaften Schienenersatzverkehr nach Patras) reservieren. Der genervt wirkende Mann am Schalter meinte aber, ich solle erst am Reisetag reservieren - warum auch immer. Damit ließ ich mich erst einmal abspeisen und studierte dafür noch die aushängenden Fahrpläne für die Fahrt nach Kiato und Patras. Natürlich fotografierte ich mir diese auch gleich für den Fall der Fälle ab. Auch die Tatsache, dass ich noch gar nicht sicher gewusst hatte, welche Verbindung sich am ehesten eignete, hatte mich vom Reservieren abgehalten.

Da ich so langsam Hunger bekam, musste ein Müsliriegel als Frühstück herhalten. Eventuell wollten wir uns auf dem Weg zur Unterkunft noch ein größeres Frühstück besorgen. Dazu sollte es aber nicht mehr kommen. Viele Cafés und Bäckereien waren noch geschlossen. Andererseits hofften wir einen Hügel zu finden, von dem aus wir einen schönen Sonnenaufgang bewundern könnten. Leider fanden wir keinen mehr rechtzeitig. Stattdessen steuerten wir gleich auf die Akropolis zu, um noch am Morgen die wichtigste

Sehenswürdigkeit der Stadt zu besuchen. Unser Hostel sollte sich auch nicht weit entfernt befinden, sodass die Richtung auf jeden Fall richtig war.

Als wir dann nach einigem Suchen und dem nicht gerade kurzen Weg durch die menschenleere Stadt auf dem Hügel der Akropolis und dem Eingang ankamen, war es noch nicht einmal sieben Uhr. Dementsprechend war dort eigentlich noch niemand zu sehen. Auf einer Bank pausierten wir dann erst einmal und fanden heraus, dass der Kartenverkauf erst um 8 Uhr begann. Es war also noch genügend Zeit, um zuerst unser Gepäck in unserem Hostel Dioskouros abzustellen. Und geschickter Weise taten wir das dann auch. Vom Haupteinlass bis zur Unterkunft waren wir auch schnell den Hügel bergab gelaufen. Etwas erstaunt begrüßte man uns dort und bot uns an unser Gepäck hinter dem Frühstücksbuffet zu lassen. Dieses Angebot nahmen wir prompt an - und es sollte die richtige Entscheidung gewesen sein. Zusätzlich hätten wir sogar gleich dort frühstücken dürfen, aber da wir unbedingt wieder rechtzeitig auf der Akropolis sein wollten, lehnten wir dankend ab.

Stattdessen gab es dann, während wir mit einigen anderen Besuchern auf die Kassenöffnung warteten, für jeden drei Oreos zum Frühstück.

Um 7:50 Uhr stellten wir uns dann weit vorne in der sich gerade bildenden Schlange vor dem Ticket Office an. Als das Häuschen um kurz nach 8 Uhr geöffnet wurde, hatte sich bereits eine deutlich erkennbare Warteschlange gebildet. Sie war aber bei Weitem nicht so lange, wie wir es erwartet hatten. Aufgrund unserer guten Position waren wir schnell an der Reihe. Auch in Griechenland hatten wir das Glück, dass die meisten Sehenswürdigkeiten vom Staat verwaltet wurden. Dadurch hatten Minderjährige bzw. unter 18-Jährige freien Eintritt. Wir benötigten lediglich ein Ticket, um durch das Drehkreuz zu gelangen. Dieses war für uns eben umsonst. Die Frau am Ticketverkauf musterte uns (vor allem Johannes) zwar ein wenig ungläubig, stellte uns die Eintrittskarten aber dennoch aus. Auch bei der erneuten Kartenkontrolle hinter dem Drehkreuz schien man etwas verwundert darüber, dass wir umsonst eintreten konnten. Aber gegen unsere gültigen Pässe konnte niemand etwas einwenden.

Schon bevor wir vor den ersten alten Bauwerken standen, fiel mir auf, dass ich dummerweise mein Handy im Rucksack in der Unterkunft vergessen hatte. Somit musste ich mich mit meinem eher unhandlichen Tablet herumschlagen und bei jedem Foto mit der in dieser Hinsicht unpraktischen Tablethülle kämpfen.

Gleich als erstes wollten wir das Hauptgebäude, den Parthenon, sehen. Dazu überwanden wir die restlichen Meter des Hügels und stießen sofort auf die Hauptattraktion. Zwar wurde sie gerade renoviert, doch trotzdem beeindruckte der große Tempel sehr. Eine nette Zugabe stellte das Hissen der Nationalflagge auf der Spitze des Hügels dar, das von einigen Soldaten als militärische Zeremonie durchgeführt wurde. Nachdem diese vorbei war, umrundeten wir müde den Hügel und bewunderten noch viele weitere alte Bauwerke, die sich auf dem großen Areal befanden. Dabei gestattete ich mir als Ergänzung zum Frühstück eine Tuc-Hälfte und wir gestanden uns häufiger als gewöhnlich eine Pause zu. Das lag zum einen daran, dass es immer heißer wurde und große Teile des Hügels der Sonne ohne Schutz ausgesetzt waren. Andererseits waren wir nach der anfänglichen Begeisterung wieder sehr müde und die langen Wege erschöpften zusätzlich. Immerhin gab es des Öfteren kalte Trinkwasserbrunnen, an denen man sich erfrischen konnte. Auch die zu Beginn des Tages noch sehr sauberen Toiletten sind für längere Aufenthalte sicherlich nicht verkehrt. Um 10 Uhr verließen wir den Akropolishügel schließlich. Schon zu dieser Uhrzeit wurde die Hitze fast unerträglich.

Als nächstes begaben wir uns zur Touri Info. Diese befand sich an einem tiefer gelegenen Eingang zur Akropolis, bei dem die Warteschlange deutlich länger als oben wirkte.

Tipp: Für einen Besuch der Akropolis gilt es einiges zu beachten: Zuerst sollte man unbedingt rechtzeitig am Morgen (spätestens 7:45 Uhr) dort sein. Das hat den Vorteil weit vorne in der Warteschlange zu stehen und vor allem noch länger bei halbwegs erträglichen Temperaturen unterwegs zu sein. Außerdem kann man so mit etwas Glück das Fahnenhissen beobachten.
Nach unseren Beobachtungen scheint sich der Weg zur Hauptkasse weiter oben zu lohnen. Dort schien stets ein geringerer Andrang zu herrschen als an der unteren Kasse. Außerdem befindet sich oben ein Automat für kostenpflichtige Tickets, der genutzt werden kann. Selbst eine kleine Post ist dort zu finden.
Für den Besuch an sich ist es wichtig Sonnenschutz zu tragen und genügend Trinkflaschen dabei zu haben. Wie schon gesagt liegt ein großer Teil des Areals in der (prallen) Sonne. Selbst wenn mal eine Flasche leer wird, gibt es genügend Zapfsäulen, um sie wieder aufzufüllen. Man muss also nicht übertrieben viel Wasser als Ballast mitschleppen.

In der Touristen Information besorgten wir uns einen Stadt- und einen Metroplan. Leider waren die Pläne etwas ungenau und auch wegen der Größe der Stadt schwer lesbar.

Danach wollten wir zum Zeustempel. Bereits von außen konnte man den Tempel durch das Gitter erkennen. Trotzdem wollten wir auch hier umsonst die Fläche betreten. Doch zu unserem Erstaunen behauptete der Mann an der Kasse, dass wir nur mit mindestens einem (voll zahlenden) Erwachsenen eintreten könnten. Besonders verwunderlich fanden wir dabei, dass hier eigentlich dieselbe Organisation wie bei der Akropolis Karten verkaufte. Kurz überlegten wir, ob wir versuchen sollten hinein zu kommen, indem wir einmal den vollen Eintrittspreis zahlten, entschieden uns allerdings dagegen, da das gesamte Areal voll in der Sonne lag. Für einen Sonnenstich wollten wir nicht auch noch Geld ausgeben.

Stattdessen machten wir uns auf den Weg in den schattigen Nationalgarten. Fast gegenüber konnten wir uns so noch ein imposantes Gebäude ansehen. Direkt dahinter befand sich schon der Eingang in den Park. Dieser überraschte uns positiv besonders mit mehreren landestypischen Tieren (Schildkröten, Fische, Ziegen und Schafe, Pfaue sowie Hühner). Basierend auf unserem Stadtplan gingen wir davon aus, dass sich das griechische Parlament ganz in unserer Nähe befinden müsse. Also machten wir uns auf die Suche. Diese blieb jedoch semi-erfolgreich. Wir trafen zwar auf viele Soldaten und standen vor einem Gebäude, das wir für das Parlament hielten, aber später fand ich heraus, dass wir uns getäuscht hatten. Ansonsten wären wir auch stark enttäuscht von dem Bauwerk vor uns gewesen.

Bei der folgenden Suche wollten wir das Panathinaikos Stadion (des einen städtischen Fußballklubs Panathinaikos Athen) finden. Auch dieses sollte direkt an den Nationalgarten angrenzen. Weil etliche Ausgänge des Gartens gesperrt waren, mussten wir auch noch einen kleinen Umweg in Kauf nehmen. Dafür wurden wir diesmal fündig. Doch es handelte sich gar nicht um ein Fußballstadion. Vielmehr war das (Kallimarmaro) Panathinaiko Stadium das antike Olympiastadion Athens, das man heute noch besichtigen kann. Wir beließen es bei ein paar Fotos von außen, bevor wir schnell wieder vor der Sonne flohen und uns den Rückweg durch den schattigen Park bahnten.

Obwohl wir nun fast wieder beim Hostel angekommen waren, entschieden wir uns noch nicht dorthin zurückzukehren, sondern uns ein Wasser gegen den Durst zu besorgen, etwas zum Mittagessen zu suchen und noch eine „Ausgrabungsstätte", die vor allem Johannes interessierte, zu besichtigen. Für das Wasser gingen wir in den nächstbesten auf dem Weg liegenden Supermarkt. Das war jedoch nur ein sehr kleiner, auf Touristen ausgerichteter Laden, bei dem uns die 1,5 L-Flasche stilles, aber zumindest kaltes Wasser einen Euro kostete. Wären wir nur wenige Meter weiter gelaufen, hätten wir in einem sicherlich preiswerteren Supermarkt einkaufen können.
Auch die Suche nach einem Restaurant gestaltete sich wenig erfreulich. Wir entschieden uns gegen alle der wenigen Lokale auf dem Weg und liefen direkt zur Ausgrabungsstätte. Daran war ich allerdings nicht ganz unschuldig, da ich unbedingt echte griechische Calamari probieren wollte und deshalb alle Lokale ausschloss, auf deren Karte die gewünschte Speise nicht zu finden war.

Vor der Ausgrabungsstätte (am Filopappos/Nimfon Hügel) befand sich ein weiterer Tempel, der besichtigt hätte werden können. Die „Ausgrabungsstätte" an sich - Johannes meinte, dass diese Bezeichnung aus archäologischer Sichtweise etwas schmeichelhaft wäre - bot eben nur wenige Ausgrabungen, dafür aber wohl den besten Blick auf die Akropolis.
Nach der erneut nicht gerade kurzen Strecke wurden wir wieder einmal ziemlich müde und träge. Verschlimmert wurde unsere Situation, indem nun auch noch Hunger und Durst hinzukamen.

Aus lauter Verzweiflung suchten wir dann das nächste Lokal hinter der Ausgrabungsstätte auf, dass ich auf der offline Karte von *MapsMe* hatte finden können. So kamen wir in eine sehr heruntergekommene und ärmlich anmutende Gegend. Das Restaurant hatte natürlich geschlossen. Lediglich ein paar Pubs waren geöffnet. Dort sah es jedoch nie danach aus, als ob man auch etwas zu essen bekäme. Da es nicht einmal einen Supermarkt gab und ich den Hunger fast nicht mehr aushalten konnte, aß ich noch die Reste meiner zerbröselten Tucs auf. Dass wir noch etwas zum Mittagessen bekämen, schien mir sowieso nahezu unmöglich.

Deshalb steuerten wir nun das Denkmal eines spartanischen Kriegers an. Auch das zählte zu den To-dos, die für den Sparta-Fan Johannes auf der Liste standen. Trotz etlichen unvorhergesehenen Sackgassen konnten wir das Denkmal tatsächlich finden und gelangten wieder in eine touristischere Umgebung.

An dem Platz um den Spartaner gab es natürlich auch einige Lokale. Vor einem (*Gyristroula*) ließen wir uns von einem zum Restaurant gehörenden Mann ansprechen. Ihm gelang es dann sogar, dass wir uns an einen Tisch setzten und noch etwas zum Mittagessen bestellten. Sein Glück war gewesen, dass Calamari auf der Karte standen und ich das Lokal, in das ich ohne angesprochen zu werden wahrscheinlich nie gegangen wäre, nicht grundsätzlich ablehnen konnte. Hätte ich allerdings gewusst, was ich bekommen sollte, hätte ich mich sicherlich mehr gegen den Imbiss gesträubt: Ich erhielt durchaus Calamari, allerdings keine Ringe, sondern die kleinen frittierten Tentakelchen, die sehr fischig schmeckten. Doch damit nicht genug. Als einzige Beilage zu der eigentlich recht kleinen Portion erhielt ich nur eine Zitrone. Somit war ich ziemlich enttäuscht von meiner Mahlzeit und fast ein wenig verärgert, da ich die 10,50 €, die ich dafür zahlen musste, absolut überteuert fand.
Immerhin kam Johannes ganz gut weg. Für die 1,5 Liter kaltes, stilles Wasser, die diesmal er auf seine Rechnung

nahm (1 €), und seinen gut aussehenden, recht üppigen und laut ihm auch geschmacklich guten Gyrosteller (auch mit Salat, Pommes und Tsatsiki, 9,40 €) zahlte er sogar zehn Cent weniger als ich für meine enttäuschende Mahlzeit ohne Beilage. Allein bei dem, was Johannes gegessen hatte, könnte man von einem ganz guten Preis-Leistungsverhältnis reden. Möglicherweise war die Ursache dafür, dass das Lokal eher ein Döner- bzw. Gyrosladen war.

Anschließend kehrten wir über eine Fußgängerzone zu unserem Hostel zurück und hofften, dass wir dort bleiben durften, obwohl wir erst 17 Jahre alt waren und somit unter der Altersgrenze von mindestens 18 Jahren für den Check-in.
Erstaunlicherweise interessierte sich die Frau an der Rezeption zum ersten Mal auf der Reise kein bisschen für unsere Pässe, sodass es keinerlei Probleme gab. Auch unser Gepäck stand glücklicherweise noch unberührt dort, wo wir es am Morgen abgestellt hatten.

In unserem 4er-Zimmer widmete ich mich dann mal wieder meinen Recherchearbeiten. So stand heute die Suche nach einer geeigneten Unterkunft in Neapel auf dem Programm. Dazu informierte ich mich noch über ein paar andere Themen. Nach dem bisherigen Tag hatte besonderes die Recherche über Essensmöglichkeiten am nächsten Tag einen hohen Stellenwert. Jäh ausgebremst wurde ich nach einiger Zeit von meiner Nase. Sie hatte erneut beschlossen ein bisschen zu bluten. Diesen Vorfall deutete ich als klares Zeichen, dass ich mich etwas ausruhen und Schlaf sammeln sollte. Also legte ich mich von 17:30 bis 18:45 Uhr hin.

Nachdem ich wieder aufgewacht war, brachen wir auf, um Athen bei und nach dem Sonnenuntergang zu entdecken und uns noch etwas zum Essen zu besorgen. Dafür suchten wir uns einen Weg, der uns durch das sehr belebte und sehenswerte Plaka Viertel führte. Hier genehmigten wir uns ein nicht ganz billiges, aber sehr leckeres Eis, da wir noch keinen Laden entdeckt hatten, bei dem wir uns etwas als

Abendessen hätten kaufen können. Unsere Essenssuche wurde somit fortgesetzt. Unglücklicherweise verliefen wir uns dabei ein wenig und kamen ein Stück aus der bevölkerten Innenstadt. Eigentlich wollten wir den Sonnenuntergang bei der Ausgrabungsstätte mit Blick auf die Akropolis erleben und dazu eine Kleinigkeit essen. Doch leider verloren wir den Wettlauf gegen die Zeit. Immer noch auf der Suche nach Essen und eventuell Trinken schlug ich vor, einen Supermarkt in der Nähe des Ausgrabungshügels aufzusuchen. Diesen erreichten wir jedoch erst um kurz vor 21 Uhr. Da der Supermarkt pünktlich um 21 Uhr schließen wollte, konnten wir lediglich schnell einmal an den Regalen vorbeilaufen und kurz über die verschiedenen Wasserarten rätseln, bevor man uns ohne Einkäufe aus dem Laden scheuchte. Damit ich nicht ganz ohne Essen zurückkehren musste, kaufte ich mir auf dem Weg zum Hügel an einer Art Bar noch eine Blätterteigtasche mit Feta (1,30 €).

Schließlich bestiegen wir den Hügel der Ausgrabungsstätte um ca. 21:15 Uhr. So konnten wir den faszinierenden Blick auf die beleuchtete Akropolis und die ganze beleuchtete Stadt bis zum Hafen in Piräus bewundern. Dazu aßen wir die letzten noch essbaren Aprikosen aus der Schweiz.

Kurz vor 22 Uhr beschlossen wir zurück zum Hostel zu laufen, da wir am nächsten Tag noch einiges vorhatten und nicht allzu spät aufstehen wollten. Ungefähr 25 Minuten später kamen wir an.

In unserem Zimmer trafen wir dann auf den dritten Gast: Ein philippinisches Mädchen, das auch vier Jahre in Wien gelebt hatte und deshalb ein paar Brocken Deutsch verstand. Bei der netten Unterhaltung erfuhren wir, dass sie eine sehr ähnliche Reiseroute wie ich gewählt hatte. Der große Unterschied zwischen meiner und ihrer Reise bestand allerdings nicht nur darin, dass ich die Hälfte der Strecke mit einem Freund unterwegs war, sondern darin, dass sie mit dem Bus und dem Flugzeug auf Reisen war.

Nach dem Gespräch buchte ich, in Absprache mit Johannes, eine Jugendherberge bei Neapel. Um genauer zu sein, die Eco Jugendherberge in Ercolano am Fuße des Vesuvs. Von dort aus hofften wir den Vesuv besteigen zu können, ein bisschen Neapel zu sehen und vor allem Pompeji zu besichtigen. Ercolano befindet sich nämlich etwa in der Mitte zwischen Neapel und Pompeji.

Auch danach recherchierte ich noch ein wenig über meine morgigen Ausflugsziele. So wurde es wieder 0:20 Uhr, bis ich schlafen konnte.

Entspannung am Meer
20. Tag, Samstag, 27.07.

Nach den stressigen Vortagen stand der heutige Tag unter dem Motto „entspannen und regenerieren". Trotzdem ließen wir uns bereits um 7:40 Uhr vom Handy wecken. Grund dafür war, dass Johannes unbedingt in das Archäologiemuseum gehen wollte. Dieses öffnete schon um 8 Uhr und er ging davon aus, dass man, wie bei der Akropolis, früh dort sein müsse, um lange Wartezeiten vor dem Einlass zu vermeiden. Ich bezweifelte zwar, dass dort ein großer Besucherandrang herrschen würde, wusste es aber natürlich nicht sicher und konnte es mir für meinen Tagesplan auch nicht wirklich leisten, viel später aufzustehen.

Also nahmen wir unser Frühstück von 8:15 bis 8:45 Uhr ein. Das kleine Buffet bot eine recht gute Auswahl: Saft, Wasser, Kaffee (?), Kakao (?) und Tee, den man sich dank eines Wasserkochers selbst zubereiten konnte. Dazu zum Essen Baguette mit Butter, Honig, Erdbeermarmelade und Schokoladenaufstrich aus dem Glas. Außerdem gab es Cornflakes und Schokomüsli mit Milch sowie Marmorkuchen.

Um ca. 9:15 Uhr brachen wir schließlich gemeinsam auf. Ausnahmsweise trennten wir uns an diesem Tag einmal. Für Johannes ging es eben ins Museum und ich wollte an den Strand und ins Meer.

Zuerst ging ich noch einmal zur Touri Info, um mich zu vergewissern, dass das 24 Stunden Ticket auch wirklich 24 Stunden ab der Entwertung gilt. Zudem fragte ich noch, ob man mir Strände empfehlen könne. Der leicht genervt auf mich wirkende Mann antwortete mir einfach, dass es viele Strände gäbe und jeder schön wäre. Zumindest markierte er noch Straßenbahnhaltestellen, von denen aus ich die Strände gut erreichen könne.

Nachdem das also einigermaßen geklärt war, suchte und fand ich einen Bäcker, der im Internet für seine Pies empfohlen war. Bei diesem deckte ich mich mit meinem Mittagessen ein: Ein traditionelles Gebäck mit Fetafüllung (1,30 €), ein Blätterteigpie/pita mit Spinat und Feta (2,20 €) (beides warm) und als Nachspeise Baklava in einer gut verschlossenen Dose zum Mitnehmen (2,50 €).

Nun konnte ich endlich eine U-Bahn Station aufsuchen, um zum Meer zu gelangen und mir ein Ticket zu beschaffen. Die nächste befand sich an einem großen Platz und vor einem großen Gebäude. Das stellte sich als das griechische Parlament heraus und war deutlich imposanter als das Gebäude, das wir am Vortag gesehen hatten. Der Nachteil der Metrostation wurde mir leider auch bald klar: Es handelte sich um eine große und im U-Bahn Fahrplan zentral gelegene Haltestelle, an der man nahezu jede Linie nutzen konnte. Dadurch herrschte auch vor dem Ticketschalter ein reger Andrang und ich musste eine ganze Weile Schlange stehen, bevor ich mein 24 h Ticket erhielt. Um ca. 9:50 Uhr entwerte ich es und sollte so problemlos am nächsten Morgen zum Bahnhof fahren können.

Auch jetzt fuhr ich schon einmal zum Bahnhof, denn wir hatten entschieden, welche Verbindung wir nach Patras benötigen würden. Also musste ich wieder zum unfreundlichen Bediensteten des Vortags und wollte für den Zug und den anschließenden Bus je zwei Plätze reservieren. Doch anscheinend funktioniert das Interrail Ticket in Griechenland anders als im Rest Europas. Ich erhielt nämlich lediglich zwei Fahrkarten ohne bestimmte Plätze für den Zug bis Kiato und für den Bus bis Patras zwei Fahrkarten mit festgelegten Plätzen. Zahlen musste ich dafür erstaunlicherweise überhaupt nichts.

Nachdem das auch erledigt war, konnte ich endlich zum Strand fahren. Hierfür fuhr ich mit der Metro 1 bis Stadion Piräus. Der Anblick der sich mir dort bot, begeisterte mich als Fußballfan sehr. Rechts direkt neben der Station lag das unschwer erkennbare Stadion des populären Traditionsvereins Olympiakos Piräus. Links neben der Station direkt das nächste Stadion. Ich vermute bei diesem handelte es sich um das Stadion von AEK Athen (tatsächlich handelte es sich aber um das Stadion der Olympiakos-Basketballer, wie ich später herausfand). Von dort aus ging es dann mit der Tram, entlang der von einem Dutzend Fußballfeldern gesäumten Strandpromenade, weiter bis zur Haltestelle Kalamaki. Ein wahres Paradis für Fußballspieler. Nur höchst wahrscheinlich kaum sonnengeschützt und extrem heiß. Von der Haltestelle aus musste ich nur noch die Gleise überqueren und stand dann um 12:30 Uhr direkt am Strand. Dort aß ich erst einmal meine mitgebrachten Speisen. Nur an das Baklava konnte ich noch nicht ran, denn dieses war so klebrig, dass ich Besteck benötigt hätte. Natürlich lag alles noch im Hostel. Somit musste ich mich noch etwas gedulden, bis ich meine Nachspeise verköstigen konnte. Dafür schmeckten die anderen Gebäckstücke recht gut und waren einfach zu essen.

Nach einer kurzen Pause widmete ich mich ein wenig meiner Fitness und absolvierte ein kleines Kraftübungsprogramm im Sand. Danach dachte ich, sollte es umso besser tun, sich im Meer abzukühlen. Doch so kühl wie erwartet war es dann gar nicht. Fast ein bisschen enttäuscht drehte ich meine Runden bei Badewannentemperatur.
Nach nahezu einer dreiviertel Stunde in der kleinen Bucht verließ ich das Wasser vorerst wieder. Während ich mich ein bisschen trocknen lassen und sonnen wollte, nutzte ich die Zeit, um zwei Postkarten zu schreiben.

Als ich damit fertig war, entschloss ich mich, die Gelegenheit wahrzunehmen und noch einmal ein wenig zu schwimmen. Dieses Mal entdeckte ich sogar eine Dusche. Auch wenn diese ziemlich am anderen Ende des Strandes lag, wusch ich mir dort, nach dem Verlassen des Meeres, das unangenehme Salzwasser ab. Zuletzt ließ ich mich und meine nassen Sachen noch eine Weile trocknen, bevor ich den Strand um 15:05 Uhr hinter mir ließ.

Dummerweise dauerte es dann noch 15 Minuten bis die Tram Richtung „Faliro" endlich eintraf und die Wartenden aus der Sonne holte. Bei der Endstation an den beiden großen Stadien stieg ich in die Metro um. Mit dergleichen Linie wie am Morgen fuhr ich nun noch eine Station in der vollen und vor allem sehr heißen sowie stickigen Metro weiter bis nach Piräus.

Dort begab ich mich auf die Suche nach dem Büro der ANEK-Lines bzw. Superfast Ferries, wo ich die im Voraus online bestellten Fährtickets abholte und mir diese Arbeit somit in Patras ersparte. Zum Glück hatte ich mir am Morgen Johannes Interrailpass geben lassen. Diesen benötigte ich nämlich sowohl für die Zug- und Bustickets als auch jetzt für die Abholung der Fährtickets.

Eigentlich hatte ich noch gehofft, einen imposanten Hafen besichtigen zu können. Doch der Hafen war hauptsächlich ein Fährhafen. Dementsprechend war es mir nicht möglich das Hafengelände zu betreten. Der Anblick von außen genügte mir jedoch voll und ganz um zu erkennen, dass der Hafen kein bisschen sehenswert ist. Auch seine Umgebung wirkte nicht sehr einladend. Der einzige Grund für mich länger in der Vorstadt zu bleiben war, dass ich auf der Karte einen LIDL in der Nähe des Hafens entdeckt hatte. Einmal um den Block besorgte ich dort im Hinblick auf den nächsten Tag zwei Nektarinen, ein Gebäckteilchen, ein Netz Babybel und Wasser mit Kohlensäure.

Für den Rückweg fand ich sogar noch eine kleine Brücke, über die ich direkt zum Hafen gelangte. Von dort aus kehrte ich zur Metrostation zurück, um mit der nächsten Bahn zurück zu fahren.

Am Eingang der Station wurde mir mal wieder bewusst, wie viele einheimisch aussehende Menschen sich hinter den Touristen durch die Eingänge zwängten, um schwarz zu fahren. Man könnte fast meinen, der Tourismus sei für die meisten Athener nur deshalb von Bedeutung, da dieser das U-Bahnfahren ermöglicht. Dass wegen der vielen Schwarzfahrer der Sicherheitsalarm der aufschwenkenden Eingangsportale fast dauerhaft am Piepen ist, scheint jedoch niemanden zu interessieren. Was ich noch erstaunlicher fand war, dass sich einige Straßenmusiker (v. a. Akkordeonspieler) in die U-Bahnen begeben und verhältnismäßig oft eine kleine Spende erhalten. Vielleicht investieren die Griechen ja ihr Geld statt in Fahrscheine lieber in Unterhaltungskünstler.

Jedenfalls konnte ich gerade noch in die um 17:05 Uhr abfahrende Metro einsteigen, bevor diese die Türen schloss. Ich war nämlich ein ganzes Stück an den vollen Waggons entlang gelaufen und hatte auf leerere gehofft, sodass der Zug fast ohne mich abgefahren wäre. Da ich irgendwie gedacht hatte, dass der Zug zufällig bis „Larissa", dem Hauptbahnhof, fahren würde, ich während der Fahrt an meinem Reisebericht weiterschrieb und es in der U-Bahn keine Lautsprecheransagen gab, bemerkte ich zu spät, dass ich die Metrolinie hätte wechseln müssen. So musste ich ein Stück weiter als geplant fahren und konnte zum Glück an einem späteren Halt wechseln. So kam ich dann erst um ca. Viertel vor Sechs am Hostel an - sehr ärgerlich.

Im Zimmer informierte mich Johannes, dass wir zwei neue Zimmergenossen bekommen hatten. Außerdem schwärmte er vom archäologischen Nationalmuseum. Wie ich schon vermutet hatte, kam er umsonst hinein und er musste kein bisschen warten. Anscheinend hatte man ihn sogar etwas verwirrt angesehen, wohl da man nicht glauben konnte, dass sich ein Jugendlicher freiwillig in die Ausstellung begab. Doch er genoss es sogar so sehr, dass er ganze sechs Stunden im Museum verbrachte, ehe er sich etwas Essbares besorgte.

Nachdem wir uns ausgetauscht hatten, recherchierte ich noch ein bisschen. Ich fand beispielsweise heraus, dass der Nationalgarten ab 20 Uhr geschlossen sein sollte. Das bedeutete für mich, dass ich schnellstmöglich joggen gehen musste, da meine Strecke unter anderem durch diesen Park verlief. Gleichzeitig hatten wir das Problem, dass wir noch ein bisschen für die folgenden beiden Tage einkaufen wollten. Um beide Probleme zu lösen, mussten wir uns schon wieder aufteilen.

Ich joggte also um viertel nach Sieben los, während sich Johannes um die Einkäufe kümmern wollte. Meine Joggingtour führte mich dieses Mal nach dem Nationalgarten, den ich ja bereits gesehen hatte, auf einen mir noch unbekannten Berg (Stadtberg Lykavittos). Doch dieser entschädigte für den mühsamen und steilen Weg bergauf. Auf der Spitze tummelten sich zwar bereits Menschenmassen, die den bevorstehenden Sonnenuntergang sehen wollten, doch trotzdem bot sich mir der beste Blick auf ganz Athen und die Umgebung - vom Meer bis ins bergige Hinterland. Nachdem ich den Berg hinter mir gelassen hatte, musste ich mich bald in das Getümmel der absolut verstopften Fußgängerzonen stürzen, kam am Parlament vorbei, drängelte mich durch den Wartebereich für eine Theater- oder Opernaufführung im antiken Theater, lief durch das Plaka Viertel und sogar an der Akropolis sowie am Filopappos Hügel vorbei. Eigentlich hätte ich zumindest noch irgendwie auf den Hügel joggen sollen. Daran hinderte mich jedoch der Blick auf meine Armbanduhr und die Tatsache, dass meine Tour jäh beendet wurde: Zu Beginn der Joggingtour hatte *Komoot* meinen Standort nicht ermitteln können. Dadurch ging der Akkustand meines Handys rapide in die Knie und schließlich verabschiedete sich mein Handy völlig. Das Ladegerät hatte ich im Hostel vergessen. So kam ich dann mit verkürzter Strecke um ca. 20:15 Uhr zurück. Im Hostel musste ich mich dann erst einmal duschen und abkühlen.

Danach testete ich, bevor wir uns auf die Suche nach einem Restaurant machten, ob zufälligerweise meine mobilen Daten funktionieren würden, wenn ich ein bisschen was in den Einstellungen abänderte. Und tatsächlich konnte ich diese zum ersten Mal auf der gesamten Reise, nach fast drei Wochen, aktivieren. Davor hatte ich immer ohne auskommen müssen.

Um 20:45 Uhr ging es dann los. Ein weiterer Streifzug durch die Stadt auf der Suche nach einem die wählerischen Voraussetzungen erfüllenden Lokal begann. Diese Suche sollte erst gegen 21:30 Uhr, auch ein wenig aus Resignation, beendet werden. Wir entschieden uns für die etwas abseits gelegene und nicht so überlaufene *Taverna Platanos*. Diese bot eine Reihe von fleischigen Gerichten, jedoch kein Gyros. Die Karte gab es sogar in mehreren Sprachen, darunter auch eine Version, über der die deutsche Flagge abgebildet war. Auf dieser verwendete man allerdings eine ganz eigene Version der scheinbar deutschen Sprache. Als wir uns dann für unsere Gerichte entscheiden hatten, mussten wir unsere Wahl aber ändern, da die Speisen mal wieder nicht mehr vorrätig waren. Es lief dann darauf hinaus, dass wir Kalbfleisch mit Aubergine und Lammfleisch mit Reis (je 11,80 €) bestellten. Dazu bekamen wir noch einen Liter stilles Wasser (2€?) sowie recht harte Baguettescheibchen (1€?) als nicht bestellte Beilage. Außerdem zahlten wir scheinbar einen Euro als generelles Trinkgeld. Das Fleisch schmeckte sehr fein und gut, sodass wir mit unserer Restaurantwahl weitestgehend zufrieden waren. Einziger Wermutstropfen war, dass ich kein griechisches Gyros mehr probieren konnte.

Nach dem Essen wollten wir uns noch ein Eis als Nachspeise gönnen. Dazu steuerten wir die Eisdiele *Fullspoon* an, die nicht weit entfernt sein sollte. Zumindest eine Essensempfehlung für Athen (neben der Bäckerei) nahmen wir somit wahr. Und wir wurden nicht enttäuscht. Die Eisdiele überzeugte auf den ersten Blick durch seine ausgefallenen Sorten. Allerdings riet man uns von einigen Sorten ab bzw. gab Johannes einen Probierlöffel, damit er den Geschmack sicherheitshalber erst einmal testen und sich dann noch einmal umentscheiden konnte. So wählte er statt Schafsmilch und einer anderen ungewöhnlichen Sorte lieber Sauerkirsche Cheese Cake (sehr lecker) sowie Madagaskar Vanille. Ich entschied mich für Twix (Snickers Eis macht meiner Meinung nach mehr her) und Traditional Bougatsa (ein griechisches Blätterteiggebäck mit Zimt). Bei Letzterem waren wir uns einig, dass sich der Weg und der nicht ganz billige Preis von 1,80 € pro Kugel alleine für diese eine Sorte gelohnt hatten.

Mit dem Eis in der Hand ging es glücklich und zufrieden zurück zum Hostel, wo wir um ca. halb zwölf eintrafen. Bis wir schlussendlich schlafen konnten, verging noch eine weitere Stunde, in der ich etwas Kurioses feststellen musste: Es war der erste Tag, an dem ich mich am Morgen mit Sonnencreme eingeschmiert hatte. Trotzdem meine ich einen Sonnenbrand am Rücken bekommen zu haben.

Auf nach Italien
21. Tag/ 10. Reisetag, Sonntag, 28.07.

Am nächsten Morgen klingelte mein Wecker um 7:30 Uhr. Dann packten wir unsere restlichen Sachen in unsere Rucksäcke, sodass wir von 8:05 bis ca. 8:45 Uhr noch ausgiebig frühstücken konnten, um uns für einen weiteren anstrengenden Tag zu rüsten. Da wir anschließend noch ein wenig Zeit hatten, konnte ich mit meinen Recherchen zu Florenz beginnen. Schließlich checkten wir gegen 9:20 Uhr an der Rezeption aus.

An der nahe gelegenen U-Bahn-Station der Akropolis kauften wir für Johannes noch ein 90 Minuten gültiges Ticket (1,40 €), sodass wir bald darauf ohne Umstieg am Bahnhof ankamen. Dort hatten wir noch fast eine Stunde Zeit. Also begab ich mich auf die Suche nach einer Post, um die beiden Postkarten abschicken zu können. Auch weil ich auf keinen Fall den Zug verpassen wollte, kehrte ich lieber früher als zu spät zu Johannes an den Bahnhof zurück. Leider ohne Erfolg.

Als uns zwanzig Minuten blieben, bis der Zug abfahren sollte, versuchte ich herauszufinden, von welchem Gleis der Zug abfahren müsste. An keinem der Bahnsteige war jedoch angeschrieben wann und wohin der nächste Zug fahren würde. Schließlich kehrte ich in das Hauptgebäude zurück. Dort gab es einen Informationsschalter, an dem ich gerade nach dem Gleis fragen wollte, als ich den Aushang entdeckte, auf dem für jede Verbindung das Gleis angegeben war.

Tipp: Wer am Athener Hauptbahnhof mit dem Zug abfährt, sollte, bevor man zu den Bahnsteigen geht, erst an der Tafel vor dem Informationsschalter herausfinden, von welchem Gleis der geplante Zug abfahren müsste.

Praktischerweise fuhr unser Zug nach Kiato auf Gleis 1, dem am nähesten am Bahnhofsgebäude gelegenen Bahnsteig, ab.

Die Bahnfahrt war dann wenig spektakulär. Wir hatten uns für Klappsitze im Fahrradabteil entschieden, damit wir genügend Platz hatten, um unsere Rucksäcke in unserer Nähe abzustellen.

Tatsächlich gab es sogar eine Fahrkartenkontrolle. Auffällig war dabei, dass einige Fahrgäste der Schaffnerin Geld gaben und im Gegenzug eine Art Schein erhielten. Möglicherweise konnte man sich also die Fahrkarten auch erst im Zug von den Kontrolleuren kaufen.

In Kiato stiegen wir wie geplant, in den bereits wartenden Reisebus nach Patras ein. Davor verstauten wir natürlich noch unser Gepäck im dafür vorgesehenen Gepäckraum. Auch diese Fahrt verlief, ohne dass etwas Nennenswertes passierte. Um 13:20 Uhr erreichte der Bus sein Ziel: Den Bahnhof von Patras.

Von dort aus liefen wir ein Stück in die Innenstadt und hofften einen Bäcker zu finden, bei dem wir uns für den nächsten Morgen eindecken könnten. Doch eigentlich alle Bäcker hatten schon geschlossen. Auch die erneute Suche nach einer Post blieb erfolglos. An einem Geschäft versuchte ich Briefmarken zu besorgen. Allerdings erklärte man mir, dass ich diese nur in der Post, die erst am nächsten Tag wieder geöffnet sein sollte, bekommen könnte. Erst als auch alle Supermärkte und die gesamte Fußgängerzone geschlossen bzw. menschenleer waren, bemerkten wir die verständliche Ursache. Es war Sonntag, was hier ausnahmsweise bei den Ladenöffnungszeiten berücksichtigt wurde.

Ein wenig enttäuscht setzten wir uns schließlich um ca. 14 Uhr zum Mittagessen in einen kleinen Park. Dort aßen wir einen Großteil unserer Vorräte: Müsliriegel, eine leckere Blätterteigtasche mit Schinken-Käse Füllung, ein riesiges Körnerbrötchen, das Johannes am Vorabend nach längerer Suche besorgt hatte, dazu Babybels sowie die Reste der ungarischen Wurst.

Nach dem Essen mussten wir noch eine halbe Stunde bis zum Hafen laufen. Dort galt es dann den Check-in Schalter zu finden. Diesen entdeckten wir im Hafenhauptgebäude und konnten rechtzeitig um 15 Uhr einchecken.

Im Gebäude hätten einige kleinere Läden geöffnet gehabt. Darunter auch ein Café und eine kleine Bäckerei. Wir entschieden uns aber dennoch gegen etwas Süßes, selbst wenn die Pies der Bäckerei und das Galaktoboureko des Cafés durchaus verlockend waren. Uns erschienen die Sachen jedoch zu teuer und wir wollten lieber früh in Bari zu Mittag essen.

Bis 16 Uhr mussten wir in der Wartehalle mehr oder weniger tatenlos herumsitzen. Erst dann konnten wir uns zur Passkontrolle und zum Sicherheitscheck begeben. Mit einem Minibus ging es im Anschluss zur Fähre. Man musste dabei ein wenig zuhören, was der Fahrer sagte, da er die

Leute an zwei verschiedenen Fähren mit unterschiedlichen Reisezielen absetzte.

Am Schiff wurden wir zur Rezeption geführt, wo es dann zum endgültigen Boarding kam. Für uns, die äußerst selten mit großen Fähren unterwegs waren, war bereits der Weg und der Aufenthaltsraum vor der Rezeption beeindruckend. Wir fühlten uns wie in einem „Hotel auf See". Edel gekleidete Herren wiesen uns nach der Kartenkontrolle, bei der unser Ticket jedes Mal ein bisschen kleiner wurde, den Weg zu unseren Deckplätzen. Von diesen waren wir allerdings positiv überrascht. Es handelte sich nämlich nicht wie erwartet um die Erlaubnis auf einer Bank im Freien schlafen zu dürfen, sondern um einen großen Saal mit Stühlen zum Zurücklehnen. Da dieser sehr groß war und nicht so viele Menschen in diesem Bereich mitfahren wollten, konnten wir sogar je eine komplette Reihe aus drei Stühlen belegen. Als besonderes Extra lief nebenbei dauerhaft BBC auf einem großen Flachbildschirm.

Nachdem wir uns eingerichtet hatten, starteten wir eine kleine Erkundungstour auf dem Boot. Leider konnten wir keinen Pool finden, in dem wir gerne geschwommen wären. Dafür gab es einen kleinen Shop, eine Bar, eine

Cafeteria und ein Restaurant an Bord, mit scheinbar bezahl-baren warmen Speisen sowie bezahlbaren Frühstücksprei-sen. Außerdem hätte man sich WLAN für 3 € pro 3 Stunden oder 5 € für einen ganzen Tag (wohl nicht für 24 Stunden) kaufen können. Zur Abfahrt um 18 Uhr begab ich mich auf das Solarium Deck und sah zu, wie wir langsam das Land hinter uns ließen.

Später, um 20 Uhr, beschlossen wir Abend zu essen. Da eine Speisekarte aushing, freute ich mich schon doch noch Gyros zu bekommen. Die Enttäuschung folgte bald darauf: Nur ein winziger Bruchteil der Karte war im kantinenähn-lichen Restaurant vorhanden. Natürlich zählte Gyros nicht dazu. Stattdessen gab es ein paar 08/15 Fleischsorten und Spaghetti Bolognese, die ich nun, in der Hoffnung der Koch sei wenigstens Italiener, auswählte. Für die kleine, recht langweilig schmeckende Portion 8 € zahlen zu müssen, fand ich ein wenig überteuert, aber besser als überhaupt kein Abendessen. Dazu ergatterten wir die letzte 1,5 L Fla-sche stillen Wassers. Johannes entschied sich für zwei Rindfleischhacksteaks mit Pommes (9,50 €).
Als Nachspeise kaufte ich mir in der Bar - das Restaurant schloss noch während wir aßen und hatte außerdem keine verlockende Dessertauswahl - einen leckeren und seinen Preis auch einigermaßen rechtfertigenden Zuckerdonut (2,70 €). Johannes wählte einen sehr füllenden, schokoladi-gen Schokokuchen (4,70 €).
Schon während der warmen Speisen wurde es auf dem Schiff unangenehmer. Die See hatte aufgefrischt und so schaukelten wir über die Wellen. Dementsprechend zeigten sich unsere Mägen nicht sonderlich begeistert, uns wurde ein bisschen schwummrig und das geradeaus Laufen wurde unmöglich.

Also zogen wir uns lieber in den Schlafraum zurück und planten dort die Reise weiter. Im Speziellen beschäftigte ich mich insbesondere damit, ob man die übrigen Reisetage sinnvoll verbrauchen könnte. Schon um 23:20 Uhr legte ich mich der längst nach über die drei Plätze schlafen. Weil der

Raum sehr herabgekühlt war, wickelte ich mich sogar in meinem Schlafsack ein. So ließ es sich aber eigentlich sehr gut aushalten und schlafen.

Tipp: Es ist eigentlich immer empfehlenswert eine Jacke, eine Decke oder etwas anderes wärmendes griffbereit bei sich zu haben. Denn selbst bei 30 Grad Außentemperatur ist es nicht ausgeschlossen, dass ein Zugabteil oder eben ein Raum auf einer Fähre so heruntergekühlt wird, dass man leicht krank werden oder schwer schlafen kann.

Ohne Ticket bis nach Neapel
22. Tag, Montag, 29.07.

Ein paar Mal wachte ich in der Nacht bzw. in den frühen Morgenstunden trotzdem auf. Das lag allerdings nicht an der Kälte im Raum, sondern eher an dem Mann vor mir, der die ganze Nacht schnarchte.

Tipp: Ohrstöpsel sind bei einer Reise, bei der man häufig mit vielen anderen Menschen in einem Raum schläft, lohnenswert einzupacken.

Eine Minute bevor mein Wecker um 7:30 Uhr klingeln sollte, stand ich von selbst auf. Tatsächlich dürfte ich in dieser Nacht den meisten Schlaf gesammelt haben, denn durch die Zeitumstellung hatte ich eine Stunde länger schlafen können.

Nachdem ich meine Sachen wieder gepackt hatte, genehmigte ich mir noch ein kleines Frühstück an Bord: An der Bar kaufte ich mir einen leckeren Schokodonut für 2,80 €. Auf der Karte hieß es zwar 2,70 €, aber das war nicht mein einziges Problem. Angeblich funktionierte meine Girokarte bei der Bezahlung nicht und ich musste Bar bezahlen. Am Vorabend hatte die Kartenzahlung noch problemlos geklappt.

Bis wir in Bari um 10 Uhr ankamen, tankte ich noch ein wenig Frischluft und sah zu, wie wir uns langsam Italien näherten.

In Bari hatten wir noch einige Zeit, bis wir mit dem Flixbus nach Neapel fahren wollten. Ohne Plan liefen wir zuerst durch viele verwinkelte Gassen in die Altstadt. Johannes wusste von seinen Eltern, dass es hier eine sehenswerte Kathedrale gäbe. Also machten wir uns auf die Suche nach ihr. Allerdings fanden wir sie nicht auf Anhieb. Stattdessen erreichten wir einen netten Aussichtspunkt. Zu meinem Erstaunen gab es dort kostenloses und gut funktionierendes WLAN. So konnten wir uns mit Google Maps orten und den Weg zur Kathedrale anzeigen lassen. Außerdem suchte ich im Internet gleich noch nach etwas zum Essen. Johannes hatte ja überhaupt nichts und ich nur den Donut gegessen, weshalb wir gerne bald zu Mittag essen wollten.

Mit der Route von Google Maps kamen wir schnell zur Kathedrale. Kurz besichtigten wir das Gotteshaus mit seiner Krypta. Vom Vorplatz aus hatte man freien Blick auf eine benachbarte Festung. Da wir auch trotz der seltsamen Bestimmungen für den freien Eintritt (in etwa: „frei für vor dem 17. Jahrhundert") kostenlos die Ausstellung in der Festung besichtigen und unsere Rucksäcke abstellen durften, durchliefen wir schnell die Räume mit Kunst, Ausgrabungen und historischen Funden.

Da in der Festung auf Ausgrabungen in der Kathedrale hingewiesen worden war, die man sich ansehen könne, kehrten wir noch einmal in die Krypta zurück. Kurz vor dem Ende der Treppe befand sich der Eingang auf der linken Seite. Ein Mann verkaufte dort die Eintrittskarten. Zuerst wollte ich nicht mit und Johannes ging alleine hinein. Nach kurzer Bedenkzeit investierte ich dann aber doch die zwei Euro Eintritt. Schon bald spürte man, dass es den Eintritt wert war. Es handelte sich tatsächlich um ein kleines Museum mit gut erhaltenen Mosaiken und Resten zweier alter Kirchen. Dazu führte u. a. eine große, alte römische Straße durch die Ausgrabungsstätte.

Auf dem Weg zur „Bäckerei" kamen wir an einer noch geöffneten Post vorbei, bei der ich nach Überbrücken der Wartezeit meine beiden Postkarten abschicken konnte.

Bei *Panificio Santa Rita* erwartete uns schon die nächste lange Warteschlange. Auch hier mussten wir erst eine Nummer ziehen und uns in den kleinen Laden drängen. Johannes hatte allerdings wegen seiner grundsätzlich „realistischen" und wie er meinte nicht pessimistischen Grundhaltung Bedenken, dass wir überhaupt noch an die Reihe kämen. Fast hätte er sogar recht behalten. Denn als unsere Nummer aufgerufen wurde, gelang es uns nicht bis zum Tresen zu gelangen oder uns in dem Lärm bemerkbar zu machen. Stattdessen drängelten sich die nächsten ungeduldig Wartenden vor. Zum Glück erging es einer Italienerin genauso. So konnten wir noch einmal zusammen intervenieren und schließlich Focaccia tradizionale (Tomaten und Oliven) sowie Focaccia patate (Kartoffeln und Oliven) für je 2,40 € bestellen.

Mit dem herrlich duftenden Essen liefen wir noch ein Stück weiter. Bevor es in die Fußgängerzone der Stadt ging, beschlossen wir uns auf eine halbwegs im Schatten liegende Bank unter einer Palme zu setzen und Mittagspause zu machen.

Bereits nach den ersten Bissen war uns klar, dass der Preis für die je Sorte halbe Pizza bzw. die zwei Viertel der Pizza (vereinfachte so auch das Teilen) exzellent war. Beide Sorten schmeckten fantastisch. Auch die Babybels ließen sich gut mit den Focaccias kombinieren.

Jetzt verstanden wir auch, warum manche Kunden mehrere Kartons im Laden gekauft hatten und bereuten es selber nicht mehr Focaccias mitgenommen zu haben. Leider war es uns zu knapp noch einmal zurückzukehren. Dazu wussten wir auch nicht, ob die Vorräte nicht inzwischen erschöpft waren.

Also mussten wir uns mit gut schmeckenden Nektarinen als Nachtisch begnügen.

Nach dem Essen begaben wir uns auf direktem Weg zum Bahnhof. Dort sollte auch irgendwo die Flixbus Haltestelle sein. Doch auf der der Stadt zugewandten Seite hielten nur Linienbusse. Wir mussten auf die andere Seite, hinter die Gleise. Unglücklicherweise wurde der Bahnhof gerade umgebaut, weshalb sich die Suche nach einer Unterführung als schwieriger als erhofft herausstellte. Als wir die Gleise weiter links als vermutet unterquert hatten, mussten wir uns nur noch kurz umsehen, um den angeschriebenen Halt zu entdecken und ihn um 14:15 Uhr zu erreichen.

Von nun an hatten wir noch eine Stunde Wartezeit, bis wir am Bus einchecken konnten. Ich versuchte die Zeit zu nutzen, indem ich im Supermarkt *dok*, der nur ca. 50 Meter vom Halt entfernt war, ein paar Vorräte einkaufte: Einen Pecorino (1,43 €) und eine warme Mozzarella-Schinken Tasche (4,36 €) an der Theke, wobei mich eine freundliche Italienerin zu unterstützen versuchte, sowie 1,5 L Mineralwasser (0,33 €).

Als wir uns zum Bus begeben wollten, bemerkten wir, dass einige Polizisten am Eingang eines Busses mit unserer Nummer standen und scheinbar irgendetwas mit dem Busfahrer zu klären hatten. Etwas verwirrt fragte Johannes bei einer Polizistin nach, ob es sich um den Flixbus nach Neapel handle. Glücklicherweise deutete sie auf den Flixbus auf der anderen Straßenseite. Man konnte zwar noch nicht einsteigen, aber das Gepäck einladen. Erst danach durften die Passagiere einsteigen.
Während wir noch in der Schlange warteten und ich unser Ticket auf dem Tablet bereit hielt, bemerkte ich einen vielleicht folgenschweren Fehler. Entsetzt sah ich mir mehrmals das Datum der Fahrt an. Es war Montag. Das Ticket galt allerdings für einen Donnerstag - Donnerstag, den 29. August 2019. Ich musste bei der Buchung nicht auf den Monat geachtet haben. Das Ticket galt genau einen Monat später als gewünscht. Zu diesem Zeitpunkt wollte ich längst wieder zu Hause und nicht in Bari sein. Weiterhin erschrocken teilte ich Johannes mein Missgeschick mit. Uns blieb

nur zu hoffen, dass man uns trotzdem mitnahm und wir im Zweifelsfall die Fahrt vor Ort bezahlen könnten.

Nervös kamen wir zum Busfahrer, der die Tickets überprüfte. Und wir hatte riesiges Glück. Der Mann sah sich das Ticket lediglich kurz an und winkte uns durch. Seinen QR-Code Scanner verwendete er glücklicherweise nicht. Trotzdem legte sich meine Nervosität erst bei der Abfahrt um 15:45 Uhr ein wenig. Welch ein Glück, dass der Bus nicht komplett gefüllt war.

Tipp: Bei sämtlichen Reservierungen (online, Bahnkarten am Schalter oder anderen datumsgebundenen Reservierungen) sollte man lieber einmal zu viel als zu wenig das angegebene Datum kontrollieren. Vielleicht lässt man sogar noch eine zweite Person prüfen. So kann man sich Nerven, Ärger und Geld sparen.

Im Bus musste ich mich auf den Schreck erst einmal für 15 Minuten schlafend ausruhen. Gleichzeitig konnten wir den Akku unserer elektronischen Geräte aufladen. Es gab zwar nur eine Steckdose für zwei Sitzplätze, aber Johannes war gut ausgestattet und hatte einen Mehrfachstecker dabei. Das Einzige, was fehlte, war das WLAN - mit einer Ausnahme: als ein anderer Flixbus entgegenkam.

**Tipp: Auf unserer Reise hat sich der Mehrfachstecker mehrfach gelohnt. Gerade wenn man nicht nur ein einziges Gerät dabeihat, das öfters geladen werden muss, sollte man nicht auf einen Mehrfachstecker verzichten. Außerdem empfiehlt es sich eine leistungsstarke Power Bank, an die alle elektronischen Geräte angeschlossen werden können, im Gepäck zu haben.
Was man zwar für normale, dünne Ladekabelstecker nicht benötigt, aber bei älteren Geräten mit Steckdosenanschluss manchmal von Nöten sein kann, ist ein Reisestecker bzw. Adapter.
Hat man alle genannten Utensilien auf einer Reise dabei, sollte der Akku eigentlich nie leer werden.**

Nach dreieinhalb Stunden Busfahrt kamen wir um ca. 19:15 Uhr erleichtert am Busbahnhof in Neapel an. Von dort aus liefen wir etwa eine halbe Stunde in die heruntergekommene Stadt hinein. Die engen, dreckigen Gassen und der allgemeine Eindruck der Stadt wirkten keinesfalls einladend und sogar ein wenig gefährlich. Teilweise hatte man das Gefühl an der nächsten Straßenecke könne man in einen Hinterhalt geraten. Auch deshalb beeilten wir uns die Pizzeria Sorbillo, die im Internet empfohlen war und noch am wenigsten touristisiert schien, zu erreichen. Doch schon von Weitem konnte man das Lokal ausmachen. Nahezu die gesamte Straße vor ihr war von einer unglaublichen Menschenmasse überschwemmt, die auf Plätze im Inneren wartete. Das wollten und konnten wir uns unmöglich antun. Demzufolge liefen wir die Straße, die von Lokalitäten und Essensständen gesäumt war, ein kurzes Stück zurück und setzten uns an einen Tisch der Pizzeria del Portico. Hier saßen wir sogar gegenüber eines der wenigen schöneren Gebäude der Stadt.

Ich aß eine Pizza Quattro Stagioni (7+1 €) und Johannes eine Mimosa (6+1 €). Beide, aber besonders Johannes Pizza, schmeckten gut und waren bezahlbar. Ausnahmsweise, da es kein großes Wasser gab, bestellten wir uns eine Fanta und ein Sprite (je 0,33 l, 2 €).

Da wir ja noch zu der Jugendherberge im Vorort Ercolano gelangen mussten, verließen wir um 21 Uhr die Pizzeria und begannen mit Google Maps, die dort empfohlene Bushaltestelle zu suchen. Doch leider konnte man in dieser Gegend der Routenempfehlung nur eingeschränkt trauen:
Wie vorgeschlagen stiegen wir an einer abgelegenen Haltestelle in die Buslinie 196 ein. Im Bus wollten wir ein Ticket beim Fahrer kaufen und ihn fragen, ob das überhaupt möglich sei. Mit der Haltestelle, bei der wir umsteigen sollten, konnte er seltsamer Weise nichts anfangen. Deshalb sollten wir ihm unser Ziel auf der Karte zeigen, doch vielleicht verstand er nicht, dass wir noch einmal umsteigen mussten. Stattdessen meinte er nur, während er freihändig

mit meinem Tablet in der Hand weiterfuhr, dass er dort nicht hinfahren würde. Also schickte er uns bald darauf im Industriegebiet aus dem Bus und empfahl uns, an der gegenüberliegenden Haltestelle in die andere Richtung zurück zu fahren. Ein ungeduldiger Fahrgast legte uns genervt das Taxi ans Herz.

Nachdem wir den Bus verlassen hatten, ließ ich Google Maps die Route aktualisieren. Nun wurde uns eine Metro in etwa zehn Minuten empfohlen. Da es auf der Karte machbar aussah, versuchten wir eine Abkürzung durch eine verlassene Straße zu nutzen. Das ging aber absolut nach hinten los. Denn nach etwa zwei Drittel der Strecke stießen wir auf die Bedrohung. Ein verwahrlostes Hunderudel. Circa zehn ungepflegte, größere Hunde überquerten wenige Meter vor uns die Straße und versperrten uns so den Weg.

Außerdem ahnte ich langsam, warum uns Google Maps den scheinbaren Umweg angeboten hatte. Die Haltestelle lag nämlich ungefähr über uns. Der Treppenaufgang befand sich erst in der nächsten Querstraße.

Inzwischen waren alle Hunde, außer der tot am Boden liegende, auf der anderen Straßenseite angekommen und teils in einem Mauerloch verschwunden. Um die Bahn noch zu erwischen, durften wir keine weitere Zeit verlieren und wagten uns vorwärts. Mit einem etwas mulmigen Gefühl liefen wir an den Hunden, die uns zu beobachten schienen, vorbei und bogen um die nächste Straßenecke. Jetzt beeilten wir uns umso mehr zur Station zu kommen. Zuerst liefen wir zum Bahnsteig auf der, von der Stadt aus gesehen, rechten Seite hoch. Dort fuhr gerade eine U-Bahn ein, allerdings stadteinwärts. Dass das die falsche Richtung für uns war, bestätigte auch eine aussteigende Frau. Also wechselten wir schnell den Bahnsteig. Einen Ticketautomat konnten wir jedoch nirgends mehr finden. Somit mussten wir hoffen in der U-Bahn, die entgegen der Prognose von Google Maps weiter auf sich warten ließ, Fahrkarten zu bekommen.

Mit einiger Verspätung fuhr die Metro ein und nahm uns damit den Zweifel, sie vielleicht verpasst zu haben oder dass der Fahrbetrieb schon völlig eingestellt worden war. Nun riskierten wir einfach ohne Fahrkarten einzusteigen und ich machte mich sofort auf den Weg zum Schaffner. Ein Bußgeld konnten wir schließlich überhaupt nicht gebrauchen. Nachdem ich diesem mein Anliegen erklärt und unseren Zielbahnhof genannt hatte, machte er nur eine Geste, dass wir kein Ticket kaufen müssten und uns einfach setzen sollten. Vielleicht sahen wir so erschöpft und verzweifelt aus, dass wir sein Mitleid erregten.

Der Mann war sogar so freundlich, dass er uns kurz informierte, als wir unsere Haltestelle erreicht hatten. Ab ca. 22:15 Uhr durchliefen wir dann Ercolano auf der Suche nach dem Eco Hostel Floreale, wo wir eine viertel Stunde später ankamen und ohne Probleme den Check-in erledigen konnten.

Bevor wir um ca. 0:20 Uhr schlafen konnten, mussten wir noch kurz unsere Betten beziehen und ich nahm noch zwei Buchungen vor: Für mich buchte ich zwei Nächte in Florenz und eine in Venedig. Für Johannes drei Nächte in Florenz. Er wollte sich noch einen Tag nehmen, um von dort aus Siena unsicher machen zu können.

Zurück in die Vergangenheit, ein Stück römische Geschichte
23. Tag, Dienstag, 30.07.

Am nächsten Morgen klingelte mein Wecker um 7:45 Uhr. Wir hatten nämlich vor, den Zug nach Pompeji um 8:47 Uhr zu erwischen. Ich überlegte sogar mit dem Fahrrad dorthin zu fahren. Die Jugendherberge verlieh nämlich kostenlos Räder. Also plante ich über *Komoot* eine entsprechende Route, laut der ich in knapp einer Stunde in Pompeji sein sollte. Einerseits dauerte die Streckenplanung länger als gehofft, andererseits hatte Johannes noch ein bisschen länger als ich geschlafen, sodass wir erst verspätet aufbrachen. Da wir sowieso den eine halbe Stunde später abfahrenden Zug nehmen mussten, erkundigt ich mich an der Rezeption noch einmal nach dem Fahrradverleih und erwähnte, dass ich in Erwägung zog nach Pompeji zu radeln. Mir wurde bestätigt, dass die Räder prinzipiell umsonst nutzbar wären. Allerdings müsste man eine Kaution über 100 € hinterlegen. Dazu hätte ich meine letzten Bargeldreserven aus dem Zimmer holen müssen. Außerdem wurde mir von meiner Idee abgeraten. Ich solle mir lieber ein Zugticket in einem Tabacchi Laden besorgen und so zur Ausgrabungsstätte fahren. Beides zusammen überzeugte mich schließlich, gemeinsam mit Johannes, der einen Reisetag opferte, mit der Bahn nach Pompeji zu fahren.

Auf dem Weg zum Bahnhof, an dem wir am Vortag angekommen waren, mussten wir erneut den Ort durchqueren. Nachdem wir noch nicht gefrühstückt hatten und es scheinbar auch keine Bäckereien gab, mussten wir uns in Supermärkten umschauen.

Im ersten Supermarkt, an dem wir vorbeikamen, stellten wir fest, dass Johannes seinen Rucksack und damit auch unser potentielles Mittagessen, die gefüllte Teigtasche, im Hostel gelassen hatte. Demzufolge besorgten wir uns zwei Brötchen und eine Spezialität der Region. Bei letzterer handelte es sich um ein ringförmiges Gebäck, das ich bei späteren Recherchen als „Tarallo" identifizierte. Wir hofften, die acht abgepackten Ringe als unser Frühstück essen zu können. Zusätzlich deckten wir uns mit einer 2 L-Wasserflasche ein.

Anschließend ließen wir uns den Weg zum nächsten Tabacchi beschreiben. Dort fragte ich nach einem Ticket für Hin- und Rückfahrt. Daraufhin, dachte ich, fragte die Frau im Laden „zwei?". Ich meinte, ich bräuchte nur eines, was mich 2 € kostete. Johannes hatte ja sein Interrailticket. Warum sollte ich also zwei kaufen?

Wenig später standen wir dann am Bahnhof „San Miglio d'oro Ercolano", wo ich auf mein Ticket die zwei Lücken mit Ercolano und Pompeji füllte.

Um 9:17 Uhr bestiegen wir den recht vollen Zug, in dem wir nun versuchten während der 18-minütigen Fahrt unser Frühstück einzunehmen. Unglücklicherweise war die Spezialität sehr nussig und salzig. Damit eignete sie sich nicht wirklich als Frühstück. Johannes war jedenfalls nicht begeistert. Deshalb gab ich ihm eines meiner französischen Carambars und einen Müsliriegel. Ich verdrückte im Gegenzug zwei Ringe und ebenfalls einen Müsliriegel.

Vom Bahnhof aus mussten wir uns auf die Suche nach den Ticketschaltern und dem Eingang machen. An der Information im Obergeschoss des Bahnhofes erfuhren wir, dass es die Tickets am Eingang, zu dem wir noch ein kurzes Stück entlang der Gleise laufen mussten, geben sollte. Da unser Eintritt mal wieder kostenlos war, fragten wir am Einlass noch einmal nach, ob wir direkt hineindürften. Dies war allerdings nicht der Fall. Wir müssten uns zum ganz linken Schalter begeben. Dort sollten wir unsere „freier Eintritt"-Tickets erhalten. Tatsächlich mussten wir kaum warten, bis wir unsere Eintrittskarten in den Händen hielten. Und das obwohl die Hauptattraktion der Gegend schon seit mehr als einer halben Stunde geöffnet hatte. Vor dem Eingang füllte ich dann zur Sicherheit noch eine Wasserflasche mit Trinkwasser aus der Leitung auf. Danach konnten wir schnell und unkompliziert eintreten, um uns der laut Johannes „römischen Musterstadt" zu widmen.

Also entdeckten mein Geschichtsguide Johannes, der den Audioguide wunderbar ersetzte und sich mit dem Besuch der einst von Vulkanasche bedeckten Stadt einen „Traum" erfüllte, und ich von 9:45 bis 14:15 Uhr die faszinierend erhaltene Stadt Pompeji. Um uns zurecht zu finden und kein wichtiges Gebäude auszulassen, besorgte mein Guide eine Karte aus dem kleinen Shop beim Museum, die ihn zwar 2 € kostete, aber dringend notwendig für den anschließenden Rundgang war. Von da an versuchten wir möglichst jeden Winkel der beeindruckend gut erhaltenen, großen typisch römischen Stadt zu entdecken - absolut sehenswert. Ein echtes Muss, wenn man sich in der Gegend befindet.

Eine kleine Pause zum Mittagessen gönnten wir uns trotzdem. Um ca. 12:30 Uhr aßen wir gegenüber dem Restaurant bzw. der Imbissbude am Forum den pikanten Pomodoro Käse mit den etwas trocknen und harten Brötchen.

Nachdem wir nach etwa vier Stunden reiner Besuchszeit wieder am Bahnhof für die Rückfahrt angelangt waren, stellte sich für mich die Frage, ob ich noch einen neuen Fahrschein benötigte oder ob man mir, wie eigentlich gewollt, einen für Hin- und Rückfahrt verkauft hatte. Der alte Mann am Tabacchi konnte mir aber auch nicht helfen, denn er sprach ausschließlich italienisch. Dafür entdeckte ich einen Stempelautomaten. Am Morgen hatte ich keinen gesehen und dementsprechend nicht gestempelt. Also vermutete ich, dass mein Ticket noch nicht entwertet war. Ich stempelte es erst jetzt und stieg mit Johannes in den nächsten Zug nach Napoli ein. Was wir jedoch nicht wussten war, dass es sich um eine Art Schnellzug handelte, der deutlich seltener hielt. Deshalb fuhren wir an unserem Bahnhof vorbei und konnten erst eine Station später an der Haltestelle „Ercolano Scavia/Vesuvio" aussteigen.

Das hatte zumindest den Vorteil, dass diese näher an der zweiten größeren Ausgrabungsstätte, in Ercolano, lag. Diese wollten wir uns sowieso kurz ansehen, weshalb wir von 15:25 bis 16:10 Uhr noch durch die ebenfalls verschüttete und unter der jetzigen Stadt liegende antike Siedlung schlenderten. Dabei erfuhren wir, dass es sich bei der ebenfalls während des Vulkanausbruchs verschütteten Stadt um Herculaneum handelte. Auch hier profitierten wir aufgrund unsren Alters vom freien Eintritt. Der Besuch hätte sich aber wohl sogar für ein wenig Geld gelohnt, denn Teile der Stadt waren fast noch besser erhalten als in Pompeji: Es gab beispielsweise originale Holztüren und Dächer. Das machte die Ausgrabungsstätte umso faszinierender. Dazu muss noch erwähnt werden, dass weiterhin ein großer Teil der ehemaligen unter der aktuellen Stadt liegt, weshalb die antike Stadt deutlich kleiner als Pompeji erschien. Durch die tiefere Lage war auch der Blick von oben auf die ausgegrabene Stadt beeindruckend.

Tipp: Insgesamt ist die Ausgrabungsstätte Herculaneum in Ercolano eine sehr gute Alternative zu Pompeji. Ein großer Vorteil besonders während der Hauptsaison dürfte es sein, dass Herculaneum weniger besucht ist und man sich dadurch lange Wartezeiten ersparen kann. Ziemlich das Einzige, was man dort nicht sehen kann, sind Ascheabdrücke z. B. von den sterbenden Menschen, die sich beim Ausbruch des Vesuvs noch in der Stadt befanden. Dadurch, dass nicht die gesamte Stadt freigelegt werden konnte, kann man, so wie wir, auch nur schnell durchlaufen und so den Besuch zeitlich stark einschränken. Natürlich kann man aber genauso an einer Führung teilnehmen oder einfach länger verweilen.

Auf dem längeren Rückweg zur Unterkunft machten wir noch einen kleinen Umweg zum Supermarkt, der fast direkt unterhalb der für uns günstigen Bahnstation lag. Dort deckten wir uns mit einer abgepackten Calzone Pizza und definitiv süßen Keksen als Frühstück für den nächsten Reisetag ein. Unsere Getränke kauften wir beim Supermarkt neben dem Tabacchi ($2\times1,5$ L Sprudelwasser (je 0,80 €) & 1,5 L Blutorangenlimo (1 €)). Sämtliche Getränke schienen in der Region äußerst teuer.

Nach unserer Rückkehr sammelten wir einige Informationen bezüglich der besten Zugverbindung am nächsten Tag und der Öffnungszeiten der Restaurants an diesem Abend. Unser Favorit hatte nämlich ausgerechnet an diesem Tag seinen Ruhetag.

Bevor wir jedoch Essen gingen, wollte ich unsere Lage am Meer zumindest einmal ausnutzen. Man hatte uns gesagt, es gäbe in ca. 15 Fußminuten Entfernung einen schönen, kleinen Strand. Diesen fand ich allerdings keinesfalls auf Anhieb - selbst mit der kleinen Karte nicht, auf der man versucht hatte, den Strand zu kennzeichnen. Als großes Problem stellten sich bei meiner verzweifelten Suche die Bahngleise heraus, die einmal über- oder unterquert werden mussten. Schließlich fand ich eine Unterführung und damit den kleinen, etwas dreckig wirkenden Strand - meiner Meinung nach deutlich weiter in der Richtung des Hostels als eingezeichnet. Gerade dort angekommen hatte ich jedoch kurz Angst, gleich wieder gehen zu müssen, weil plötzlich ein Bagger auf den Strand rollte und der Fahrer etwas für mich Unverständliches erzählte. Anscheinend durfte man trotzdem bleiben, während der Bagger den Sand umgrub. Also ging ich kurz schwimmen. Wie vor Athen war auch hier das Wasser extrem warm. Leider war es nicht so klar und etwas dreckig. Anschließend duschte ich mich an einer der kalten, aber immerhin existierenden Badeduschen ab und bemühte mich am kleinen Aschestrand so viel wie möglich in der Sonne aufzuhalten, um möglichst bald zu trocknen.

Da mir das jedoch nicht vollständig gelang, kehrte ich, als es Zeit wurde, einfach in meiner Badehose zurück und duschte mich im Hostel noch einmal richtig ab. Insgesamt hatte ich mich etwa eine Stunde von 18:15 bis 19:20 Uhr am Strand aufgehalten.

Dann ging es zum Essen ins Restaurant *Brancaccio Ristorante e Pizzeria*, das nicht weit entfernt war. Dort bestellten wir die übliche 1L Flasche Wasser (spritzig). Johannes, das „Pizzamonster", gönnte sich mal wieder eine Pizza. Er wählte einfach die, bei der er nicht genau wusste, womit sie belegt war. Sie stellte sich schließlich als leckere Salamipizza mit einer Art Kartoffeln darauf heraus. Ich wählte aus der Kategorie „I Saltimbocca". Da ich nicht genau wusste, um was es sich handelte, ließ ich es mir erklären. Dabei bat ich noch um die Übersetzung für eine Variante, die wahrscheinlich ein „Porchetta" (möglicherweise trug das Gericht auch einen anderen Namen, denn ein italienischer Rollbraten war es eher nicht), das mit Hackfleisch und Spinat gefüllt war, darstellte. Spinat wollte ich nicht, weshalb ich eine Füllung mit der bekannteren Salsiccia-Wurst, die ich sowieso unbedingt probieren wollte, sowie mit Broccoli bestellte. Als Beilage dachte ich eine leckere frittierte Spezialität, die ich in der Toskana zu lieben gelernt hatte, bestellt zu haben. In der Toskana hatte ich mit meiner Familie „Patatine Fritte", ein frittiertes Weißbrot oder zumindest so etwas ähnliches häufiger als Vorspeise bzw. Beilage des Hauses erhalten. Als Vorspeise wurde die Spezialität oft mit Schinken serviert. Hier handelte es sich jedoch nur um eine Portion Pommes. Die erste Enttäuschung. Noch größer wurde meine Enttäuschung als ich in meinen brotähnlichen bzw. einer unförmigen Calzone ähnlichen Fladen biss und die Füllung erkannte: Es handelte sich eindeutig nicht um eine Wurst, sondern schmeckte nach bitterem Spinat. Es schien die Füllung zu sein nach deren Übersetzung ich gebeten hatte. Aus gutem Grund hatte ich diese aber ja nicht ausgewählt. Tatsächlich war meine Speise für mich auch geschmacklich äußerst grenzwertig.

Erst durch die Nachspeise wurde meine Miene wieder aufgehellt: Zusammen hatten wir eine Pizza mit Nutella bestellt. Deshalb brachte man uns freundlicherweise zwei Teller, auf denen jeweils eine Hälfte der Nutella Calzone serviert wurde. Man muss zugeben, diese war vorzüglich: nicht zu viel Schokolade, sodass der Mund pelzig wird, aber auch nicht zu wenig. Eigentlich perfekt.

Für alles zusammen erhielten wir eine Rechnung über 25,50 € inklusive 4 € Trinkgeld, das pauschal hinzugekommen war. Allerdings bezahlte Johannes mit einem 50 € Schein und erhielt genau 25 € als Rückgeld zurück. Wer weiß, vielleicht hatte man ja gemerkt, dass man mir das falsche Gericht gebracht hatte und entschloss sich deshalb, uns 50 Cent Entschädigung zu gewähren oder man hatte sich einfach vertan.

Tipp: In Italien ist ein extra Trinkgeld eigentlich nicht vorgesehen bzw. nicht nötig. Bereits die normale Rechnung enthält einen gewissen Prozentsatz an Trinkgeld. Dasselbe gilt auch für Frankreich.

Als wir uns wieder in unserem Zimmer befanden, nahm ich noch die Buchung für die letzte gemeinsame Unterkunft, eine Jugendherberge in Wien, vor. Außerdem recherchierten wir, welche Sehenswürdigkeiten wir in Rom unbedingt anschauen wollten.

Um 0:15 Uhr ging es dann ins Bett. Am nächsten Morgen mussten wir schließlich bereits um 6:35 Uhr aufstehen. Vielleicht könnte ich mir dann sogar noch einen Tee kochen, denn in der Gemeinschaftsküche gab es einen Wasserkocher.

Verplant
24. Tag/ 11. Reisetag, Mittwoch, 31.07.

Nach einer schweißtreibenden Nacht erwachte ich am Morgen mal wieder kurz vor meinem Wecker. Dummerweise hatten wir vergessen, den Deckenventilator über Nacht anzuschalten. Deshalb schwitzte ich während der ganzen Nacht, obwohl ich mich erst der Decke und später sogar meines Schlafanzug-Oberteils entledigte.

Ich beeilte mich meine übrigen Sachen in meinen Rucksack zu packen und kurz Zähne zu putzen. Nachdem ich damit fertig geworden und Johannes auch startklar war, verließen wir unser Zimmer sowie das extra abgesperrte Obergeschoss und hofften nichts vergessen zu haben. Den Schlüssel für das obere Stockwerk hatten wir im Zuge des Check-outs nämlich bereits am vorherigen Abend abgeben müssen. In der Früh wäre der Check-out nicht mehr möglich gewesen, denn die Rezeption wurde erst ab 8 Uhr besetzt. Auch der Tee fiel weg, da einerseits die Küche mit der Rezeption geöffnet wurde und andererseits überhaupt keine Zeit mehr gewesen wäre.

Um 7:12 Uhr verließen wir in Eile die nette Unterkunft. Leider mussten wir nämlich noch bis zur Haltestelle „Torre del Greco" laufen, da wir auf den schnelleren Zug, der nicht bei uns hielt, angewiesen waren. Für den Weg dorthin veranschlagte Google Maps 17 Minuten. Unser Zug sollte um 7:32 Uhr abfahren. Es könnte also knapp werden. So ließen wir auch mehrere vielversprechende Bäckereien und Supermärkte, die wir in den letzten Tagen vermisst hatten, links liegen. Wir hätten einfach jeden Tag vom Torre del Greco abfahren sollen. Einen kleinen Anstieg hinauf und

169

wir hätten sicherlich erfolgreicher und billiger einkaufen können. Im Nachhinein ist man halt immer schlauer.

Zum Glück erreichten wir den Bahnhof bereits um 7:26 Uhr. Dafür hatte ich ein wenig zum Leidwesen meines treuen, aber an diesem Morgen noch etwas verschlafen und wenig begeistert wirkenden Freundes Tempo gemacht. Auch ich war nicht gerade begeistert leicht verschwitzt um kurz vor halb acht an einem Bahnhof in Süditalien anzukommen. Es hatte sich jedoch gelohnt Gas zu geben, da der Zug schon um 7:30 Uhr zum Einstieg bereit stand und pünktlich um 7:32 abfuhr. Nun hatten wir noch eine halbe Stunde Zeit, um uns ein wenig auszuruhen, bevor wir beim Halt „Piazza Garibaldi" aussteigen mussten.

In einer viertel Stunde mussten wir in den Zug von „Napoli Centrale" nach „Roma Termini" umsteigen. Auch wenn der Zug nicht gerade leer war, gelang es uns problemlos Sitzplätze zu ergattern.
So konnten wir nach der Abfahrt um 8:20 Uhr endlich die süßen Kirsch-Kekse frühstücken. Die Calzone hoben wir uns dann doch auf, da wir sie laut Zubereitungsempfehlung am besten noch erhitzen und entgegen unserer Erwartung befüllen sollten.
Einigermaßen satt schlief ich ein wenig, um den aus der Nacht fehlenden Schlaf wieder reinzuholen.
Schließlich erreichten wir Rom um 11:04 Uhr.

Am riesigen Hauptbahnhof begaben wir uns sofort auf die Suche nach dem Ticketschalter, an dem wir die letzten Reservierungen unserer Reise, die zusätzlich zu unserem Interrailpass notwendig waren, zu tätigen. Diese Suche zog sich unglücklicherweise unnötig in die Länge. An mehreren Schaltern verwies man uns an einen anderen und von dort aus wieder zu einem anderen, da man uns nicht helfen konnte oder wollte. Am Ende standen wir vor dem Hauptschalter, für den man eine Nummer ziehen musste. In dessen Umgebung warteten wir mehr oder weniger ohne Beschäftigung bis kurz vor 12 Uhr. Nun dachten wir endlich an der Reihe zu sein. Doch am für uns angezeigten Schalter entschied sich die Dame freundlicherweise sofort ihre Mittagspause einzulegen und reichte uns an einen noch beschäftigten Kollegen weiter. Bei diesem hieß es dann mal wieder warten. Als er endlich mit seinem Kunden fertig geworden war, fragte er uns mumpflig nach unserem Anliegen. Johannes versuchte zuerst sein Glück. Er bat um eine Reservierung von Florenz („Florence") nach Venedig („Venice"). Statt nach Venedig reservierte der Italiener aber fast einen Zug nach Nizza („Nice"). Johannes konnte ihn jedoch noch stoppen und ihn korrigieren, dass er doch am 5.8. nach Venedig wolle. Nachdem sich das geklärt zu haben schien (die Betonung liegt auf „schien"), konnte ich schließlich zumindest für uns beide die Fahrt von Venedig nach Wien am selben Tag für je 10 € pro Reservierung unter Dach und Fach bringen. Auch das letzte Problem schien sich erledigt zu haben.

Somit konnten wir danach zum *Alessandro Hostel Palace & Bar* laufen, um dort kostenlos unsere Sachen abzustellen. Für den Check-in war es noch zu früh. Das hotelähnliche Gebäude lag vorteilhafter Weise nicht weit vom Bahnhof entfernt, sodass wir bald dort ankamen.

Anschließend wollten wir Mittagessen gehen. Auf Empfehlung des Mannes an der Rezeption entschieden wir uns für *Mamma Angela*, das direkt um die nächste Ecke lag. Leider waren die Nudelportionen für ihren Preis recht klein. Wahrscheinlich auch deshalb, weil Nudeln in Italien sozusagen nur eine Vorspeise sind. Die Nudeln fanden wir jedoch schon so teuer, dass wir nicht mehrere Gänge bestellen wollten. Also begnügte sich Johannes mit seinen Nudeln mit Garnelen (10 €) und ich mich mit meiner etwas füllenderen vegetarischen Lasagne (9,50 €). Ich fand mein Gericht geschmacklich absolut zufriedenstellend. Johannes war von seiner Wahl dagegen nicht völlig überzeugt. Eine Pizza wäre ihm sicherlich lieber gewesen. Pizzen gab es in diesem Restaurant allerdings nicht.

Nicht weit entfernt vom Lokal und damit auch von unserer Unterkunft befand sich sowohl ein *Conad*, als auch ein *Pam Local*. Wir entschieden uns Wasser bei letzterem zu kaufen. Eine gute Entscheidung. Die Auswahl war hier deutlich besser als im *Conad*.

Nachdem wir mit dem Nötigsten versorgt waren, ging es zur Metrostation beim Bahnhof. An einem Automaten besorgten wir uns zwei 48 h Tickets (2×12,50 €), die ab 13:56 Uhr, der ersten Entwertung, galten. Folglich reichte uns das Ticket für den gesamten Aufenthalt in Italiens Hauptstadt.

Tipp: Beim Kauf der Fahrkarten an den Automaten ist es wichtig zu wissen, dass diese ausschließlich Bargeld akzeptieren. Doch damit nicht genug. Man sollte den zu zahlenden Betrag auch möglichst passend dabeihaben, denn man erhält maximal 6 € Wechselgeld (in Münzen).

Mit der Fahrkarte hatten wir vor, als erstes die Katakomben des Heiligen Callisto zu besichtigen. Mit der Metro fuhren wir deshalb bis zur Station „San Giovanni", wo wir in die Buslinie 218 umsteigen mussten. Da uns während der Busfahrt nicht wirklich klar war, wo wir genau aussteigen mussten - es gibt nämlich häufiger Haltestellen die denselben Namen, aber verschiedene untergeordnete Bezeichnungen besitzen - stiegen wir einen Halt zu früh aus und mussten entlang der Straße dem Bus hinterherlaufen. Als wir mit ein paar anderen Besuchern vor dem Eingang zu den „Calix" Katakomben standen, stellten wir fest, dass dort heute Ruhetag war. Also wanderten wir ein kleines Stück weiter zur „Domitilla Catacombe". Dort leisteten wir uns den für unsere Verhältnisse teuren Eintritt von 8 € pro Person, da wir ohne irgendeinen Rabatt als Erwachsene zahlen mussten. Nach einer kurzen Wartezeit durften wir uns einer ca. 45-minütigen englischen Führung durch den ehemaligen christlichen Friedhof im Untergrund (= Katakombe) anschließen. Von 15:20 bis 16:05 Uhr genossen wir die angenehme Kühle, die unsere Führung stets begleitete. Die sehr erfrischenden Temperaturen gestalteten sich ehrlich gesagt aber fast zum größten Highlight der Tour. Ansonsten war der Ausflug mal eine nette Abwechslung, jedoch sicherlich kein absolutes Highlight der Stadt und für je 8 € Eintritt aus unserer Sicht überteuert. Gerade im Hinblick auf die nicht gerade gute Anbindung an die öffentlichen Verkehrsmittel war es den langen Anfahrtsweg eher nicht wert.

Ermattet von der plötzlich zurückgekehrten Hitze machten wir uns auf die Suche nach der Bushaltestelle, von der aus wir zu den Caracalla Thermen fahren wollten. Der Weg führte uns durch eine mir noch völlig unbekannte Gegend Roms. Als wir eine Bushaltestelle erblickten, liefen wir sofort zu ihr auf die gegenüberliegende Straßenseite. Laut Google Maps hätte nämlich jeden Augenblick unser Bus einfahren müssen. Seltsamerweise kam dann eine gefühlte Ewigkeit kein einziger bzw. nur falsche Linien. Um nicht auf der Wartebank einzunicken, begann ich irgendwann die Fahrpläne zu studieren. Dass wir auf der falschen Straßenseite warteten, bemerkte ich dummerweise erst, als ich mich den Fahrplänen zum wiederholten Mal widmete. In Eile wechselten wir also die Straßenseite. Doch auch an der richtigen Haltestelle wurde unsere Lage nicht besser. Es kamen zwar nun etliche Busse und hielten in der Regel auch, aber es handelte sich nie um eine der drei Linien, die wir nutzen konnten.

Nachdem wir erneut eine halbe Ewigkeit gewartet hatten, näherte sich endlich Linie 671, der wir signalisieren konnten, dass wir gerne mitfahren wollten. Eingestiegen wurde uns das nächste Problem schnell bewusst: Im Bus wurden die Haltestellen nicht angesagt und am Straßenrand konnte man auch nicht jede erkennen. So kam es, wie es kommen musste. Dieses Mal fuhren wir eine Station zu weit und mussten zu den Thermen und vor allem zu einem Fußgängerüberweg zurücklaufen.

Tipp: Nutzt man den öffentlichen Nahverkehr in einer fremdsprachigen Stadt oder in einer, in der nichts

angesatzt wird, kann man entweder versuchen die Haltestellen abzuzählen. Dazu muss man aber natürlich wissen, wie viele man fahren muss und darf keine Haltestelle am Straßenrand übersehen.
Oder noch besser funktioniert es, wenn man dank GPS seinen Standort verfolgt und auf der Karte dadurch erkennt, wann man sich kurz vor der gesuchten Haltestelle befindet.

Auf Letzteres kam ich leider zu spät, sodass wir eben erst gegen 17:15 Uhr bei den Thermen ankamen. Zum Glück waren sie noch geöffnet. Wir erhielten sogar einen freien Eintritt. Bei dem Besuch beeindruckten die Thermen besonders durch ihre Größe und die Dekorationen in Form von schönen Mosaiken. Bis kurz nach 18 Uhr liefen wir fasziniert durch die gigantische Anlage. Es hätte nur noch gefehlt, dass ein paar Becken zum Abkühlen nutzbar mit Wasser gefüllt wären. Dieser Ausflug hatte sich meines Empfinden nach deutlich mehr gelohnt als die Katakomben.

Von den Thermen aus konnten wir den Circo Massimo zu Fuß erreichen. Ein Stück liefen wir an der ehemaligen Rennbahn entlang, von der aus man auch den Palatin-Hügel sehen konnte. Auf dem Weg fragte uns der Vater einer entgegenkommenden Familie auf Englisch, wo sich die nächste Metrostation befände. Damit entwickelte sich ein kurzer englischer Dialog, bei dem Johannes dem Mann den Weg beschrieb bzw. fragte, ob er nicht das Metroschild sähe. Daraufhin wandte sich der Familienvater an seine Tochter und fragte in etwa: „Siehst du da ein Schild?", auf Deutsch. Sie nickte und der Mann bedankte sich auf Englisch. Ich erwiderte ungehört „Bitteschön". Johannes war zwar der deutsche Dialekt aufgefallen, den deutschen Wortwechsel mit der Tochter hatte er jedoch nicht mitbekommen, weshalb er sich auf Englisch verabschiedete. Als ich ihm seinen Verdacht bestätigte, amüsierten wir uns köstlich und bogen in ein Villenviertel ab. Eigentlich wollten wir auf Rat meines Vaters das Schlachthofviertel

„Testaccio" ansehen. Dieses erreichten wir ein bisschen später. Für uns war es jedoch wenig beeindruckend, sondern wirkte eher wie ein heruntergekommenes, wenig besuchtes Viertel. Im Nachhinein erfuhr ich, dass es für sein wildes Nachtleben bekannt war.

Um das Viertel zu verlassen und zum Hostel zurückzukehren, wollten wir die Tram nutzen. Allerdings warteten wir entgegen der Informationen von Google Maps über eine halbe Stunde, bis die Tramlinie 3 eintraf. In dieser Zeit wären wir locker zu Fuß zu unserem vorläufigen Ziel, der Metrostation „Circo Massimo", gekommen. Von dort aus fuhren wir mit der Metro bis zur Station „Termini".

Auf dem Rückweg machten wir uns mit dem Angebot des *Conad* vertraut. Dort besorgten wir Saft und Gebäck aus der Backtheke für den nächsten Morgen. Da es nur 11 Wasserflaschen gab, kauften wir zusätzlich im *Pam local* ein. Dort gab es stilles, Medium und spritziges Wasser in 1,5 L Flaschen. Außerdem suchten wir nach Füllmaterial für die Calzone. Da es kaum etwas Brauchbares gab - nicht einmal Salamisticks, was nach Johannes Meinung daran lag, dass Italiener diese eher als Beleidigung für die richtige Salami verstanden - besorgten wir uns eine Packung geriebenen Käses und einen Salamiaufschnitt.

Durch das ganze Warten und Herumgesuche erreichten wir unsere Unterkunft erst um ca. 20:20 Uhr. Verständlicherweise waren nur noch zwei Betten im großen Schlafsaal frei: Ein Bett oben, eines unten, aber leider in zwei verschiedenen Hochbetten.

Während wir uns in Rom aufhielten, wollte ich unbedingt einmal joggen gehen. Die Tour hatte meine Mutter schon im Voraus erstellt und für mich hochgeladen. Damit wir am nächsten Tag rechtzeitig an der Engelsburg stehen könnten, um schnell hineinzukommen, fiel das morgendliche Joggen weg. Am Abend wollten wir Essen gehen. Demzufolge blieb eigentlich nur der bereits fortgeschrittene Abend. Also wechselte ich schnell meine Kleidung und verließ das

Zimmer um 20:50 Uhr. Dabei hoffte ich spätestens um zehn wieder zurück zu sein, sodass wir anschließend zur Spanischen Treppe und zum Fontana di Trevi fahren sowie die Calzone, vielleicht sogar in der Hostel Küche erhitzt, zu uns nehmen könnten. Doch es sollte ganz anders kommen.

Durch die längst eingebrochene Dunkelheit war es immerhin nicht mehr so brechend heiß. Laut der Beschreibung der Tour hätte mich diese „durch zwei Parks", u. a. den Villa Borghese Park führen sollen. Als ich den ersten „Park" erblickte, hatte dieser nichts mit meiner Vorstellung zu tun. Ich erwartete aus irgendeinem Grund einen mit Laternen ausgeleuchteten Park, in dem noch einige Pärchen händchenhaltend in der Ebene auf breiten Wegen flanierten. Das genaue Gegenteil war der Fall: Auf den ersten Metern im scheinbar kleinen Park begegnete ich ein paar Gassigängern mit deren Hunden. Soweit so gut. Doch plötzlich, ich konnte es selbst kaum glauben, navigierte mich die Laufapp einen kleinen Abhang auf einen Trampelpfad oder wenig genutzten Wanderweg hinab. Ich befand mich schnell in einem stockdunklen und verlassenen Wald. Die Wege wurden immer enger, von links und rechts tuschierte mich das dichte Gestrüpp, teils hörte ich ein Rascheln oder andere Laute, die von Tieren stammen könnten. Was mir noch mehr zusetzte war, dass ich des Öfteren selbst mit der Karte auf meinem Handy nicht mehr erkennen konnte, wo eigentlich der Weg weiterführen sollte. Der Kauf einer besseren Stirnleuchte machte sich allein durch diese Tour bezahlt. Trotzdem rannte ich voller Angst durch das Unterholz und wünschte mir nichts sehnlicher als den umzäunten „Park" endlich hinter mir lassen zu können. Doch es ging weiter hoch und runter. Ich stolperte über Wurzeln und Steine durch das Dunkel im Unterholz. Endlich erschien am gegenüberliegenden Ende eines Sees Licht. Nun dachte ich, es wäre vorbei. Ich musste jedoch noch ein bisschen aushalten, denn der Ausgang, den ich laut App hätte nutzen sollen war verschlossen. Ich hatte aber erst, nachdem ich ein ganzes Stück in die falsche Richtung gelaufen war, bemerkt, dass ich eigentlich längst hätte außerhalb des Zaunes sein sollen. Über ihn klettern wollte ich nicht - nicht zuletzt, weil etliche edel gekleidete Leute außen unterwegs waren. Auf Höhe des abgesperrten Tores fragte ich schließlich verzweifelt eine Italienerin „Uscita?" und deutete in die Richtung, in die ich noch nicht gelaufen war. Gott sei Dank nickte sie. Nach einem Stück entlang des Zaunes und Sees kam endlich der ersehnte Ausgang in mein Blickfeld. Auf einmal stand ich hinter einem Security Mann, der die fein gekleideten Leute am Eingang kontrollierte. Anscheinend stammte das Licht von einer Party am See. Als ich am Mann vorbei den Park verließ, starrte mich dieser nur sehr verdutzt an. Durchaus verständlich. Dann lief ich eine lange dunkle Straße zuerst den Gästen entgegen und bald darauf den Hügel ein Stück aufwärts, bevor es den Hügel abwärts wieder in eine normale, bewohnte Gegend ging. Doch auch in diesem Bereich ging es bergauf und ein wenig bergab. Schließlich mit einem entsetzten Blick auf die Uhr entschied ich, die Tour abzubrechen. Also sparte ich mir den Weg durch den Villa Borghese Park. Stattdessen lief ich nur entlang des bekanntesten Park Roms. Von Parks hatte ich entschieden genug. Fast wieder am Hostel verließ mich meine Navigation, sodass ich mich selbst zurechtfinden musste. Das klappte natürlich auch nicht auf Anhieb. Im Nachhinein hatte ich die Unterkunft wohl fast einmal umrundet und mich dann zu allem Überfluss für die falsche Straßenseite entschieden. Erst als ich fast wieder am Bahnhof war, wusste ich wohin ich zu laufen hatte. Nach 11,8 Kilometern erreichte ich erleichtert und etwas resigniert aufgrund der Uhrzeit unser Hostel. Nach meiner Dusche war es bereits 22:30 Uhr. Da die U-Bahn nur bis 23:30 Uhr fährt, war es zu riskant bzw. zu spät, um zum Trevi Brunnen und zur Spanischen Treppe zu fahren. Ich musste Johannes, der verständlicherweise ziemlich enttäuscht wirkte, auf den nächsten Tag vertrösten. Es tat mir ehrlich leid, dass ich so lange gebraucht hatte und wir nun nichts mehr ansehen konnten. Wie ich für bessere Stimmung sorgen könnte, wusste ich beim besten Willen nicht. Johannes wollte nicht einmal mehr etwas Essen.

Ganz ohne ein Abendessen wollte ich aber trotz der späten Stunde nicht ins Bett gehen. So trieb ich uns noch einmal an, um zu einer Eisdiele in der Nähe, an der ich vorbei gejoggt war, zu gelangen. Zum Glück kamen wir noch kurz vor Ladenschluss um 23 Uhr an. Ich bestellte zwei Kugeln in der Waffel (Erdbeer-Schoko, Crema) für nur 2,50 €. Ich fand beide Sorten lecker. Johannes wollte unbedingt Maya Schokolade. Aus deren Resten hätte die Bedienung aber keine ganze Kugel mehr formen können. Ansonsten behauptete Johannes, es gäbe nur „08/15" bzw. „gewöhnliche Sorten". Deshalb bestellte er überhaupt kein Eis und aß folglich nichts mehr. Seine Meinung über die Sorten teilte ich zwar nicht, doch was sollte ich machen. Das war seine Sache.

Mit oder ohne Eis kehrten wir in unser Zimmer zurück. Dort recherchierte ich noch ein wenig für die nächsten Tage. Schlafen konnte ich schließlich ab ca. 0:20 Uhr.

Rom fast for free
25. Tag, Donnerstag, 01.08.

Am nächsten Morgen holte mich mein Handywecker um 7:45 Uhr aus dem Schlaf. Ein bisschen vor Johannes ging ich mit allen meinen Sachen für den Tag in die Gästeküche voraus. Dort kochte ich sofort Wasser auf und sah mich ein wenig um: Es gab wie auch schon in Budapest einen Kühlschrank, in dem man seine Vorräte mit Beschriftung lagern konnte. Diese Möglichkeit hatten etliche Gäste offensichtlich genutzt. Außerdem standen Geschirr und Kochutensilien für Selbstversorger, soweit ich das beurteilen konnte, in ausreichendem Umfang zur Verfügung. Es gab sogar z. B. eine Packung Spaghetti oder Brotaufstrich, die den Gästen zur Verfügung gestellt wurden. Lediglich ein wenig sortierter und sauberer hätte es sein können. Nicht ganz unschuldig daran waren aber wahrscheinlich die, die ihr

Geschirr und die benutzten Kochtöpfe nicht richtig ausgespült hatten. Kurz nach mir kam dann ein Hotelangestellter in die Küche, der wieder für mehr Ordnung und Sauberkeit sorgte. In der Zeit wurde mein Tee zwar fertig, allerdings war er logischerweise erst einmal zu heiß, um ihn direkt zu trinken. Da ich also noch warten musste und Johannes gekommen war, nutzten wir das Geschirr, um noch an einem Tisch im recht geräumigen Essenssaal zu frühstücken. Nun konnten wir also die Qualität der *Conad* Backwaren testen. Eingekauft hatten wir eine neapolitanische „Muschel"rolle (Art Cannoli) mit Vanillecremefüllung, ein Blätterteiggebäck (Aragostine) mit Nutella, eine Profiterole mit Schokolade und eine Tartelette mit Aprikosenkonfitüre. Eigentlich überzeugte uns alles. Tartelettes von einem echten Bäcker schmecken in der Regel zwar besser, aber dass es nicht gut war, konnte man bei Leibe nicht behaupten. Bis wir dann gegessen, abgespült und losgekommen sind, war es bereits kurz vor neun.

Die Engelsburg öffnet um 9 Uhr. Da ich sie von meinem letzten Familienurlaub in Rom nur mit langer Warteschlange vor dem Eingang kannte, hegten wir mal wieder Bedenken zu spät dran zu sein und lange warten zu müssen. Dementsprechend beeilten wir uns, den nächstmöglichen Bus zum Castel Sant' Angelo, der Engelsburg, zu erreichen. Diesmal gelang es uns an der richtigen Haltestelle auszusteigen, sodass wir in etwa um 9:30 Uhr an unserem Ziel ankamen.

Völlig verblüfft fragte ich mich, ob wir wirklich richtig sein konnten oder ob ich etwas auf den Augen hatte. Es war

nämlich überhaupt nichts los. Keine Schlange, keine Wartezeit. Nicht einmal Eintritt mussten wir als Minderjährige zahlen, auch wenn die Kassiererin zuerst 2 € verlangte. Nach einer Nachfrage bezüglich des Eintrittspreises konnten wir aber kostenlos in die Burg. Bis 10:15 Uhr widmeten wir uns dem interessanten Gebäude, das gar nicht mal so groß war. Allerdings verloren wir (meiner Meinung nach Johannes) unseren kostenlosen Stadtplan, der uns vom Hostel zur Verfügung gestellt wurde. Wir liefen deshalb extra noch einmal an der nun entstandenen Schlange vorbei zur Kasse. Doch auch dort fanden wir ihn nicht wieder. Also besorgte uns Johannes in einer kleinen Tourist Info einen kostenpflichtigen, dafür aber aussagekräftigeren neuen Stadtplan für 1,50 €.

Da er nicht weit entfernt lag und wir darauf spekulierten, dass tatsächlich noch nicht so viele Touristen in der Stadt unterwegs waren, wollten wir dem Petersdom einen kurzen Besuch abstatten. Allerdings zeigte sich dieser von seiner bekannten Seite. Schon aus der Ferne zeichnete sich die klar erkennbare, lange Warteschlange auf dem Petersplatz ab. Sie war zwar deutlich kürzer als bei meinem letzten Rombesuch, aber trotzdem entschieden zu lang, um sich anzustellen. So konnten wir nur von außen einen Blick auf den riesigen Dom werfen.

Nachdem wir den Tiber überquert hatten, suchten wir uns eine Bushaltestelle, von der aus wir in die Nähe des Pantheons fahren konnten. Das letzte Stück mussten wir zu Fuß bewältigen. Unser Weg führte uns an einem Souvenirladen mit Postkarten vorbei. Hier schlug ich zu und kaufte dummerweise auch noch Briefmarken für je 1,30 €. Es handelte sich um GPS Briefmarken, was ich jedoch nicht wusste. Genauso wenig war mir bekannt, dass diese teurer als normale Briefmarken von der Post sind. Außerdem darf man Postkarten mit GPS Briefmarken ausschließlich in spezielle GPS Briefkästen werfen. Das bemerkte ich sogar erst, als ich die Postkarten frankierte, denn auf der seltsamen Verpackung war eine „Bedienungsanleitung" abgedruckt.

Dazu auch noch eine Karte, auf der sämtliche GPS Briefkästen in Rom verzeichnet waren. Unglücklicherweise war ich zu diesem Zeitpunkt schon nicht mehr in Rom.

Tipp: Sollte man Postkarten verschicken wollen und benötigt noch Briefmarken, rate ich davon ab, sich einfach irgendwelche in einem Souvenirshop verkaufen zu lassen. Am sichersten erhält man die richtigen Briefmarken immer noch in Postämtern. Ansonsten sollte man sich die Briefmarke, die einem angeboten wird, erst noch kurz ansehen, bevor man sie kauft.
Ich fand die GPS Briefmarken äußerst ungünstig. Bleibt man länger in der Stadt, in der man sie gekauft hat, kann man immerhin den Stadtplan mit den zugehörigen Briefkästen nutzen und die Karten so schnell losbekommen. Reist man dagegen wie wir bald weiter, sind GPS Briefmarken äußerst umständlich. Denn einerseits gibt es die entsprechenden Briefkästen nicht in allen italienischen Städten in einer großen Fülle. Andererseits stehen die gelben Minibriefkästen öfters wie vergessen unscheinbar an einem Souvenirladen oder anderen Standorten am Boden herum und sind so schwer zu entdecken. Außerdem kosten die GPS Briefmarken 15 Cent mehr als die Briefmarken der Post.

Als nächstes fuhren wir mit dem Bus zum Colosseum. Erwartungsgemäß war auch hier die Schlange zu lang, um sich für eine Eintrittskarte anzustellen, weshalb wir auch diese Sehenswürdigkeit nur von außen zu Gesicht bekamen. Stattdessen setzten wir uns dort zum Mittagessen auf eine Mauer. Zwar kamen ständig indische Wasserverkäufer vorbei, dafür saßen wir recht bequem. Wir versuchten den Calzone-Pizzafladen mit geriebenem Pecorino und Salamiaufschnitt zu essen. Ich hatte zusätzlich noch meinen letzten Baby Bel in der Calzone. Der Fladen war jedoch äußerst instabil und zerfiel bei jedem Biss. Noch ärgerlicher war, dass die Salami nach einiger Zeit mehrere aggressive Wespen anlockte, sodass Johannes nichts anderes übrig blieb als seinen Rest wegzuwerfen. Ich aß erst nach ihm. Mein

Vorteil war, dass ich den Fladen in seiner Verpackung ließ. Dadurch wurden die Wespen nicht ganz so schnell auf mich aufmerksam und der Fladen zerbröselte nicht so sehr.

Schließlich zwangen mich die Wespen aber doch dazu, mit meinem Mittagessen zu fliehen. Ich packte alles wieder ein und wir liefen ein Stück weiter. Nachdem wir den nervigen Insekten entkommen waren, verspeiste ich mein restliches Mittagessen während wir liefen.

Zurück an der Bushaltestelle des Colosseums, drängten wir uns in den rappelvollen Bus und fuhren wenige Haltestellen zur Trajanssäule, die Johannes unbedingt sehen wollte. Da wir dort erkannten, dass wir kostenlos ins Forum Trajana kommen müssten, versuchten wir unser Glück. Erst wollte man uns, trotz Vorlage unserer Pässe, kein „free Ticket" aushändigen. Schließlich müssten wir dafür unter 18 Jahre alt sein. Nachdem wir erneut bekräftigten 17 Jahre alt zu sein, erklärten, dass wir noch nicht Geburtstag gehabt hatten und der Mann am Einlass noch einen sehr langen, prüfenden Blick auf unsere Pässe geworfen hatte, händigte er uns die kostenlosen Tickets aus. Von nun an konnten wir uns also dem Forum Trajana widmen. Allerdings stellten wir fest, dass wir problemlos weiter ins Forum Romanum laufen konnten, was Johannes zu Beginn nicht glauben konnte. Somit war nämlich ein weiteres seiner Ziele, das er schon abgeschrieben hatte, erreicht. Im Forum Romanum

hielten wir uns dann gar nicht so lange auf, sondern bestiegen zuerst den Palatin. Auf dem Weg dorthin erfrischten wir uns und füllten unsere Flaschen mit kühlem Wasser eines Trinkwasserbrunnens. Unsere Vorräte waren nämlich bereits aufgebraucht. Auf dem Palatin kühlten wir uns im zugehörigen Museum, zu dem wir ebenfalls freien Eintritt hatten, ab. Nachdem wir auf dem Hügel genügend gesehen hatten, machten wir uns auf den Rückweg durch das Forum Romanum. Nach ungefähr zwei Stunden verließen wir gegen 16 Uhr das Ausgrabungsgelände.

Anschließend wollten wir von der Piazza Venezia zurück zum Hostel fahren. Da es dort keine Metrostation gab, fuhren wir mit einem Minibus, der lange nicht losfuhr, bis zur Haltestelle „Spagna", oberhalb der Spanischen Treppe. Wahrscheinlich weil wir so erschöpft waren und so lange darauf warten mussten, dass der Bus endlich losfuhr, nickten wir beide ungewollt ein. Zwar wachten wir rechtzeitig zum Ausstieg wieder auf und verließen den Bus, doch erst als sich dieser bereits entfernt hatte, bemerkten wir, dass uns die nächste Stadtkarte fehlte. Wir mussten davon ausgehen, dass sie einer von uns beiden beim Schlafen in der Hand hatte, dann allerdings fallen gelassen hat. Darüber wer die Karte gehabt hatte, wurden wir uns jedoch nicht einig. Zurückholen konnten wir sie jedenfalls nicht. Für uns ging es mit der U-Bahn weiter bis zur Station „Termini". Von dort aus besorgten wir uns Backwaren sowie Saft bei *Conad*, eineinhalb Liter spritziges und mittelspritziges Wasser bei *Pam*.

Von 17:30 bis 19:30 Uhr konnten wir uns in der Unterkunft der Abendplanung, dem Hochladen von Bildern in eine Cloud und vor allem der Erholung widmen.

Tipp: Während einer längeren Reise kommen immer viele Bilder zusammen. Mit einem einfachen Mittel kann man sich leicht Speicherplatz z. B. auf dem Handy sparen. Gleichzeitig kann man dadurch sichergehen, dass einem die Bilder als schöne Erinnerung erhalten bleiben, selbst wenn beispielsweise das Handy verloren geht oder gestohlen wird.
Im Voraus einer Reise empfiehlt es sich eine Cloud anzulegen, in der man alle Reisebilder ablegt. Ein netter Nebeneffekt dabei ist, dass sich auch andere, die das zugehörige Passwort kennen, die Reiseimpressionen ansehen können und nicht andauernd nachfragen müssen. Nachteilig ist natürlich die Tatsache, dass man zum Hochladen eine gute Internetverbindung benötigt und es mir persönlich nicht gelang mehrere Dateien auf einmal hochzuladen. Das machte alles ziemlich umständlich und langwierig.

Ein wenig ausgeruhter fuhren wir mit der Buslinie H in das nette Stadtviertel Trastevere. Dort gab es reichlich Essensgelegenheiten. Das war mir noch von meinem letzten Rom-Aufenthalt, bei dem unsere Unterkunft am Rande dieses Viertels lag, im Gedächtnis geblieben. Unglücklicherweise fuhr der Bus auch zum Unmut weiterer Fahrgäste an der Haltestelle vorbei, an der wir geplant hatten, auszusteigen. Angeblich sei die Haltestelle wegen Bauarbeiten gesperrt und der genervte Busfahrer hielt an der nächsten Haltestelle.

Auch von dort aus fand ich *Da Ivo*, eine Pizzeria, die meine Familie sowohl mit ihrem Personal, als auch mit den leckeren Pizzen überzeugt hatte. Auch dieses Mal bestätigte sie meinen guten Eindruck. Die Pizzen kosteten lediglich ein wenig mehr. Doch zusammen mit der teils gekonnt jonglierenden Bedienung und der von Einheimischen geprägten Atmosphäre war es mir das wert. Ich verspeiste eine leckere Pizza „King" mit geräuchertem Käse, Schinken und Pilzen in normaler Größe (8 €) - ehrlich gesagt spekulierte ich ein bisschen auf eine der leckeren Nachspeisen, beispielsweise eine Nutella Pizza. Johannes wählte gleich eine große Pizza „Gricia" mit Bacon (9,20 €), die ebenfalls sehr zu empfehlen ist. Begleitet wurden unsere Pizzen von einer 0,75 L-Flasche Wasser mit Sprudel. Da es nur leider, wohl auch wegen der vielen Gäste, recht lange dauerte, bis unsere Pizzen serviert wurden, mussten wir auf das Dessert verzichten, um trotz unseres Abendprogramms noch mit den öffentlichen Verkehrsmitteln zur Unterkunft zu kommen. Insgesamt zahlten wir 20 € und verließen „meine" Pizzeria um ca. 21:30 Uhr.

Nun schlenderten wir durch Trastevere in Richtung des Tibers. So bekamen wir auch einen kleinen Eindruck vom Nachtleben der Italiener. Am Tiber angelangt stiegen wir die Treppen zur Promenade hinab und bahnten uns bald unseren Weg durch das Getümmel vor den scheinbar fest installierten Ess- und Vergnügungshütten.

An einer Brücke stiegen wir eine Treppe wieder hinauf zur Straße, wo wir dann die nächste Straßenbahn bis „Venezia", der Endhaltestelle nahmen. Von dort aus ging es zu Fuß weiter.
Gegen 22:30 Uhr erreichten wir den „Fontana di Trevi". Dieser war zwar nicht so voll, wie ich ihn schon gesehen hatte, aber trotzdem hielten sich dort viele Menschen auf.
Nun war es nicht mehr weit zur „Spanischen Treppe", vor der wir nicht einmal zehn Minuten später standen. Neu für mich war, dass man extra einen Polizisten mit Trillerpfeife für die Treppe abstellte. Dieser sollte offiziell verhindern,

dass sich die Leute auf die Treppe setzten. Jeden Sitzenden, den er innerhalb von drei Stufen in seiner Nähe erreichen konnte, ermahnte er persönlich und forderte ihn zum Aufstehen auf. Allen anderen machte er durch einen inbrünstigen Pfiff in seine Pfeife ein Zeichen sich zu erheben. Uns schien er sogar mit seiner Pfeife zu ermahnen nicht stehenzubleiben. Gesetzt hatten wir uns auf jeden Fall nicht. Ein Stück weiter oben, nach einer Zwischenempore, saßen dann aber wieder alle und wurden von Rosenverteilern beehrt. Um circa 22:45 Uhr hatten wir das obere Treppenende erklommen.

Anschließend hatte ich mal wieder eine äußerst bescheuerte Idee. Auf meiner Karte sah es für mich so aus, als stünden wir fast direkt vor dem Villa Borghese Park. Also schlug ich vor sich diesen zumindest kurz einmal anzusehen. In der U-Bahnstation stand der Park sogar bereits an, weshalb wir durch den Park zur nächsten Metrostation laufen wollten. Wir wussten jedoch nicht, dass wir zuerst einmal gefühlt einen Kilometer mit einer flachen Rolltreppe und zu Fuß im U-Bahn-Schacht laufen mussten, bevor wir irgendwo an einem Rand des Parks wieder aus dem Untergrund kamen. Mal wieder lohnte sich meine Stirnleuchte. Es war einfach nur dunkel und aufgrund der Menschenleere ein wenig beängstigend. Das, was wir vom Park erkennen konnten, stellte sich auch nicht wirklich als schön heraus. An einer Kreuzung, die Zeit bis zur letzten Metro wurde auch langsam knapp, konnte ich nicht wirklich erkennen, in welche Richtung wir laufen mussten. Ich musste also mit meinem Tablet ein paar Meter in jede Richtung machen, um herauszufinden, wo es langging. In dieser Zeit schickte ich Johannes zu einem Trinkwasserbrunnen direkt an der Kreuzung, sodass er unsere Flasche erneut befüllen konnte. Schließlich fand ich die richtige Richtung, wir beeilten uns und erreichten so wohl die vorletzte Metro um 23:20 Uhr, die von der Station „Fiumico" losfuhr.

Ich erinnerte mich noch daran, dass ich in dieser wenig einladenden Gegend mit meiner Familie gestrandet war und erfolglos nach einem Lokal für das Mittagessen gesucht hatte. Damals landeten wir im Burger King, da es sonst weit und breit nichts gegeben zu haben schien.

Nachdem wir um ca. 23:30 Uhr an einer bisher ungetesteten, aber näher am Hostel gelegenen Metrostation ausgestiegen waren, machten wir uns auf die Suche nach einer geöffneten Eisdiele. Davor hatten wir vor lauter Stress ganz vergessen, uns ein Eis zu kaufen. Zu dieser späten Stunde wurden wir jedoch leider nicht mehr fündig, weshalb wir ohne Dessert in unser Zimmer zurückkehrten. In diesem befand sich übrigens seit diesem Tag eine stark erkältete, englischsprechende Reisende, die mir schräg gegenüber lag.

Bevor ich endgültig zu Bett ging, musste ich dem Verlobten meiner Cousine in Aachen, Sven, unbedingt noch eine Frage stellen. Er war kurz vor meiner Reise in Rom gewesen und hatte herausgefunden, dass sich österreichische und deutsche Staatsbürger unter bestimmten Umständen Zutritt zu den vatikanischen Gärten verschaffen konnten. Da dies nur an einem bestimmten Tor möglich war, ich dieses jedoch auf keinem Plan finden konnte, bat ich ihn um Mitternacht per WhatsApp mir noch zu erklären, wo sich der Eingang befände.

Nachdem diese Nachricht abgesendet war, konnte ich um 0:15 Uhr schlafen gehen.

Schlemmertag
26. Tag/ 12. Reisetag, Freitag, 02.08.

Mein Wecker klingelte mich diesmal um 7:30 Uhr wach. Zuerst musste mein Rucksack reisefertig gepackt werden. Bevor ich damit begann, versuchte ich Johannes, der noch tief und fest schlief, zu wecken. Meine ersten Bemühungen, ihn durch Ansprechen zu wecken, blieben jedoch erfolglos. Also startete ich, nachdem mein Rucksack gepackt war, einen neuen, robusteren und dadurch erfolgreicheren Weckversuch. Dadurch saßen wir bald darauf mit unseren Taschen beim Frühstück und hatten das Zimmer verlassen.

Für meinen Tee musste ich sowieso wieder vor Johannes gehen, sodass er noch genügend Zeit gehabt hatte, um sich fertig zu machen. Für das heutige Frühstück hatten wir zwar mehr oder weniger dasselbe wie am Vortag besorgt, aber dieses Mal die Füllung der Gebäckstücke variiert. So konnten wir uns genüsslich über eine neapolitanische „Muschel"rolle mit Nutellafüllung, ein Blätterteiggebäck mit Vanillecreme sowie über eine Profiterole mit Pistaziencreme hermachen.

Nach dem Frühstück und dem anschließenden Saubermachen erledigten wir rechtzeitig den Check-out und sperrten unser Gepäck in je ein Schließfach ein, die in einem extra Raum vom Hotel für je 2 € pro 12 Stunden zur Verfügung gestellt wurden.

Kurz nach 9:30 Uhr fuhren wir mit der Buslinie 64, die zur Piazza „San Pietro" fahren sollte. Wenige Minuten vor 10 Uhr stiegen wir einen Stopp vor der Endhaltestelle hinter dem Petersplatz aus. Diesen erreichten wir ziemlich schnell. Glücklicherweise hatte mir Sven noch in der Nacht geantwortet, sodass ich nun relativ sicher wusste, wohin wir laufen und wie wir uns verhalten mussten.

Tipp: Wer sich als Deutschsprachiger für die vatikanischen Gärten interessiert und diese gerne einmal sehen möchte, sollte sich den folgenden Abschnitt aufmerksam durchlesen.

Wir betraten den Arkadengang um den Petersplatz sozusagen von hinten aus der Piazza del Sant'uffizio kommend. Also auf der Seite des Ausgangs des Doms.
Aus unserer Sicht sollten wir dann nach links bis zur Toilette kurz hinter dem Ausgang gehen. Dann mussten wir unter dem Bogen wieder ein Stück gegen den Uhrzeigersinn (für einen vor dem Petersdom Stehenden) zurück in Richtung der Mitte des Bogens laufen. Allerdings nur bis zum ersten kleinen Häuschen mit Securitypersonal und einem Taschenscanner. Dort gilt es nach dem „Campo Santo Teutonico", einem Friedhof in den vatikanischen Gärten,

zu fragen. Man bittet dann beim Schweizer Gardisten auf Deutsch um den Einlass zu diesem: man wolle ihn besuchen.

Außerdem darf man den Ort nur bis 12 Uhr besichtigen und muss eben deutscher oder österreichischer Staatsbürger sein.

Was wir erst vom Security Personal erfuhren war, dass der Friedhof im August völlig geschlossen bleibt (genauso wie jeden Mittwoch und eventuell auch samstags). Wahrscheinlich wäre der Garten sonst von Touristen überflutet. Damit blieben wir bereits am Sicherheitspersonal hängen und mussten umplanen. Leider waren wir ein paar Tage zu spät dran.

Tipp: Nähere Informationen findet man u. a. auf folgenden Websites: http://www.camposanto.va/content/campo-santoteutonico/de/friedhof/oeffnungszeiten.html
https://herzanhirn.de/campo-santo-teutonico-im-vatikan/#Oeffnungszeiten_des_deutschen_Friedhofs
https://www.spiegel.de/reise/europa/vatikan-schleich-wege-in-den-garten-des-papstes-a-787359.html

Tipp: Für Reisende, die gerne sowohl die vatikanischen Museen als auch den Petersdom besichtigen würden, besonders interessant: Es ist schon schwer genug und mit viel Geduld verbunden, überhaupt in den Vatikan zu gelangen. Allerdings ist vorgesehen, dass man sich, sofern man nicht mit einer Gruppenführung unterwegs ist, zusätzlich für den Dom anstellen soll. Gerade als Alleinreisender ist es empfehlenswert, sich in der Sixtinischen Kapelle rechts zu halten und sich unauffällig einer der vielen Gruppenführungen anzuschließen bzw. den für sie vorgesehenen Durchgang zu benutzen und so vom Museumsrundgang direkten Zugang zum Dom zu erlangen.

Statt den vatikanischen Gärten schauten wir uns die Chiesa Nuova in fußläufiger Entfernung an.

Im Anschluss schlenderten wir über die Piazza Navona, einen schönen weiten Platz.

Weiter ging es zur Piazza Venezia, von wo aus wir mit der Tram nach Trastevere fuhren. Von dort aus überquerten wir die hübsche, kleine Tiberinsel. Am anderen Ufer bot es sich an, zur bekannten Bocca della Verità, die Lügnern laut der Legende die Hand abbeißen sollte, zu laufen. Uns genügte ein Blick von außen auf das Relief. Sich anstellen, um seine Hand einmal in den Mund zu stecken, dabei eine Lüge zu erzählen und so zu tun, als ob man furchtbare Angst um eben diese Hand hätte, schien uns absolut nicht lohnenswert.

Danach liefen wir am Circus Massimo entlang zur Metrostation und fuhren wie in der Nacht zuvor bis zur Station Castro Pretorio, wo wir um kurz vor 12 Uhr ausstiegen.

Von dort aus machten wir uns auf eine längere und nicht gerade von Entscheidungsfreude geprägte Suche nach einer Möglichkeit zum Mittagessen. Wir hofften ein Restaurant in der Nähe des Hotels zu finden, dass ein Mittagsmenü anbot und damit eine Mahlzeit zu erschwinglichen Preisen. Unentschlossen führte uns die Suche durch das Viertel. Immer wieder blieben wir stehen, prüften die Speisekarte, gingen dann aber doch bald weiter, da immer einer von uns beiden nicht wirklich überzeugt war. So kam es dazu, dass wir uns erst um ca. 12:15 Uhr, wir waren fast zurück am Hotel, für das Ristorante *Julie's* entschieden.

Dort wählte Johannes das Pizzamenü (Pizza + Drink, 10 €) und ich das Pastamenü (Pasta, Drink, Dessert; 14 €). Insgesamt war das Essen ganz in Ordnung und recht billig. Dafür gab es nur 08/15 Pizzen, die wohl eher nicht die Spezialitäten des Hauses waren. Meine Spaghetti Carbonara schmeckten durchaus gut und das „Sorbetto di Limona" im Glas (Dessert) war mal was Neues. Sicherlich nicht jedermanns Geschmack.

Was auch für den einen oder anderen interessant sein könnte, war das kostenlose WLAN im Lokal.

Weil wir nach dem Mittagessen noch genügend Zeit bis zur Abfahrt unseres Zuges hatten und Johannes kein Dessert in seinem Menü mit inbegriffen hatte, gönnten wir uns an der Eisdiele, die wir bereits in der ersten Nacht aufgesucht hatten (mit den „gewöhnlichen" Sorten), ein zusätzliches Eis: Geröstete Haselnuss und Stracciatella in der Waffel (2,50 €) für mich sowie, soweit ich mich recht erinnere, Mayaschokolade mit Waldbeeren für Johannes. Genüsslich schleckten wir unsere Kugeln auf einer Bank der Piazza dell'Indipendenza und genossen die verbliebene Zeit in der italienischen Hauptstadt.

Um für die Weiterreise ausreichend versorgt zu sein, besorgten wir ein letztes Mal zwei 1,5 L Flaschen Wasser (spritzig/medium) bei *Pam*.
Danach holten wir unser Gepäck aus dem Hotel und liefen in voller Montur zum Bahnhof. Uns blieb noch ein wenig Zeit, weshalb ich nun eine meiner Postkarten einwerfen wollte. Jetzt bemerkte ich, dass ich dazu einen speziellen GPS Briefkasten benötigte. Ich machte mich also auf die Suche. Es sollte schließlich machbar sein einen Briefkasten an einem wichtigen Hauptbahnhof zu finden. Doch weder sah ich lange Zeit einen, noch konnten mir Angestellte an einem Informationstresen beschreiben, wo ich den nächsten finden könne. Sie verstanden meiner Meinung nach nicht einmal, dass ich einen speziellen Briefkasten brauchte, denn sie meinten, ich solle mich am besten bei der Post erkundigen. Für ein Nummernziehen und langes Warten war jedoch keine Zeit mehr. Ich war sowieso schon ein bisschen spät dran. Folglich machte ich mich auf den nicht gerade kurzen Rückweg. Zum Glück entdeckte ich nach einer kleinen Shoppingmall einen unscheinbaren, gelben GPS Briefkasten. Dort wurde ich eine der beiden Briefmarken mit Postkarte los.

Endlich war ich wieder bei Johannes, der sicherlich bereits ein wenig ungeduldig geworden war. Unglücklicherweise mussten wir zu allem Überfluss sogar noch einen sehr langen Weg bis zum „Gleis 1 est" (über 300 m) bewältigen, bevor wir in den Regionalzug nach Florenz einsteigen konnten. Sonderlich voll schienen die Wägen nicht, sodass wir leicht Sitzplätze in einem der Abteile ergattern konnten. Bis die Bahn um 15:02 Uhr abfuhr begannen wir bereits zu schwitzen. Das Gleis lag voll in der Sonne und die Kühlung war, so hofften wir, noch nicht eingeschaltet, da der Zug noch nicht losgefahren war.

Doch auch während der Fahrt wurde es nicht angenehmer - im Gegenteil. Also versuchten wir uns möglichst wenig zu bewegen und lieber ein bisschen zu schlafen. Johannes war etwas vor mir weg, sodass ich noch wach saß, als eine freundliche Dame zur Ticketkontrolle zu uns kam. Zumindest ich konnte ihr meinen Interrailpass zeigen, den sie aber kaum begutachtete. Dass wir zusammen unterwegs waren, erkannte sie auch ohne Johannes Pass recht schnell, sodass sie ihn schlafen ließ und einfach weiter ging. Erst danach gelang es mir einzuschlafen.

Leider wachte ich völlig verschwitzt immer noch in einer extremen Hitze auf. In einer Postkarte, die ich während der Fahrt verfasste, schrieb ich, dass ich mich in einer „Sauna" befände. Und genauso fühlte ich mich auch - wie in der „Sauna Italiens" eingesperrt. Bei der Begutachtung unseres Abteils fiel mir auf, dass es sehr leer war. Wahrscheinlich fahren die Italiener nicht mit solchen unklimatisierten Zügen, vermutete ich. Später, als ich eines meiner Geräte laden wollte, stellte ich fest, dass nicht einmal die Steckdosen funktionierten.

Schließlich stattete unserem Abteil ein gut gelaunter und kein bisschen nassgeschwitzter Schaffner einen Besuch ab. Leider erst nach zweieinhalb Stunden, gut eine Stunde vor der planmäßigen Ankunft in Florenz. Er teilte uns nämlich endlich mit, dass alle anderen Wägen deutlich kühler seien und legte uns somit einen Waggonwechsel nahe. Die Chance auf eine Abkühlung ließen wir uns nicht entgehen und zogen schnellstmöglich in den nächsten Waggon um. Tatsächlich funktionierte hier nicht nur die Klimaanlage, was man sofort deutlich spürte, sondern auch der Strom für die Steckdosen. Sitzplätze waren glücklicherweise noch frei, selbst wenn dieses Abteil schon deutlich voller wirkte. Unsere logische Schlussfolgerung ergab, dass es im anderen Wagen zu einem Stromausfall gekommen sein musste, sodass der fehlende Strom Steckdosen und - besonders schwerwiegend - die Klimaanlage außer Gefecht gesetzt hatte.

Schlussendlich erreichten wir Florenz wieder deutlich abgekühlt, mit zehn Minuten Verspätung. Bis zum WoW Florence Hostel benötigten wir zwanzig Minuten. Dort angelangt checkten wir separat ein und bezogen anschließend unser Zimmer. Dieses teilten wir uns unter anderem mit zwei Kaliforniern und einer Australierin. Bald entwickelte sich ein nettes Gespräch, in das Johannes deutlich mehr eingebunden war als ich. Das störte mich jedoch auch nicht so sehr. Ich hörte die meiste Zeit zu, wodurch ich erfuhr, dass meine Übernachtungsmöglichkeit in Venedig laut den Amerikanern sehr zu empfehlen sei. Die Australierin machte so ziemlich das Gegenteil von uns Deutschen. Sie überließ ihre Reiseroute völlig dem Zufall, indem sie einfach nach und nach die billigsten Flixbusverbindungen buchte und auch vor Ort sehr spontan unterwegs war. Ich erfüllte natürlich perfekt das deutsche Cliché, alles bis zur Perfektion zu planen: Während sich die anderen unterhielten, nutzte ich die Zeit, um das Hostel und ein paar Sehenswürdigkeiten oder Lokale in den Stadtplan einzuzeichnen.

Wegen der längeren Unterhaltung begaben wir uns erst ab 20:30 Uhr auf die Suche nach etwas zu Essen. Gleichzeitig hielt ich Ausschau nach GPS Briefkästen. Laut Auskunft des Mannes an der Rezeption sollte es ganz in der Nähe einen geben, möglicherweise in einem Shop. Wir fanden jedenfalls keinen der gesuchten Briefkästen. Vielleicht hatte das Geschäft bereits geschlossen. Dasselbe Problem ergab sich auch für das Essen. Die Supermärkte hatten schon geschlossen oder boten nichts mehr, was wir hätten essen wollen.

Außerdem hatte ich bereits im Voraus herausgesucht, wo wir noch einmal eine warme Kleinigkeit essen könnten.

La Milkeria hatte ich zwar mit meiner Familie in den Pfingstferien nicht getestet, allerdings hatte der Laden damals beim Vorbeilaufen einen guten Eindruck hinterlassen. Zudem gab es in derselben Straße noch einige weitere Essensmöglichkeiten, die nicht sonderlich teuer waren.
Um kurz vor 21 Uhr trafen wir also bei *La Milkeria* ein. Johannes zeigte sich sofort von der Auswahl begeistert, weshalb wir eintraten. In schöner Atmosphäre gönnten wir uns ausnahmsweise eine zweite warme Mahlzeit an einem Tag. Wir bestellten einen Galette mit Käse und Schinken (7 €) sowie einen mit Speck statt des Schinkens. Dazu trank mein Freund einen Milchshake mit Joghurt Eis. Ich beließ es bei einem halben Liter stillen Wassers (1,20 €). Doch damit nicht genug, orderten wir noch einen zweiten Gang: Pancakes mit Crema Pasticcera sowie mit Nutella und Fior di Latte Eis (6 €). Die Pancakes übertrafen die ebenfalls vorzüglichen Galettes sogar noch einmal. Was für ein Gaumenschmaus, wenn auch nicht gerade billig.

Rundum zufrieden wählten wir unseren Rückweg so, dass wir über die Piazza del Duomo und die Piazza della Republica zum Hostel zurückkehrten. Dabei wurde Johannes mal wieder mehrfach gebeten, Fotos zu schießen. Ich legte ihm deshalb nahe, vielleicht einmal Geld dafür zu verlangen oder sich ein Schild umzuhängen: „Profifotograf: Pro Bild 50 Cent".
Natürlich knipsten wir selber auch noch ein paar Bilder im nächtlichen Florenz, das Johannes an ein kleines Moskau erinnerte.

Gegen 22:50 Uhr befanden wir uns schließlich wieder im Hostel, duschten und recherchierten noch eine Weile ohne große Erkenntnisse zu gewinnen. Endlich einmal etwas früher legten wir uns ab ca. 23:45 Uhr schlafen, selbst wenn ein älterer Mann erst später kam und uns dann noch ein wenig in unserem Schlaf störte.

Teures Florenz - 27. Tag, Samstag, 03.08.

Für uns begann der neue Tag mal wieder um 7:30 Uhr. Grund dafür war, dass wir die Gebäude rund um den Dom besichtigen wollten. Das Ticket Office öffnet um 8:15 Uhr und recht viel später wollten wir nicht dort sein. Also beeilten wir uns, unsere Zip-off Hosen anzuziehen, um auch in die Gebäude gelassen zu werden, und verließen das Hostel um 7:55 Uhr. Zur Sicherheit, falls wir sonst nichts mehr bekommen sollten, besorgten wir uns fast direkt neben dem Hostel zwei Gebäckstücke im Caffe Cavour (Bar/Pasticceria) für insgesamt 2,20 € - ein guter Preis.

Tipp: Wer in Italien unterwegs ist und auch ab und zu eine Kirche bzw. ein anderes Gotteshaus besuchen möchte, der sollte unbedingt eine Zip-off-Hose im Gepäck haben. Denn in Italien sind die Aufpasser am Eingang recht streng und achten darauf, dass die Knie und Schultern der Besucher bedeckt sind sowie dass keine Mützen getragen werden. Ist eines dieser Kriterien nicht erfüllt und auf die Schnelle nicht behebbar, ist es nicht unüblich, dass man selbst nach stundenlangem Warten kurzer Hand abgewiesen wird.
Allerdings ist es, wenn man nicht gerade im Winter in Italien unterwegs ist, sehr warm. Aus diesem Grund ist eine Zip-off-Hose sehr praktisch, denn nach dem Besuch kann man sich einfach der Hosenbeine entledigen und in kurzer Hose weiter herumlaufen.

Fast pünktlich, um ca. 8:20 Uhr, trafen wir beim Ticketverkauf ein. Tatsächlich war noch so gut wie niemand unterwegs, sodass wir direkt an der Reihe waren. Leider musste man, wollte man sich mehrere Sehenswürdigkeiten am Domplatz ansehen, ein teures Kombiticket ohne Ermäßigung für 17-Jährige kaufen. Dieses Ticket, dass theoretisch Einlass zum Baptisterium, zur Kuppel, zum Glockenturm, in das Museum, in den Dom und zur Krypta gewährte, entlockte jedem von uns 18 €. Umso ärgerlicher war es, dass man die Kuppel im Voraus extra reservieren muss. Das

hatte ich leider nicht gewusst und so waren die Besichtigungstermine schon ausverkauft. Eigentlich hätte mich die Kuppel nämlich sogar von allen Gebäuden am meisten interessiert. Dass das Kombiticket auch für den Folgetag galt, half uns auch nicht weiter.
Außerdem hatte prinzipiell jeder freien Eintritt zum Dom.

Damit wir das Ticket überhaupt nutzen konnten, besichtigten wir zuerst das gegenüber dem Kartenverkauf befindliche Baptisterium. Ausschlag dafür hatte gegeben, dass es bereits geöffnet und noch nichts los war. Leider wurde ein Teil der Decke gerade restauriert. Trotzdem bot sich einem besonders durch die Leere und Stille ein schöner Anblick.

Anschließend bestiegen wir den Glockenturm, der ein wenig die Kuppel ersetzen konnte, da er fast genauso hoch wie diese war. Damit hatten wir auch von hier eine tolle Aussicht. Außerdem war auch der Turm zum Zeitpunkt unserer Besteigung noch recht wenig besucht. Dadurch konnten wir relativ schnell die Wendeltreppe hinaufsteigen. Auf dem Rückweg hieß es dann doch das ein oder andere Mal warten, um den Gegenverkehr vorbeizulassen.

Als nächstes wollten wir ursprünglich den Dom besichtigen. Obwohl dieser erst um 10 Uhr öffnen sollte, hatte sich bereits um zehn nach neun eine sehr lange Schlange gebildet, an der wir uns erst einmal nicht anstellen wollten.

Vielleicht würde die Schlange ja noch ein wenig kürzer werden, wenn erst einmal die Leute eingelassen werden, so dachte ich. Definitiv sind die Öffnungszeiten des Doms eine Frechheit. Wenn mit die Hauptattraktion der Stadt erst um 10 Uhr öffnet und schon um 16:30 Uhr wieder schließt, sind die unverschämt langen Wartezeiten in der Sonne nur eine logische Konsequenz. Statt uns also anzustellen, verbrachten wir lieber eine Stunde von 9:20 Uhr an im Dommuseum, das sich als gar nicht mal so uninteressant wie erwartet herausstellte.

Nachdem wir das Museum wieder verlassen hatten, versuchten wir unser Glück erneut am Dom. Doch die Warteschlange war keines Wegs kürzer geworden. Im Gegenteil. Sie hatte sich sogar ungefähr verdoppelt. Nun schlängelte sie sich sogar bis in die Via dei Servi hinein.

Da wir zu einem frühen Mittagessen auf einen kleinen Markt gehen wollten, hatten wir keine Zeit, uns lange vor dem Dom anzustellen. Stattdessen unternahmen wir einen Spaziergang durch die Stadt. Zuerst zum Palazzo Strozzi, wo wir das kostenlose WLAN ausnutzten. Danach besuchten wir eine etwas versteckte Kirche (Chiesa di Santo Spirito), bevor wir von dort aus zum Palazzo Pitti liefen. Nachdem wir diesen von außen zu genügen bestaunt hatten, wechselten wir über die Ponte Vecchio wieder das Flussufer. Wer sein Geld loswerden will, sollte in der Gegend der Brücke einkaufen gehen oder einfach am Fuße der Brücke ein Eis kaufen. Eine Kugel Eis (Eis Piccolo) kostet dort unglaubliche 6 €. Damit dürfte es sich wohl um das teuerste Eis der Stadt handeln. Wenig später kamen wir an den Uffizien vorbei. Da es nicht so aussah, als ob sehr viele Leute in das berühmte Kunstmuseum gehen wollten, behielten wir die Uffizien als Option für den Nachmittag im Hinterkopf. Die Kirche Santa Maria della Croce lag als nächstes auf dem Weg. Bereits von außen wirkte sie sehr imposant. Doch auch aus zeitlichen Gründen entschieden wir uns gegen einen kostspieligen Besuch. In der Nähe des Marktes, der sich in einer generell billiger wirkenden Gegend befand, erledigte ich gleich meinen Mitbringseleinkauf. Bei einer Bäckerei, bei der meine Familie schon während der Pfingstferien leckere Cantuccini gekauft hatte, besorgte ich normale Mandelcantuccini und Schokocantuccini. Jeweils eines davon plante ich selbst zum Frühstück zu essen.

Rechtzeitig erreichten wir den Mercato Sant' Ambrogio, der theoretisch über WLAN verfügt. Auf dem Vorplatz wird regelmäßig bis 14 Uhr frisches, billiges Obst einer Vielzahl von Händlern verkauft. Ich besorgte mir zwei Nektarinen am ersten Stand am Eck, wenn man von der Stadt kommt. Doch nicht nur an diesem, sondern an eigentlich allen Ständen läuft der Kauf folgendermaßen ab: Zuerst signalisiert man dem Händler, dass man etwas kaufen möchte. Daraufhin erhält man eine Tüte und kann dann eine eigene Auswahl treffen. Hat man sich entschieden, gibt man die Tüte mit dem Obst oder Gemüse zurück. Sie wird gewogen und der Verkäufer verlangt den entsprechenden Preis. In meinem Fall mickrige 50 Cent.

Im Inneren der beschaulichen Markthalle hatte ich bereits in den Pfingstferien ausgemacht, wo wir ein kleines Mittagsmenü bekommen könnten. Dazu setzten wir uns zu *Da Rocco*, das in einem Reiseführer in den höchsten Tönen gelobt worden war.
Mit meiner Familie hatte ich mich damals für eine Art Bäckerei entschieden, welche aber auch warme Gerichte verkaufte, die in der Regel noch einmal für die Kunden erhitzt wurden. Dort herrschte ein großer Andrang, was aus unserer Sicht für Qualität sprechen sollte. Tatsächlich hatte alles gut geschmeckt. Dieses Mal war der Stand aber sowieso im Urlaub, weshalb an meiner Wahl nicht mehr gerüttelt wurde.
Bei *Da Rocco* stellte ich fest, dass die Gänge (Nudeln als Vorspeise, fleischiges Hauptgericht und Dessert) nicht so billig waren, wie ich erwartet/erhofft hatte. Deshalb begann ich im Gegensatz zu Johannes direkt mit einem Hauptgericht. Da mir die Übersetzung fehlte, bat ich die freundliche Bedienung mir zu erklären, um was es sich bei der

Spezialität handle. Statt einer Erklärung reichte sie mir eine Gabel des Gerichts. Nun wusste ich zwar, was „Trippa alla Fiorentina" bedeutet (Kutteln in Tomatensauce), da ich die Spezialität jedoch gar nicht mal so schlecht fand und wissentlich wohl nie mehr etwas derartiges bestellen würde, blieb ich bei meiner Wahl. Ein ganzer Teller davon schmeckte durchaus gewöhnungsbedürftig, war aber trotzdem essbar. Meine Lieblingsspeise wird es aber sicherlich auch nicht.

Johannes ging chronologischer vor. Er begann mit einer guten Lasagne Genovese (mit Pesto) und orderte als Hauptspeise, nach meinem Vorbild, die nächste uns nicht bekannte Spezialität. So blieb er gleichzeitig seinem Motto treu, regelmäßig das zu bestellen, was er nicht kannte. Das „Lampredotto" (Rindermagen mit Sauce) wäre mir, ehrlich gesagt, zu weit gegangen. Er aß allerdings artig auf, monierte lediglich bei mir, dass zu viel Sauce verwendet wurde. Diese schmecke wie die Sauce zu Schnecken aus Frankreich und sei nicht so sein Fall.

Allgemein fand ich die Portionen ziemlich klein. So war ich nach meinem Hauptgericht noch nicht gefüllt, weshalb ich zusätzlich „Pasta Amatriciana" (Speck & Tomate) bestellte, die mich ebenfalls nicht wirklich überzeugten, aber immerhin zusammen mit dem vorher verspeisten und dem Brot aus einem Brotkorb (1 €), den man uns hingestellt hatte, sättigte. Für alle Primi zahlte man den Einheitspreis von 5 €, für alle Secondi 6 €. Zusammen mit dem halben Liter Wasser und dem Brot (ob wir einen zweiten Brotkorb, den wir kein bisschen anrührten, bezahlen mussten, wissen wir nicht) kostete das Mittagessen insgesamt 25 €.

Nach dem Markt wollten wir einem Café, das laut Reiseführer eine tolle Atmosphäre im ehemaligen Gefängnis der Stadt bieten solle, einen Besuch abstatten. Dieser fiel jedoch kürzer als gedacht aus. Bei dem vermeintlichen Café handelte es sich eher um eine barähnliche Location, die sich wohl gut eignete, um sich einen schönen Abend zu machen und zu feiern.

Also machten wir uns schnell auf den Weg zu den Uffizien. Dabei kamen wir nun am Museo Bargello vorbei und überquerten den Platz vor dem schönen Palazzo Vecchio.

Nun standen wir erneut vor den Uffizien. Meine Recherchen hatten ergeben, dass wir mal wieder vom freien Eintritt profitieren dürften. Außerdem schienen wir kaum warten zu müssen, da sich um ca. 13:30 Uhr nur eine sehr kurze Warteschlange gebildet hatte. Da Johannes beides gar nicht glauben konnte, ließ er es sich bei einem Informationsstand bestätigen, bevor wir uns anstellten.

Leider bewiesen die Italiener mal wieder wie penibel sie sein konnten. Ins Museum darf man nämlich ausschließlich Halbliter-Flaschen mitnehmen. Wir hatten zwar in unseren zwei 1,5 L Flaschen bestimmt je weniger als einen halben Liter Flüssigkeit dabei, mussten diese aber trotzdem wegwerfen. Das Einzige, was uns noch blieb, war sie auszutrinken und dann zu entsorgen. Doch selbst das ging dem unfreundlichen Personal scheinbar zu langsam und es wies uns erneut darauf hin, dass wir die Flaschen entsorgen sollten. Also tranken wir schnell das restliche Wasser und den Rest der Limo aus und warfen unsere Flaschen sachgemäß in den extra dafür bereitgestellten Mülleimer.

Daraufhin wurden wir endlich zu den Ausstellungsräumen geschleust. Bis ca. 16:30 Uhr durchliefen wir schließlich die riesige Ausstellung, die sich über mehrere Etagen erstreckte. Mit mehr Interesse an dem Ausgestellten könnte man bestimmt einen ganzen Tag in den unzähligen Räumen und Gängen des Museums verbringen. Wir (besonders Johannes) setzten uns jedoch von Beginn an einen Schwerpunkt. So verbrachten wir den Großteil der Zeit damit die antiken Büsten in den langen Gängen zu bestaunen. Diese waren in der Regel unglaublich fein gearbeitet. Zwischendurch widmete ich mich auch der Architektur des Gebäudes oder genoss den Blick über die Stadt. Neben den Büsten stellte das Museum eine Vielzahl an Gemälden berühmter italienischer Künstler wie Da Vinci, Raffael und Michelangelo aus. An den meisten Bildern liefen wir aus Interesse-

und Zeitgründen recht schnell vorbei. Allerdings fehlte die Davidstatue Michelangelos, die in einem anderen Museum der Stadt, Academica genannt, untergebracht war.

Nachdem wir schlussendlich so gut wie alle Räume gesehen hatten, nutzte ich noch die kleine Post vor dem Ausgang, um mir eine Briefmarke für 1,15 € nach Deutschland zu besorgen. So schnell war ich bisher in keiner Post in Italien an der Reihe gewesen und erhielt auch ausnahmsweise wirklich eine Briefmarke. Sonst musste ich immer die Postkarte in der Post abgeben und sie wurde mit einem Strichcode anstelle der Briefmarke versendet.

Danach schlenderten wir in Richtung des Hostels. In einem Carrefour Express besorgten wir uns neues Wasser. Seltsamerweise zahlten wir 1 € für zweimal 1,5 Liter leicht sprudelndes Wasser, obwohl ich mir ziemlich sicher war, dass auf dem Preisschild stand, ein Liter koste 23 Cent. Verlockendes Gebäck gab es auch nicht, weshalb das Wasser hier unser einziger Einkauf blieb.

Dann lag die Academica auf unserem Weg. Doch um kurz vor 17 Uhr schien uns die Schlange noch zu lang, um sich für „David" anzustellen. Wir waren nicht einmal sicher, ob wir bis zum Einlassende um 18:20 Uhr an der Reihe gewesen wären und Zeit gehabt hätten, die Statue zu sehen.

Ein Stückchen weiter besorgten wir uns eine Kartoffelfocaccia und eine Zuckertasche für vier Euro beim Bäcker an einem Eck der Piazza San Marco. Da wir unseren Einkauf erst später essen wollten, verzichteten wir auf das übliche Erhitzen. Verwundert war ich etwas über die kleine Auswahl und den etwas mürrischen Verkäufer. Das erklärte sich mir aber bald darauf.

Ursprünglich dachte ich nämlich, es handle sich um einen hochgelobten Laden, den ich im Internet entdeckt hatte. Dummerweise bemerkte ich erst im Hostel, dass sich dieser („Pugi") auf der anderen Seite des Platzes befunden haben musste. Da war es aber bereits zu spät.

Zurück im Hostel informierte ich mich mal wieder ein bisschen über meine nächsten Ziele, bevor wir um 19:05 Uhr in Richtung Piazzale Michelangelo aufbrachen. Dort wollte ich Johannes eine leckere toskanische Spezialität, die ich während der Pfingstferien im ländlichen Teil der Toskana entdeckt hatte, probieren lassen. Der einzige Imbiss in Florenz, der laut Internet das sogenannte „Patatine Fritte" (oder auch „Pasta Fritta") auf der Karte hatte, hieß *Il Coccolo – Fritti e Cornetti*. Der Laden hatte sich auf Frittiertes spezialisiert und somit zumindest kleines Patatine Fritte auf der Karte. Die sechs recht kleinen, deshalb jedoch nicht weniger schmackhaften frittierten Weißbrote (?) kosteten drei Euro. Dazu fragte ich, ob es möglich sei, drei frittierte Salbeiblätter sowie zwei frittierte Polenta (in etwa Maisbrei) für 4 € zu bekommen. Leider war es nicht möglich, die angegebenen Mengen abzuändern, um beides zu probieren. Wir hätten lediglich jeweils die komplette Portion Salbei und Polenta bestellen können, was uns aber zu teuer war. Also machten wir uns nur mit der heißen Patatine Fritte auf den Weg und aßen diese während des weiteren Fußmarsches.

Bei der Ausarbeitung des Berichts stellte ich später noch fest, dass das kleine Lokal auch sehr verlockend aussehende Süßspeisen zu bieten gehabt hätte.

Da wir ja Michelangelos David noch nicht zu Gesicht bekommen hatten, ging es nun zum Sonnenuntergang auf einen Hügel. Kurz vor 20 Uhr hatten wir ihn erklommen. Dort befanden sich nicht nur sehr viele Menschen, die den Sonnenuntergang über der Stadt miterleben wollten, sondern auch eine etwas dreckige Davidstatue. Bis die Sonne langsam begann unterzugehen, vesperten wir unsere Focaccias auf einer Bank. Als es langsam soweit war, bemühten wir uns einen guten Platz an der Mauer zu ergattern. Johannes hatte dabei einen entscheidenden physischen Vorteil. Durch seine Größe konnte er einfach über die Menschen drüber schauen und so den Sonnenuntergang um ca. 20:30 Uhr problemlos miterleben. Nachdem dann alles vorbei war und sich die Leute auf den nach Hause Weg machten, genossen wir den Abend noch ein wenig auf dem Hügel und aßen als Dessert die Nektarinen vom Markt.

Kurz vor neun stiegen wir den Hügel wieder hinab. Zügig überquerten wir die Ponte Vecchio, denn parallel fand der deutsche Supercup zwischen dem BVB und meinen Bayern statt. Ich hoffte, zumindest die zweite Halbzeit irgendwie sehen zu können. Nachdem wir offensichtlich gut in der Zeit waren, genehmigten wir uns sogar noch ein Eis. Dafür wählten wir die Eisdiele *Carabé* in der Via Ricasoli aus, die ich ebenfalls in einem Reiseführer gefunden hatte. An ihr kamen wir ohnehin vorbei. Bemerkenswert, im Angebot befanden sich keine schokoladigen oder nussigen, sondern fast ausschließlich fruchtige Sorten bzw. Sorbets. Johannes bestellte Ricotta und Pflaume, ich „sizilianische Seele" und den „Früchtemix" in der Waffel. Zu meinen Sorten wurde ich sogar vom Verkäufer beglückwünscht und war wirklich begeistert. Daraufhin entwickelte sich sogar ein netter Plausch mit dem Verkäufer, der wissen wollte, woher wir

kamen und einige wenige Brocken Deutsch auspackte. Schlussendlich bezahlten wir für je zwei Kugeln preiswerte 2,50 € und verließen die Eisdiele. Leider stürzte fast sofort Johannes Eis ab, weshalb ihm nur noch wenig von seinen auch guten Sorten blieb. Grund für den Absturz war wahrscheinlich, dass die Sorten generell keine feste Konsistenz besaßen und ungünstig auf der Waffel platziert worden waren.

So kamen wir, Johannes ein bisschen zerknirscht, um ca. 21:40 Uhr in unserem Zimmer an. Dort bemühte ich mich vergeblich den Supercup zu streamen. Auf Sky wurde das Spiel nicht gezeigt, sonst hätte ich es über *Sky Go* sehen können. Beim *ZDF* Stream wurde mir nicht zum ersten Mal zum Verhängnis, dass ich mich nicht in Deutschland befand, sodass der Dienst nicht verfügbar war. Das einzige, was mir blieb, war das Prestigeduell über das Internetradio *Tunnel Radio* und die *Kicker* Kommentare zu verfolgen. So musste ich mit gelegentlichen Einblendungen die 0:2 Niederlage mitanhören.

Im Anschluss an eine weitere Recherche in Vorbereitung auf die letzten Reisetage konnte ich zum Glück ein wenig früher als sonst, ab zwanzig vor zwölf schlafen.

Venedig zum Sparpreis
28. Tag/ 13. Reisetag, Sonntag, 04.08.

Der nächste Tag begann nämlich bereits mit meinem Wecker um 6:15 Uhr. Schon beim Aufstehen bemerkte ich ein unangenehmes Halskratzen, was mich jetzt erst einmal nicht aufhalten durfte. Denn um 6:40 Uhr musste ich auschecken und bis um sieben Uhr zum Hauptbahnhof Santa Maria Novella (Firenze S.M.N.) laufen.

Erst wurde noch nicht einmal ein Gleis für meinen Zug um 7:17 Uhr angezeigt. Dann musste ich erstaunt feststellen, dass der Zug entgegen der allgemeinen Fahrplaninformation heute von einem anderen Bahnsteig abfuhr. Dass der

Bahnhof etwas unübersichtlich und teils sogar chaotisch ist, wusste ich noch aus den Pfingstferien, weshalb mich die kurzfristige Änderung nicht sonderlich erstaunte. Am Einlass zu den Gleisen zeigte ich meinen Interrailpass vor und suchte mir einen freien Platz im Zug. Erstaunlicherweise war dieser stark heruntergekühlt (so wie viele deutsche ICEs). Dadurch war mir eigentlich die ganze Fahrt über kalt. Nicht unbedingt förderlich, wenn der Hals sowieso schon kratzt. Warum ich mir nicht die Mühe machte meine Jacke aus dem Rucksack zu holen, weiß ich gar nicht mehr. Vielleicht, weil ich sie weit unten in meiner Tasche ziemlich gut verstaut hatte und der Rucksack sehr voll war.

Zu Beginn der Fahrt nahm ich mein Frühstück ein. Dieses bestand aus den zwei verschiedenen Cantuccini, der Zuckertasche und einer Nutella Tarte. Gesättigt probierte ich danach eine dreiviertel Stunde zu schlafen, was mir möglicherweise auch kältebedingt nicht so richtig gelingen wollte. So verbrachte ich die Fahrt bis nach Bologna mehr oder minder im Halbschlaf.

Dort musste ich einmal umsteigen, um ohne kostspielige Reservierung nach Venedig zu gelangen. Nach dem langen Fußmarsch vom weit vor dem Bahnhofsgebäude endenden Gleis ersparte man den Wartenden zumindest eine lange Wartezeit. Der Zug nach Venedig stand nämlich schon eine halbe Stunde vor der geplanten Abfahrt am Gleis bereit. Obwohl es erst ein wenig unklar war, ob der Zug tatsächlich nach Venedig fahren würde, stiegen die meisten, darunter auch ich, nach einer kurzen Nachfrage beim Schaffner in den Zug ein. Dadurch ergab sich nur eine kurze Wartezeit vor dem Zug und man konnte sich bereits bequem in ihn hineinsetzen.

Pünktlich fuhr die Bahn schließlich ab. Dieses Mal gelang es mir eine Zeit lang zu schlafen. Glücklicherweise wachte ich bis zur Fahrkartenkontrolle aber wieder auf. Doch wahrscheinlich hätte man mich sogar schlafen lassen, so halbherzig wie kurz ein Blick auf das Ticket geworfen wurde. Einen Halt vor der Endstation, „Venedig Santa

Lucia", endete meine Zugfahrt vorerst am Bahnhof „Venedig Mestre" - dem Bahnhof Venedigs, der sich noch auf dem Festland befand.

Von dort aus erreichte ich schnell das bahnhofsnahe *Wombat's City Hostel*, wo ich mein Gepäck abgeben konnte, um so früh wie möglich in das eigentliche Venedig auf einer Insel zu kommen. Einchecken musste ich später.

Tipp: Die Hostels der *Wombat's* Kette scheinen mir allgemein gut gelegen zu sein. Meist befinden sie sich in der Nähe eines Bahnhofs, was sie für Interrailer sehr interessant machen dürfte.
In Wien lag das dortige Hostel direkt am Naschmarkt und somit nicht weit von der Innenstadt bzw. einigen Sehenswürdigkeiten der Stadt entfernt. Dafür, meine ich, sind von dort aus die Bahnhöfe ein Stück weiter entfernt.

Da ich recht gut in der Zeit lag und eher früh dran war, wollte ich möglichst billig, noch außerhalb des touristisierten Venedigs, im Vorstadtbezirk „Mestre" Mittagessen gehen. Auf dem Weg zum Bahnhof befand sich *Pizza & Risto Da Michele*, eine ansprechende und laut Hostelrezeption beliebte Pizzeria. Um kurz vor zwölf bestellte ich mir eine Calzone (9,50 €), mitunter meine Lieblingspizza. Diese übertraf meine Erwartungen.
Eigentlich mag ich keinen Rucola, doch in diesem Fall machte er sich sehr gut als Beilage. Das lag sicherlich daran, dass die Pizza mit Champignons, Oregano, Käse sowie Prosciutto Cotto und scharfer Salami (salame ventricina piccante) gefüllt war. Der Rucola nahm dem Ganzen nämlich ein bisschen die Schärfe und sorgte für mehr Geschmack. Insgesamt muss ich zugeben: Eine der leckersten Calzoni, die ich je gegessen habe.
Zur Pizza bestellte ich im Hinblick auf meinen Hals 0,33 L Lemon Ice Tea (3 €).

Während ich noch auf mein Essen gewartet hatte, war es mir gelungen, mich mit dem von der Pizzeria kostenlos zur Verfügung gestellten WLAN zu verbinden. Das nutzte ich aus, um mich lange, auch noch nach und sogar während des Essens mit meinen Eltern auszutauschen, was ich anschauen sollte und besonders wo und wie ich mir welches Ticket für den „Nahverkehr" in Venedig besorgen sollte. Besonders nach dem Essen wurde ich fast wahnsinnig, weil ich eigentlich längst hätte losfahren wollen, um in das Gotteshaus Venedigs zu gelangen. Ich befürchtete nämlich ähnlich lange Wartezeiten wie in Florenz. Da es Sonntag war, machte der Dom allgemein erst später auf und hatte gar nicht so lange geöffnet. Was das für den Andrang zu bedeuten hatte, wusste ich nicht. Ich vermutete, man müsste länger warten als an anderen Tagen, wenn man nicht rechtzeitig dort war. Ich war aber eben noch nicht dort, sondern in der Pizzeria und diskutierte per WhatsApp mit meinen Eltern. Schließlich kaufte ich online ein 24 Stunden Vollzahler Ticket für den öffentlichen Nahverkehr in Venedig, also im Wesentlichen für die Vaporettos. Das Ticket musste ich mir jedoch noch an einem Automaten ausdrucken lassen. Dafür erhielt ich einen QR-Code und einen Code zum Eintippen.

Endlich konnte ich mich um die Rechnung für das Essen kümmern. Für alles zusammen bezahlte ich, bevor ich das Lokal deutlich später als geplant verließ, 14 Euro. Für das, was ich bekommen hatte, ein guter Preis. Interessant ist noch, dass man für eine Kartenzahlung mit seiner Rechnung zum Tresen gehen muss, um dort abzurechnen.

Gestresst machte ich mich auf den Weg zum Bahnhof und hielt dabei Ausschau nach Ticketautomaten. Nach kurzer vergeblicher Suche entdeckte ich einen Informationsschalter, an dem man scheinbar Tickets kaufen konnte. Als ich an der Reihe war, erklärte man mir, dass es einen Automaten bei der großen Bushaltestelle vor dem Bahnhof gäbe. Doch auch dort wurde ich nicht fündig. Also fragte ich im Bahnhof an einem Zugticketschalter erneut nach. Ich bekam eine ähnliche Auskunft. Deshalb begab ich mich dieses Mal auf die Mittelinsel der Straße, auf der sich die Wartehäuschen befanden. Und tatsächlich stand im Inneren des äußersten Häuschens ein Fahrkartenautomat, der mir meine Fahrkarte ausspuckte.

Mit dem Ticket im Gepäck nutzte ich meinen Interrailpass, um mit dem Zug um 13:20 Uhr nach Venedig Santa Lucia zu fahren.

In zehn Minuten hatte ich die Endhaltestelle erreicht und konnte von dort aus ein Vaporetto (Personenboot) bis zum Markusplatz nehmen.

Nachdem ich den Platz erreicht und überquert hatte, stellte ich mich sofort in der Warteschlange vor dem Dom an. Diese war erstaunlicherweise deutlich kürzer als noch in Florenz, sodass ich nach gefühlsmäßig 20 Minuten Wartezeit ins Innere gelangte.

Tipp: Auch am Markusdom herrschten strenge Einlassbeschränkungen. Neben der üblichen Kleiderordnung durften hier zusätzlich keine größeren Taschen mitgeführt werden. Hat man doch einmal welche dabei, so gibt es die Möglichkeit, seine Sachen auf der linken

Domseite kostenlos an einer Gepäckabgabe aufbewahren zu lassen. Allerdings sollte man zuerst sämtliches Gepäck abgeben und sich erst danach am Einlass anstellen. Ansonsten ist es gut möglich, dass man bei der Eingangskontrolle abgewiesen wird, seine Taschen abgeben und sich dann noch einmal neu anstellen muss.

An sich musste man keinen Eintritt für die Dombesichtigung zahlen. Will man jedoch alles sehen, muss man doch ein bisschen in den Geldbeutel greifen. Ich zahlte beispielsweise als Ermäßigter einen Euro, um mir das durchaus beeindruckende Goldgemälde hinter dem Altar anzusehen sowie 2,50 € Museumseintritt. Das Museum bot von der Terrasse aus einen guten Blick über den Markusplatz. Innen gab es goldene Pferde, die ursprünglich außen gestanden hatten, sowie einige Mosaike zu bestaunen. Nebenbei konnte man von oben in den Dominnenraum schauen. Ich muss jedoch sagen, dass man sich den Museumsbesuch eigentlich schenken kann. Ich hatte eigentlich nur auf einen guten Blick gehofft, doch dadurch, dass die Terrasse einerseits sehr voll war und andererseits ziemlich tief liegt, war der sich bietende Blick nicht sonderlich beeindruckend. Für eine gute Sicht gibt es eine deutlich sinnvollere Alternative.

Diese Alternative ist der Markusturm. Im Internet schienen die Tickets zwar bereits ausverkauft und ich wollte nach dem ernüchternden Museumsbesuch ehrlich gesagt nicht schon wieder Geld in den Sand setzen, doch da ich vor dem Turm keine Masse wartender Menschen entdecken konnte, näherte ich mich trotzdem dem Kartenverkauf am Eingang. Auch dort war überhaupt nichts los. Zudem warf ich einen Blick auf die Eintrittspreise. Diese machten meine völlige Verblüffung perfekt. Entgegen der online Tickets für zwölf kostete mich der Besuch nur magere vier Euro. Kurzer Hand schlug ich zu. Ohne Probleme erhielt ich das billige Ticket und konnte einfach mit dem Aufzug nach oben fahren. Von dort aus bot sich mir endlich der tolle Blick, den ich mir erhofft hatte. Diese vier Euro hatten sich wirklich gelohnt.

Anschließend wollte ich mir noch eine, von außen sehr interessant aussehende, Kirche auf einer der innerstädtischen Inseln ansehen. Dazu suchte ich eine ganze Weile nach einer Möglichkeit die Kanäle zu überqueren. Auf einer der unzähligen Brücken meldete sich unglücklicherweise mein Bauch und verlangte möglichst bald nach einer Toilette, um sich zu erleichtern. Damit stand mein nächstes Ziel fest. Leider befand sich in unmittelbarer Nähe kein WC. Deshalb musste ich mich in Richtung Gallerie dell' Accademia quälen. Direkt vor dem Museum gab es eine kostenpflichtige Toilette (1,50 €). Da ich mich jedoch sowieso schon vor dem Kunstmuseum befand, entschied ich mir das Geld zu sparen und lieber im Museum kostenlos aufs Klo zu gehen. Prinzipiell ging der Plan auch auf, denn wie erwartet erhielt ich freien Eintritt. Damit es nicht ganz so dumm aussah und weil der Drang wieder ein wenig nachgelassen hatte, lief ich zuerst schnell durch etliche Ausstellungsräume, bevor ich mich endlich erleichtern konnte. Auch danach widmete ich mich kurz den verbliebenen Räumen. Mein Geschmack war die ausgestellte Kunst (viele alte Gemälde) jedoch nicht. Vielleicht ist das Museum, das gerade umgebaut wurde und deshalb nur teilweise geöffnet war, etwas für echte Kunstfans. Am Ende verbrachte ich eine Stunde, bis 17:30 Uhr, im Museum, was meine Zeitplanung ein wenig durcheinanderbrachte.

Denn bis ich endlich vor meinem ursprünglichen Ziel, der Basilica di Santa Maria delle Salute, stand, hatte diese bereits geschlossen. Bis 17:30 Uhr hätte ich sie besuchen können. Bekanntlich befand ich mich zu dieser Zeit noch anderswo. Damit blieb mir nur mit der nächsten Vaporetto Linie 1 zum Lido zu fahren. Dort nahm ich mir die Zeit für einen Spaziergang zum Strand. Da das nicht gerade der kürzeste Weg war und mich meine Erkältung zusätzlich schlauchte, entschied ich von dort mit dem Bus zum Hafen zurückzufahren. Doch mit der Idee war ich nicht alleine. Etliche Badegäste drängten sich mit mir in den vollen Bus. Um den wenig spektakulären Lido wieder hinter mir zu lassen, nahm ich die Vaporetto Linie 2. Da mir noch ein paar Sehenswürdigkeiten Venedigs fehlten, stieg ich am Halt „Rialto" aus. Dort überquerte ich die steile Rialto-Brücke und gelangte in das Marktviertel, in dem ich sogar noch eine extrem günstige Eisdiele entdeckte. Für zwei Euro erhielt ich eine Kugel Nutella und eine Kugel Crema Caramella in einer Waffel. Es hätte sogar noch mehr interessante Sorten wie etwa Ferrero Rocher gegeben. Als ich vor lauter Kanälen und Häusern nicht mehr weiterkam, suchte ich die nächste Anlegestelle und fuhr mit dem Vaporetto 1 von „Rialto Mercato" bis „S. Marcuolo-Casino", von wo aus ich noch einen kurzen Streifzug durch das jüdische Viertel anschloss. Tatsächlich wurde in dem urigen Viertel die jüdische Kultur noch ganz offen gelebt. Einmal fragten mich zwei junge Männer mit langem Umhang und Kippa sogar, ob ich auch Jude sei.

Dann beeilte ich mich zum Bahnhof zu kommen, denn ich wollte in Mestre in einem der beiden großen Supermärkte, die laut Google bis 21 bzw. 22 Uhr geöffnet haben sollten, noch etwas zum Abendessen und für den nächsten Tag besorgen. Leider war ich zu langsam, kam erst um 20:15 Uhr am Bahnhof an und verpasste meinen Zug um drei Minuten. Doppelt ärgerlich wurde es, als ich feststellen musste, dass ich damit auch noch das einzige Loch im Fahrplan erwischt hatte. Dadurch konnte ich erst um 20:50 Uhr zurückfahren. Dass ich es auch mit einem Bus versuchen hätte können, fiel mir erst zu spät ein und war mir auch etwas unsicher. Also blieb mir nur zu warten und ein wenig vor der geplanten Abfahrt in den Zug zu steigen.

Um 21:02 Uhr kam ich dann endlich in Mestre an, musste aber noch zu den fast nebeneinander liegenden Supermärkten laufen. Dort hatte ich schon wieder Pech. Der *Interspar*, vor dem ich nun stand, hatte gerade um 21 Uhr die Ladentüren geschlossen. Mir blieb nichts anderes übrig als mein Glück beim nahe gelegenen *Pam* zu suchen. Dieser hatte jedoch sogar schon seit 20 Uhr geschlossen. Da verlässt man sich einmal auf Google und dann steht man ohne Abendessen da! Natürlich hätte ich in der entgegengesetzten Richtung bei einem Schnellimbiss am Bahnhof probieren können etwas Warmes zu bekommen. Da ich allerdings nicht mehr so viel Geld ausgeben wollte und ich auch wegen meiner Erkältung ziemlich erschöpft war, kehrte ich direkt zum Hostel zurück und erledigte den Check-in. In das Bild des Abends passend lief ich mit meinem Gepäck ins vierte Stockwerk, um mein Zimmer zu beziehen. Die Chipkarte öffnete aber zu meinem Entsetzen nicht die Tür zum Stockwerk. Also musste ich wieder nach unten laufen, mein Problem schildern und einen erneuten, diesmal erfolgreichen, Anlauf starten das Zimmer und überhaupt erst das Stockwerk zu betreten.

Als ich mich kurz eingerichtet hatte, konnte ich mir Gedanken über mein Abendessen machen. Sicherlich auch meinem gesundheitlichen Zustand geschuldet, hatte ich gar nicht so viel Hunger. Deshalb entschloss ich mich, meine verbliebenen Vorräte ein wenig zu plündern. Dazu begab ich mich zur hosteleigenen Bar, wo ich meinen Gutschein für ein Willkommensgetränk, den ich zum Check-In erhalten hatte, gegen 0,2 L Orangensaft eintauschte. Dazu genehmigte ich mir noch zwei neapolitanische Kringel. Die Übrigen wollte ich meiner Familie als Mitbringsel aufheben. Dazu aß ich noch eine übrig gebliebene Nektarine und ein paar Gummibärchen. Wahrscheinlich hätte ich sogar eine kleine Mahlzeit an der Bar ordern können, doch konnte ich nirgends eine Speisekarte oder eine andere Auflistung entdecken.

Ein wenig informierte ich mich anschließend noch darüber, was ich mir in Wien ansehen sollte, könnte bzw. wollte. Erschöpft konnte ich dann ab ca. 23:50 Uhr schlafen.

Unfreiwillig alleine
29. Tag/ 14. Reisetag, Montag, 05.08.

Der nächste Tag begann mit meinem Wecker bereits um 7:22 Uhr. Ein Grund dafür war, dass ich mir mein Frühstück noch besorgen musste. Der andere, dass ich mir anschließend noch kurz das Stadtzentrum Mestres ansehen wollte und rechtzeitig auschecken musste, um den reservierten Zug zu erwischen.

Also begann ich schnell alles einzupacken, damit ich nach meiner Rückkehr sofort aufbrechen könnte. Noch bevor ich aufbrach, machte ich mir in der sehr geräumigen und auf den ersten Blick gut ausgestatteten Küche einen Tee. Während ich darauf wartete, dass dieser trinkbar wurde, tauschte ich mich mit Johannes aus, ob bei ihm alles glatt gelaufen war. Ich erfuhr, dass das natürlich nicht der Fall gewesen war: Da seine Reservierung für den Zug nach Venedig in Rom aus unerklärlichen Gründen für den zweiten August ausgestellt worden war, er das jedoch im Gegensatz zu den Kontrolleuren vor dem Bahnsteig noch nicht bemerkt hatte, kam er ein wenig in Bredouille. Glücklicherweise war er rechtzeitig dran, sodass er noch handeln konnte. Doch das ging ziemlich ins Geld. Nachdem er schon um Viertel nach sieben losfahren musste, waren die Schalter noch nicht besetzt. Demzufolge musste sich Johannes ein komplett neues Ticket ohne Interrailrabatt, aber mit Reservierung an einem der Automaten kaufen, um den Zug nehmen zu können. Diese Informationen konnte er mir immerhin dank des WLANs im Zug mitteilen.

Ich brach um ca. 8:20 Uhr auf und besorgte mir bei *Inter-spar* und *Pam* mein Frühstück und das Trinken für den Tag, wobei ich sicherheitshalber extra Flaschen für Johannes besorgte. Ich wollte ihn schließlich nicht anstecken und wusste nicht, ob er sich hatte eindecken können.

Bereits gut beladen machte ich mich noch auf den Weg in Richtung des Zentrums. Bei meiner Zeitplanung hatte ich dummerweise viel zu wenig Zeit für das Einkaufen eingerechnet, sodass ich um ca. 9:10 Uhr umkehren musste ohne die Innenstadt erreicht zu haben. Da ich mich nicht zu sehr überanstrengen wollte, die Zeit langsam knapp wurde und meine Fahrkarte für den Nahverkehr noch galt, fuhr ich eine Station mit einem vollen Bus. Denn bei *Interspar* musste ich wieder aussteigen. Ich hatte nämlich nicht so viel mit mir herumtragen wollen, weshalb ich noch nichts für das geplante gemeinsame Mittagessen mit Johannes im Zug besorgt hatte und das nun noch schnell erledigen musste. Außerdem sollte ich bis 10 Uhr ausgecheckt haben und kurz nach zehn am Bahnhof stehen, um den Zug, für den ich auch Johannes Reservierung hatte, zu erwischen.

Nach einem hektischen Fußmarsch zum Hostel kam ich dort um ca. 9:40 Uhr an. Natürlich funktionierte nun die Chipkarte wieder nicht und ich musste zurück zur Rezeption, an der bereits reger Betrieb herrschte. Zusätzlich zu meinem Gepäck und dem Proviant, hatte ich auch noch die Bettwäsche nach unten zu bringen, was mich wiederrum ein bisschen aufhielt. Zu allem Überfluss mussten ich und etliche andere anschließend vor der Rezeption Schlange stehen, bevor ich endlich um ca. 9:50 Uhr auschecken und mich schleunigst auf den Weg zum Bahnhof machen konnte.

Am Bahnsteig hatte ich noch ein bisschen Zeit, um kurz umpacken zu können und so einen Teil meiner Einkäufe zu verstauen. Dann fiel mir ein, dass man die italienische Reservierung auch noch entwerten musste. Also spurtete ich die Treppe zum Bahnsteig wieder hinunter und fand zum

Glück sofort eine rot-grün-weiße Stempelmaschine, an der ich die Reservierung entwerten konnte.

Tipp: Solltet man einmal Reservierungen in Italien benötigten und kauft sich die Karte, sollte man immer überprüfen oder am besten nachfragen, ob die Reservierung vor Fahrtantritt an einem der meist in ausreichender Zahl am Bahnhof vorhandenen Stempelautomaten entwertet werden muss. So erspart man sich möglicherweise unnötigen Ärger, selbst wenn die Italiener sehr selten Fahrkarten im Zug kontrollieren.

Wieder am Bahnsteig war der Zug immer noch nicht eingetroffen, sodass ich mich nach Johannes umsehen konnte. Doch obwohl ich den Bahnsteig fast einmal komplett ablief, konnte ich ihn nirgends entdecken, sodass mir nichts anderes übrigblieb, als in den Zug einzusteigen und zu hoffen, dass ich ihn innen treffen würde. Noch während ich einstieg holte ich mein Handy aus dem Rucksack, um Johannes anrufen zu können und zu fragen, wo er denn sei. Kaum hatte ich es angeschaltet, erkannte ich, dass es keine gute Idee gewesen war, dass Handy in der Hektik in der oberen Tasche meines Rucksacks zu lassen. Mir wurden sieben verpasste Anrufe angezeigt. Alle stammten von Johannes. Also rief ich ihn sofort an. Zuerst verstand ich gar nicht so recht was passiert war und welche Folgen das nach sich zog, doch je häufiger Johannes wiederholte, was er mir mitteilte, desto mehr verstand ich: Er war mit dem Zug aus Florenz nicht nur bis „Venedig Mestre", sondern bis nach „Venedig Santa Lucia" gefahren und dort ausgestiegen. Dass es sich dabei nicht um den für das Treffen vorgesehenen Bahnhof Venedigs handelte, hatte er nicht erkannt. Wohl aber, dass auch von Santa Lucia aus ein Zug nach Wien abfuhr - allerdings vor der Zeit, die ich ihm genannt hatte. Nachdem er sich nicht hatte vorstellen können, dass Abfahrtszeiten vorverlegt werden könnten, versuchte er mich knappe zehn Minuten vor der Abfahrt des dort bereitstehenden Zuges zu erreichen und nachzufragen. Zu dieser Zeit musste ich aber gerade beim Check-out oder auf dem

Weg zum Bahnhof gewesen sein und hatte mein Handy nicht gehört. Da er ja selbst keine Reservierung besaß und ihm das ganze etwas seltsam vorkam, war er unglücklicherweise nicht eingestiegen und stand somit noch am Bahnhof in Venedig, während ich schon im gerade abfahrenden Zug saß. Zu Beginn dachte ich, alles wäre halb so schlimm, weil der Zug von Mestre nach Santa Lucia und von dort aus weiterfahren würde. Doch er kam gerade aus Venedig Santa Lucia, weshalb auch dort eine frühere Abfahrtszeit angegeben wurde. Somit blieb Johannes nichts anderes übrig als sechs Stunden auf den nächsten Direktzug in Venedig zu warten. Zusätzlich musste er sich auch noch die nächste teure Zugreservierung kaufen und würde erst nach 23 Uhr in Wien ankommen.

Für mich hatte das Missverständnis weit weniger schwere Folgen. Ich musste lediglich einem leicht verwirrten österreichischen Fahrkartenkontrolleur erklären, warum ich zwei Sitzplatzreservierungen besaß, auf dem Sitz neben mir jedoch lediglich mein Rucksack Platz genommen hatte. Natürlich war das auch kein gutes Gefühl alleine im Zug zu sitzen und zu wissen, dass wir auch zu zweit hätten sein können, wenn ich mein Handy bei mir gehabt hätte.

So verbrachte ich also die etwa siebenstündige Zugfahrt alleine. Einige Zeit konnte ich damit verbringen dank des zwar vorhandenen, aber teils sehr langsamen Zug-WLANs zu recherchieren, was und wann wir in Wien sehen und essen wollten. Ausnahmsweise nahm ich mir sogar einmal Zeit einfach ein bisschen aus dem Fenster zu schauen. So bemerkte ich die teilweise sehenswert schöne Berglandschaft durch die mich die Strecke führte. Nicht nur die Landschaft an der wir vorbeifuhren war meist sehr schön. Auch die Toiletten zählten durch ein Alpenpanorama im Zug zu den mit Abstand optisch ansprechendsten der gesamten Reise. Dafür fehlte das Klopapier. Man kann einfach nicht alles haben.

Nachdem ich festgestellt hatte, dass die Wiener Jugendherberge, die wir ausgewählt hatten, nicht so schnell mit der

Bahn von der Endhaltestelle des Zuges, dem Wiener Hauptbahnhof, aus erreichbar sein dürfte, stieg ich bereits in Wien Meidling aus. Von dort aus nahm ich die im Interrailpass enthaltene S-Bahn bis Hütteldorf, von wo aus ich schließlich weiter zum Westbahnhof fuhr. Vom Hauptbahnhof schien es keine schnellere Verbindung zum Westbahnhof zu geben.

Bemerkenswert fand ich, wie locker und entspannt die Wiener wirkten. Niemand rannte hektisch zu seinem Bahnsteig oder beschwerte sich lautstark über irgendwelche Verspätungen. Stattdessen schienen alle unglaublich entspannt und gelassen unterwegs zu sein.

Vom Westbahnhof lief ich dann noch gute 20 Minuten zu Fuß bis zur Jugendherberge und meldete mich bei einem etwas unfreundlichen, wohl auch weil gestressten, Wiener an. Da er parallel mit einem Mexikaner beschäftigt war, bemerkte er erst gar nicht, dass er mit mir nicht Englisch reden musste, obwohl ich ihn auf Deutsch anredete. Als er es dann am Pass erkannte, besserte sich seine Laune auch nicht wirklich und er beschwerte sich ein wenig, warum ich ihn nicht darauf hingewiesen hätte. Immerhin stattete er mich reichlich mit Stadtplänen aus und konnte mir beschreiben, wie ich zu meinem Zimmer käme. Dieses lag nämlich in einem extra Gebäude, links um die nächste Straßenecke, das man über einen kleinen Hof betreten musste.

Nachdem ich mich dort eingerichtet und das mir zugewiesene Bett bezogen hatte, konnte ich mich ab ca. 19:30 Uhr auf die Suche nach einem Lokal zum Essen machen. Unglücklicherweise begann es, unmittelbar nachdem ich die Jugendherberge verlassen hatte, zu regnen. Ich hatte meine Regenjacke natürlich im Zimmer vergessen. Trotzdem steuerte ich zuerst die *Knödelmanufaktur* an. Diese sollte bis 20 Uhr geöffnet haben, weshalb ich mich etwas beeilen musste. Um 19:50 Uhr fand ich dann den Laden. Allerdings war das Personal schon beim Saubermachen, sodass ich nur noch unter den übrig gebliebenen Knödeln zum Mitnehmen auswählen konnte. Ich entscheid mich spontan für einen der kleinen Knödel mit Nougat und einen Marillenknödel für 5,60 €. Diese waren zwar nicht schlecht, aber besser als Nachtisch als als Abendessen geeignet. Dafür, dass sie recht wenig füllend waren, fand ich sie leider fast ein wenig überteuert. Also suchte ich die nächste *Tripadvisor* Empfehlung, *Nguyens Pho*, auf, die sich nicht weit von der Jugendherberge befand. Allerdings hatte der erste Eindruck auf dem Hinweg nicht getäuscht: Das Lokal war wegen Urlaubs geschlossen. Auch wenn es schon ziemlich spät geworden war, entschied ich, mich noch auf den Weg zum Naschmarkt zu machen. Vielleicht würde ich dort etwas zu essen bekommen - selbst wenn nicht, hätte ich immerhin bereits eine kleinere Attraktion der Stadt zu Gesicht bekommen. Auf dem Weg dorthin kam ich an einem der vielen weiteren Asiaten der Stadt vorbei. Das *Pho 84* war beeindruckend voll, weshalb ich im Hinterkopf behielt, dass ich hier wohl auch noch gutes Essen bekommen könnte. Doch zuerst lief ich einmal über den langgezogenen „Naschmarkt", der jedoch zu dieser Zeit gar nicht mehr so viele Buden bot. So hatten hauptsächlich Kneipen geöffnet und wie es sich für eine Attraktion gehört, entstammten die angebotenen Speisen eher einem gehobeneren Preisniveau. Zum Naschen hätte der Markt natürlich auch noch unter anderem süße Baumstriezel geboten, hätten die zugehörigen Stände nicht bereits geschlossen gehabt. Also kehrte ich um ca. 21 Uhr zu dem nun deutlich geleerten *Pho 84* zurück. Dort bestellte ich mir eine „Pho Limonade" (Ingwer-Limette; 4,60 €), in der Hoffnung, dass diese gegen meine Erkältung helfen würde. Um meinen Hunger zu stillen, probierte ich ein für das Restaurant typisches Gericht aus: Rindfleisch in einer Suppe mit Reisnudeln und Salat (8,40 €). Das war auf jeden Fall mal was anderes, schmeckte nicht schlecht, war aber auch nicht die große Offenbarung. Hauptsache war, dass ich mich danach gut gesättigt fühlte und um ca. 22:30 Uhr ins Hostel zurückkehrte.

Dort traf ich auf zwei Deutsche, die ebenfalls eine Interrailreise unternahmen, jedoch sich mehr Zeit in den einzelnen

Städten nahmen und dementsprechend nicht so lange unterwegs waren. Einer von beiden hatte allerdings mein bezogenes Bett belegt, was mich etwas verwirrte. Anscheinend lag das daran, dass als die beiden am Vortag angekommen waren, die falschen Betten belegt gewesen waren und sie deshalb einfach gewechselt hatten. Dementsprechend war ich auch gezwungen mir eines der frei gebliebenen Betten zu beziehen, obwohl mir der Mann an der Rezeption ausdrücklich gesagt hatte, dass ich auf keinen Fall ein anderes Bett nutzen dürfte als das mir zugewiesene. Immerhin halfen mir die beiden noch dabei, mein neues Bett zu beziehen und es entwickelte sich ein freundliches Gespräch über unsere Reisen. Schließlich entschloss ich mich noch Johannes Bett für ihn zu beziehen, damit ihm immerhin das mitten in der Nacht erspart blieb.

Nach einigem Austausch über WhatsApp traf er schlussendlich um kurz nach Mitternacht im Zimmer ein. So entwickelte sich ein weiterer kurzer Plausch bis er duschen und wir schlafen gingen.

Letzter Tag - 30. Tag, Dienstag, 06.08.

Auch am letzten vollständigen Tag der Reise ließ ich mich nicht lumpen meinen Wecker auf 7:30 Uhr zu stellen. Es gab schließlich noch viel zu entdecken. Außerdem wollten wir nicht allzu spät zum Frühstücken kommen, um dem drohenden großen Ansturm aus dem Weg zu gehen. Das gelang uns leider nicht so wirklich, denn um ca. 8:20 Uhr war der kleine Speisesaal neben dem Essensbuffet bereits brechend voll. Doch mit Blick auf die gute und vielfältige Auswahl schien das nur allzu verständlich. Da wir im Innenraum keinen Platz mehr fanden, wichen wir auf die Sitzgruppen im Garten aus. Durch den Regen aus der Nacht war jedoch alles ziemlich nass und unangenehm. Besonders ich konnte mir nur mit ein paar Servietten behelfen, um zu vermeiden in kürzester Zeit nass bis auf die Unterwäsche zu frühstücken. Johannes profitierte mal wieder von seiner wasserfesten Zip-off-Hose. Bald darauf erhielten wir durch unsere Zimmergenossen, die an diesem Tag abreisen wollten, Gesellschaft. Unschönerweise setzte wenig später der Regen wieder ein und wurde immer heftiger, sodass wir ins Gebäude flüchten mussten. Für die letzten Happen entdeckten wir jetzt erst einen zweiten Speisesaal gegenüber den Toiletten, wo wir immerhin nicht zusätzlich nass wurden.

Mit einem beherzten Antritt beeilten wir uns anschließend möglichst trocken in unser Zimmer im Nebengebäude zurückzukehren, wo wir unsere Unterhaltung mit den anderen beiden Jungen fortsetzten. So berichteten und empfahlen die beiden beispielsweise, was sie regelmäßig billig gegessen hatten: Häufig hatten sie sich nämlich Dosen im Supermarkt besorgt und diese dann einfach kalt verzehrt. Hätten wir natürlich auch machen können, aber sich einen Monat von kaltem Dosenfutter zu ernähren, scheint mir nicht sonderlich erstrebenswert. Da ziehe ich doch lieber etwas Frisches und einmal am Tag etwas Warmes vor - selbst wenn das sicherlich teurer ist.
Während sie sich noch fertig machten und nachdem sie ihre Betten abgezogen hatten, bezog ich noch schnell das mir eigentlich zugewiesene Bett mit meinen Laken, damit es am Abend mit Neuankömmlingen keine Probleme mehr geben sollte.

In der vorherigen Nacht hatte ich noch zwei Kombitickets für den Wiener Stephansdom online gekauft. Es hieß aber, man müsse sie in ausgedruckter Form mit sich führen, um von ihnen Gebrauch machen zu können. Das hatte zur Folge, dass wir unsere Zimmergenossen noch zu deren Check-out begleiteten, da ich an der Rezeption die Tickets ausdrucken lassen wollte. Allerdings mussten wir dafür noch einmal durch den inzwischen regelrechten Wolkenbruch in das Hauptgebäude gelangen. Dort war einiges los, denn wir hatten genau die Abreisezeit der meisten Gäste erwischt. Schließlich konnte ich die beiden Tickets für insgesamt 40 ct. ausdrucken lassen, indem ich sie davor an die Mailadresse der Rezeption schickte.

Nachdem wir uns von unseren Zimmergenossen verabschiedet hatten, konnten wir etwas verspätet um ca. 10:15 Uhr im strömenden Regen in die Stadt aufbrechen. An der nächsten U-Bahnstation besorgten wir uns dann ein 24 h-Ticket für acht Euro. Dieses galt also ab 10:40 Uhr, was den Vorteil mit sich brachte, dass wir es auch am Abreisetag nutzen konnten. Jetzt fuhren wir aber erst einmal zum Dom.

Dort konnten wir dem Regen erst einmal wieder entkommen. Allerdings ließ sich der Audioguide von 11:30 Uhr bis 13 Uhr nicht nutzen, da zeitgleich eine Messe stattfand. Deshalb und weil wir das Trockene nicht schon wieder verlassen wollten, begannen wir mit der Katakombenführung. Zwar mussten wir noch kurz warten, bis es losging, aber dafür lohnte es sich:
Im Vergleich zu der Katakombenführung in Rom dauerte die Führung einen Tick länger, da es ein bisschen mehr zu erklären bzw. zu sehen gab und war interessanter gestaltet. Als wir ans Tageslicht zurückkehrten, hatte sich das Wetter drastisch zum Guten verändert, sodass wir nun von strahlendem Sonnenschein empfangen wurden.
Deshalb blieben wir gleich außerhalb des Doms und bestiegen angestrengt den Südturm, den wir nach einigem Suchen gefunden hatten. Von dort oben hatten wir einen wunderbaren Blick über die Stadt. Allerdings gestaltete sich der schier endlose Abstieg als echte Herausforderung. Denn dadurch, dass die steinige Wendeltreppe sehr eng und ohne echte Fenster gebaut war, verloren wir bald die Orientierung. Sicherlich nichts für Schwindelanfällige und Menschen mit Platzangst.
Danach begaben wir uns wieder in das Dominnere, wo wir uns für den Nordturm anstellten. Mit einem Aufzug ging es auf den Turm, von dem aus sich erneut ein guter Blick über die Stadt bot. Im Vergleich zum Südturm, der nur zu Fuß erklommen werden konnte, herrschte auf dem Nordturm deutlich mehr Betrieb, sodass wir auch für den Aufzug nach unten Schlange stehen mussten.

Unten angekommen ließen wir uns schlussendlich den Audioguide aushändigen. Da der Domschatz vorübergehend geschlossen war, stellte der Guide den letzten Bestandteil unseres umfangreichen Kombitickets dar. Dank diesem erfuhren wir noch einiges über die Besonderheiten des Doms.

Anschließend kehrten wir dem Stephansdom gut informiert den Rücken zu und erkundeten bei Sonnenschein und blauem Himmel die Stadt. Zunächst steuerten wir den Heldenplatz an. Durch einige Parks schlenderten wir von dort aus zur imposanten Hofburg. Dort konnten wir an einem

der zahlreichen Trinkwasserbrunnen kühles Wasser in unsere Flaschen nachfüllen und uns erfrischen. Anschließend suchten wir die Kapuzinergruft, die nicht sonderlich weit entfernt, dafür aber umso versteckter war. Für je 4,50 € leisteten wir uns den Eintritt und betraten gespannt die Gruft. Ich hatte gedacht, diese könnte möglicherweise besonders für meinen Geschichtsexperten Johannes interessant sein. Ich hoffte, ihm damit noch ein kleines Highlight bieten zu können, da sich bereits andeutete, dass es äußerst knapp werden würde, wenn wir noch das Schloss Schönbrunn besichtigen wollten. Das hätte er nämlich eigentlich noch gerne besucht.

Leider hatte ich nicht das Gefühl, dass er sich sonderlich für die Dutzenden Gräber der österreichischen Herrscher begeistern konnte. Meiner Meinung nach ist die Gruft hauptsächlich für Fans der österreichischen Geschichte und Herrscherdynastie sehenswert. Ohne großes Wissen und nahezu ohne Assoziationen zu den vielen hier begrabenen Personen blieb einem meist nur die Särge zu begutachten und ich konnte nichts wirklich im Gedächtnis Bleibendes mitnehmen. Auch das kleine Verzeichnis, das vereinzelte Anmerkungen zu den Gräbern enthielt, war kaum förderlich und führte stattdessen eher zu noch mehr ähnlichen Namen, die einem im Kopf herumschwirrten, sodass ich mich bald nicht mehr richtig darauf konzentrieren konnte, welche Person gerade vor mir begraben war und warum sie wichtig gewesen sein sollte.

Danach starteten wir trotz der bereits weit vorangeschrittenen Zeit einen Versuch das Schloss Schönbrunn zu Gesicht zu bekommen. Leider dauerte es auch mit den öffentlichen Verkehrsmitteln recht lange, bis wir am Schloss ankamen. Das letzte längere Stück mussten wir auch noch zu Fuß bewältigen, da es keine schnellere Verbindung direkt zum Schloss gegeben hatte. So kam es wie vermutet. Das Schloss war bereits geschlossen, weshalb wir es lediglich von außen bestaunen konnten. Ehrlich gesagt war mir sowieso nicht ganz klar, was uns im Inneren erwartet hätte. Im Internet bestätigte sich nur noch einmal, dass Wien definitiv die „Sisi-Stadt" Nummer Eins sein musste und man wohl an den verschiedensten Führungen im Zusammenhang mit der ehemaligen österreichischen Kaisergemahlin im Schloss Schönbrunn hätte teilnehmen können. Dabei hätte man sicherlich, ähnlich wie im Schloss „Versailles", eine imposante Innenausstattung bestaunen können. Hätte, hätte, Fahrradkette: Wir waren ja schließlich nicht im Schloss und ich bin deshalb nur in der Lage Mutmaßungen anzustellen.
Stattdessen konnten wir zumindest noch ein bisschen durch den wirklich sehr schönen Schlosspark schlendern.

Tipp: Befindet man sich in der Nähe des Schlosses, lohnt es sich, selbst wenn man sich nicht für das Schloss an sich und die dort angebotenen Führungen interessiert, einmal dort vorbeizuschauen und einen kleinen Spaziergang durch den Park zu unternehmen. Besonderes Highlight ist, dass sich der Park auf einen kleinen Hügel erstreckt. Von dort oben hat man dann einen schönen Blick über das Schloss und die Grünflächen hinweg auf die Stadt. Bei bunter Bepflanzung sicherlich ein tolles Fotomotiv oder einfach ein schöner Ort, um ein wenig inne zu halten oder eine Pause einzulegen.

Da wir noch einkaufen gehen mussten, kehrten wir dem Park bald den Rücken zu und überlegten fieberhaft, welchen Supermarkt wir noch vor Ladenschluss um 20 Uhr erreichen könnten. Schlussendlich entschieden wir uns für einen *ALDI Hofer*, bei dem wir dank der U-Bahn in Verbindung mit einem kurzen Fußmarsch rechtzeitig ankamen. Dort konnten wir uns auch bereits für die Rück- bzw. Weiterfahrt am nächsten Tag mit Wasser und Johannes, inspiriert von der Unterhaltung am Morgen, mit Dosen eindecken. Die Idee der beiden anderen Reisenden hatte ihn offensichtlich überzeugt. Ich kaufte noch eine größere Aktionspackung typisch Wiener

„Neapolitaner" von *Manner* als letztes Mitbringsel für meine Familie. Im Nachhinein erschien mir der Kauf jedoch ein wenig zu teuer. Wahrscheinlich hätte es sich mehr gelohnt, in einem der vielen Läden der Marke einzukaufen. Dort hätte ich zumindest noch eine größere Auswahl gehabt.

Zum Abendessen wollte ich unbedingt in ein uriges Wiener Lokal, das *Käuzchen*, gehen. Dieses hatte ich bei Internetrecherchen entdeckt und war auch von der Speisekarte vollkommen überzeugt (für Wien, meines Empfindens nach, angemessene Preise und eine recht große Auswahl an Wiener Klassikern). Beispielsweise gab es ein Dutzend verschiedener Cordon Bleu Füllungen. Unglücklicherweise kamen wir dort erst um 20 Uhr an, sodass das Lokal für seine beschränkten Kapazitäten bereits äußerst gefüllt war. Nahezu alle Gäste saßen dabei im Freien und wir konnten uns gerade noch ein Ende einer Bierbank sichern. Anscheinend gab es auch nur ein oder zwei Köche in einer sehr kleinen Küche, weshalb wir auf unser bestelltes Essen bis um 21:15 Uhr warten mussten, was nicht nur unsere Stimmung merklich trübte. Endlich konnte sich Johannes über sein Gulasch mit Serviettenknödel und ich mich über mein Wiener Schnitzel mit selbiger Beilage (die Beilagen waren recht frei wählbar) hermachen. Klassisch gönnte ich mir zusätzlich einen Almdudler - eine meiner Lieblingslimonaden.

Tipp: Möchte man hauptsächlich seinen Durst stillen und stellt dabei keine größeren Ansprüche an sein Getränk, dann empfiehlt es sich, das gute Wiener „Leitungswasser" (nicht aber „stilles Mineralwasser" oder „Sodawasser") zu bestellen. Dieses wird zwar von der Bedienung ungern als einziges Getränk serviert, taucht jedoch tatsächlich im Regelfall nicht auf der Rechnung auf.

Insgesamt muss ich zugeben, dass ich mir aufgrund der fantastischen Bewertungen im Internet fast ein wenig mehr erhofft hatte. Sicherlich trug auch die lange Wartezeit dazu bei, dass mir alles ein bisschen weniger mundete als normalerweise. Trotzdem besaßen die Portionen eine ordentliche Größe und schmeckten auch ganz in Ordnung, aber eben nicht besonders.

Da wir zumindest noch den berühmten Wiener Prater zu Gesicht bekommen wollten, hatte ich, noch bevor unsere Hauptgerichte serviert worden waren, je einen Kaiserschmarrn als Nachspeise bestellt. Auf diesen mussten wir dann immerhin nicht mehr ganz so lange warten wie auf das Hauptgericht. Allerdings überzeugte mich dieser ebenfalls nicht zu 100 %: Die Konsistenz fand ich persönlich etwas gewöhnungsbedürftig und besonders intensiv war der Geschmack leider auch nicht.

Alles in allem denke ich, dass sich das *Käuzchen* trotz meiner nicht vollständig überzeugenden Erfahrungen dennoch gut eignet, um mit Freunden einen lauschigen Abend zu verbringen und in entspannter Atmosphäre zu speisen. Allerdings empfiehlt es sich unbedingt frühzeitig, also noch vor der Stoßzeit, zu bestellen, um nicht wie wir, den ganzen Abend mit leerem Magen auf das Essen warten zu müssen. Möglicherweise zählt, schon wegen der großen Auswahl, ein Cordon Bleu eher zu den Spezialitäten des Hauses als ein Schnitzel.

Anschließend beeilten wir uns so schnell wie möglich mit den Öffentlichen zum Prater zu kommen. Gegen halb elf war dort jedoch nicht mehr sonderlich viel los. So konnten wir ohne irgendein Gedränge entspannt über das Gelände laufen und uns die unzähligen Vergnügungsgeschäfte ansehen. Wir beide sind nur nicht so die Volksfestfans und entschieden uns dagegen, bei irgendeinem der Geschäfte unser übriges Geld zu lassen. Am ehesten reizten Johannes noch die Geisterbahnen bzw. Gruselhäuser. Auch auf das bekannte Riesenrad hatten wir keine Lust mehr. Stattdessen kehrten wir müde in Richtung Hotel zurück. Eigentlich hätte ich noch gerne das Hundertwasserhaus gesehen, doch mitten in der Nacht erschien mir dieses Vorhaben sinnlos.

Also nahmen wir eine U-Bahn um 23:15 Uhr und kehrten auf direktem Weg - und ohne ein einziges Mal die Donau in Wien gesehen zu haben - zum Hostel zurück.

Glücklicherweise störte es unsere neuen Zimmernachbarn nicht, dass wir erst so spät zurückkamen. Dadurch konnten wir sogar noch damit beginnen, unsere Taschen für unseren letzten gemeinsamen Vormittag vorzubereiten. Schließlich führte das dazu, dass es mal wieder erst um dreiviertel Eins ins Bett ging.

Heimreise
31. Tag/ 15. Reisetag, Mittwoch, 07.08.

Der letzte Tag für mich sollte mit meinem Handywecker um 7:30 Uhr beginnen. Schnell begab ich mich ins Bad, um meine Zähne zu putzen. Dort bekam ich dann schon zum sechsten Mal während meiner Reise Nasenbluten.

Nachdem sich meine Nase wieder etwas beruhigt hatte, gönnten wir uns ab 8 Uhr noch ein sehr üppiges Frühstück. Da meine Erkältung leider nicht besser geworden war und ich immer noch um meine Stimme rang, verzichtete ich nun sogar auf meinen Früchtetee und entschloss mich zu einem Pfefferminztee.

Vom leckeren und ausgiebigen Frühstück gestärkt, holten wir noch schnell unsere Sachen aus unserem Zimmer im Nebengebäude und erledigten den Check-out schlussendlich um ca. 9:10 Uhr.

Dann liefen wir zur nächsten U-Bahnstation, „Volkstheater", von wo aus wir mit unserem noch geltenden 24 Stunden Ticket zum Rathaus ganz in der Nähe fuhren, um auch dieses noch abzuhaken. Im Nachhinein wohl etwas unnötig, denn sonderlich sehenswert war das Gebäude nicht. Dann nahmen wir die nächste U-Bahn zur Karlskirche. Bei strahlendem Sonnenschein konnte ich hier noch ein paar Fotos von der imposanten Kirche hinter einem Wasserspiel

schießen, bevor wir abschließend in Richtung des Haupt-
bahnhofs fuhren.

Allerdings stiegen wir bereits vor dem Hauptbahnhof an
der Station „Taubstummengasse" aus, damit wir uns, obwohl noch gut vom Frühstück gefüllt, für die Weiter- bzw.
Heimfahrt eindecken und ein letztes Mal zusammensitzen
konnten. Dafür hatte ich im Internet ein Café in der Nähe
des Bahnhofs gefunden. Bereits der Name klang sehr verlockend und nicht gerade unpassend: *15 süße Minuten*. Dieses steuerten wir nun an und fanden auch noch einen Platz
im gut besuchten Gastraum. Johannes bestellte sich eine
Art zweites Frühstück. Ich beschränkte mich darauf üppig
für mein Mittagessen im Zug einzukaufen, wobei ich meiner sparsamen Linie treu blieb und mich mit den Backwaren des Vortages, die es nun zum halben Preis gab, begnügte. Generell sah alles sehr lecker aus. Nicht nur die
Auslage an Süßwaren, sondern auch das üppige Früh-
stücksangebot, das alle erdenklichen Essgewohnheiten bot
und so über English Breakfast bis hin zum Kaiserschmarrn
reichte. Auch die überschaubare, aber dennoch eine feine

Auswahl bietende Mittagskarte, die jedoch noch nicht angeboten wurde, klang vielversprechend. Sie enthielt in erster Linie typisch österreichische Schmankerl: Wiener Schnitzel, Kaiserschmarrn und weitere Süßspeisen, aber auch eher polnische Pierogi (gefüllte Teigtaschen). Einziges Problem des Cafés war, dass es gerade so gut besucht war, dass sich teils etwas längere Wartezeiten für die in der Küche frisch zubereiteten Speisen ergaben.

Tipp: Insgesamt ist das Café *15 süße Minuten* absolut empfehlenswert und hinterließ einen sehr guten Eindruck. Durch seine fantastische Lage in unmittelbarer Bahnhofsnähe (knappe zehn Minuten zu Fuß) und das besonders durch Süßspeisen geprägte Angebot sowohl am Morgen als auch zu Mittag, eignet sich das Lokal optimal, um sich vor der nächsten Bahnfahrt oder nach der Ankunft in Wien zu stärken. Für Sparfüchse lohnt sich der 50 % Rabatt auf die Backwaren vom Vortag, die immer noch gut aussahen und vor allem schmeckten. Nur zu den Stoßzeiten sollte man genügend Zeit für den Cafébesuch einplanen, um nicht vor lauter Leckereien den nächsten Zug zu verpassen. Sollte ich noch einmal nach Wien kommen und ein bisschen Zeit zur Verfügung haben, werde ich sicherlich versuchen in das Café zurückzukehren.

Gut eingedeckt liefen wir anschließend zum Bahnhof. Dort hatten wir noch ein bisschen Zeit, um uns nach den zwei sehr schönen und aufregenden Wochen gebührend voneinander zu verabschieden. Denn leider fuhr Johannes Zug nach Bratislava nicht vom selben Bahnsteig ab wie mein ICE nach Nürnberg. Unsere beiden Züge standen zwar nebeneinander, allerdings musste er sich zum gegenüberliegenden Bahngleis begeben.

Um 11:15 Uhr hieß es dann endgültig Abschied nehmen. Der ICE in Richtung Heimat setze sich in Bewegung, während die Bahn nach Bratislava noch am Gleis stand. Zum Glück war es mir gelungen einen Platz an einem 4er-Sitz zu ergattert, obwohl der Zug recht voll war. Dort hatte ich auch, wie in eigentlich allen deutschen ICEs, freien WLAN-Zugang. Entspannt aß ich zur Mittagszeit mein wirklich leckeres, gekauftes Gebäck. Auch die obligatorische deutsche Fahrkartenkontrolle brachte ich gut hinter mich.

Tipp: In deutschen Schnell- und Fernzügen ist es empfehlenswert nie ohne gültigen Fahrausweis unterwegs zu sein. Denn in Deutschland bzw. den deutschen Zügen gibt es die wohl strengsten Fahrkartenkontrollen in ganz Europa. Nur selten trifft man während der Fahrt nicht auf einen Kontrolleur, was sich auf meiner Reise durch Europa nicht als selbstverständlich erwiesen hat.

Leider verschlechterte sich mit der Einreise in Deutschland das Wetter deutlich, sodass ich bei strömendem Regen in Nürnberg - natürlich mit Verspätung von acht Minuten (noch ganz in Ordnung für die Deutsche Bahn) - ankam.

Im Regen über Nürnberg musste ich dann noch bei einer Sparda Bank Filiale in der Nähe des Bahnhofs meine Kontoauszüge des Reisemonats ausdrucken lassen. Da ich während der Reise extrem viel mit meiner EC-Karte bezahlt hatte, erhielt ich eine Unmenge an Kontoauszügen aus dem Automaten und musste dementsprechend einige Zeit warten, bis alles ausgedruckt war. Schließlich konnte ich die unzähligen Transaktionen der Reise bestaunen.

Am Bahnhof zurück musste ich schließlich noch eine S-Bahn finden, die mich nach Hause bringen sollte. Was ich nicht wusste war, dass mal wieder umfangreiche Bauarbeiten, allerdings ohne Schienenersatzverkehr, anstanden. Deshalb sollte die nächste S-Bahn erst um 16:11 Uhr abfahren, sodass ich eigentlich noch einige Zeit hätte am Bahnsteig warten müssen. Doch ich hatte zumindest insoweit Glück, dass mein Zug, wie ich, schon deutlich früher am Bahnsteig bereitstand. So konnte ich im Warmen auf die letzte Abfahrt meiner Reise warten. Lustigerweise waren die Lautsprecheransagen im Zug anscheinend nicht auf den geänderten Fahrplan eingestellt, sodass auf einmal die Haltestellenansage „nächste Haltestelle Nürnberg Hauptbahnhof" im stehenden Zug ertönte. Um 16:26 Uhr sollte ich planmäßig an meinem Heimatbahnhof ankommen. Und so kam es dann auch. Überaschenderweise wurde ich sogar von meinem Vater mit dem Auto abgeholt. Das kleine Stück hätte ich sicherlich auch noch zu Fuß geschafft. Bisher hatte ich mein gewohntes tägliches Laufpensum bei weitem noch nicht erfüllt.

Um kurz nach 16:30 Uhr kam ich schließlich nach einem Monat und einer sehr aufregenden aber alles in allem tollen Reise wieder zu Hause an.

An dieser Stelle möchte ich mich noch einmal bei meinen Eltern bedanken, die mir die Reise und diesen Reisebericht überhaupt erst ermöglicht und mich auch während der gesamten Reise immer wieder unterstützt haben.

Ebenfalls ein riesiges Dankeschön an Johannes, der mich während meinen letzten beiden Wochen tapfer begleitet hat. Sicherlich war es auch für ihn nicht immer einfach mit meinen Plänen und der ganzen Lauferei zurecht zu kommen.

Zuletzt soll auch den Lehrern meines Gymnasiums gedankt werden, die mich stets unterstützt haben, wodurch ich mein Abitur sehr erfolgreich meistern und folglich die Interrailreise antreten konnte.

Fast vergessen: Nicht fehlen darf natürlich auch der Dank an meinen anderen Freund, der uns leider nicht begleiten konnte, aber im Vorfeld der Reise zum Zustandekommen der Reise beigetragen und uns in unserem Entschluss bestärkt hatte. Dazu muss ich mich noch für die Unterkunft und Betreuung durch meine Cousine und ihren inzwischen Ehemann in Aachen bedanken.

Packliste:

Da eine solche Packliste meines Erachtens extrem von den eigenen Bedürfnissen, der Dauer der Reise, den Reisezielen und der Reisegestaltung abhängt, möchte ich mich an dieser Stelle nicht allzu ausführlich mit einer umfangreichen Packliste befassen.

Prinzipiell sollte man sich überlegen, ob man nicht lieber etwas an Klamotten spart und so weniger Gepäck mit sich herumschleppt, dafür aber ab und zu mal ein bisschen Geld für einen Waschgang opfert. Alternativ bietet sich auch ein Reisewaschmittel an, mit dem dann der grobe Schmutz auch einmal von Hand im Waschbecken ausgewaschen werden kann. So haben wir es zum Beispiel gelöst.

Außerdem lohnt es sich auf leichte Mikrofaserhandtücher und leichte Hüttenschlafsäcke zu setzen.

Unbedingt sollte man in einen angenehm zu tragenden und hochwertigen Rucksack investieren. Ob der Rucksack passt, kann man nur durch ausführliches Probetragen (mit Gewichten) herausfinden. Dieser sollte eine Regenhaube besitzen. Zudem ist es vorteilhaft, wenn sich die Tasche weitestgehend öffnen lässt, sodass man an möglichst alles problemlos herankommen kann ohne jedes Mal die ganze Tasche auspacken zu müssen. Schließlich sollte man sich auch überlegen und probepacken, wie viel Fassungsvermögen der Rucksack ungefähr haben sollte.

Darüber hinaus erscheint es mir sinnvoll folgende Dinge im Gepäck dabei zu haben:

- Vorhängeschloss (für Spinde)

- (Höherwertige) Stirnleuchte

- Möglichst vielseitige Kleidung (immer möglichst flexibel sein, also z. B. (wasserfeste) Zip-off-Hose)

- Taschenmesser (aber daran denken, dass dieses bei Sicherheitskontrollen nicht mehr im Gepäck sein sollte)

- kleine extra Tasche für Stadt (Jutebeutel taugt bereits, allerdings ist etwas zum Umhängen praktischer und angenehmer zu tragen; Wasserfestigkeit zahlt sich oft auch aus, z. B. eine Plastiktüte)

- Plastiktüte für Schmutzwäsche

- Kulturbeutel: kleines Duschgel- und Shampoo, kleine Seife, kleine Zahnpastatube, Reisezahnbürste etc.

- Regensachen: Wasserfeste Regenjacke, Regenschutz für den Rucksack, evtl. wasserfeste Reiseinnentasche für wichtige Dokumente

- Dokumente: Interrail-Pass, Pässe (Reisepass, Personalausweis), ausgedruckte Tickets, Reservierungen/Buchungen, ggf. Einverständniserklärung der Eltern für Reise und Übernachtungen (zwingend für Minderjährige; wenn vorhersehbar, Angabe der Reiseziele und evtl. Begleitpersonen) auf Deutsch und Englisch, evtl. Adressliste

- Gürteltasche (besonders für Stadtbesuch und schnellen Zugriff auf wichtige und häufig benötigte Gegenstände)

- Elektronikzubehör: Handy, Tablet, evtl. Foto, dazugehörige Ladekabel, leistungsstarke Power Bank, Kopfhörer und was man sonst so braucht (auf Vielseitigkeit achten)

- Kreditkarte oder zumindest EC-Karte

Mein Fahrplan:

08.07.: Vach Bhf. (6:53 Uhr) - Nürnberg Hbf. (7:30 Uhr) - Köln Hbf. (14:48 Uhr) - Aachen Hbf. (Sparpreis der Deutschen Bahn, noch nicht mit Interrailticket)

09.07.: Aachen (Schanz) (7:02 Uhr) - Köln Hbf. (8:18 Uhr) - Koblenz Hbf. (10:06 Uhr) - Luxembourg (15:10 Uhr) - Brüssel-Midi (20:22 Uhr) - Amsterdam

10.07.: Amsterdam

11.07.: Amsterdam

12.07.: Amsterdam (7:25 Uhr) - Antwerpen (9:43 Uhr) - Gent (10:40 Uhr) - Ostende (13:09 Uhr) - Brügge

13.07.: Brügge

14.07.: Brügge (10:05 Uhr) - Courtrai (11:13 Uhr) - Mouscron (11:35 Uhr; Bus) - Lille Flandres (13:35 Uhr) - Aulnoye-Aymeries (14:54 Uhr) - Paris Gare du Nord

15.07.: Paris

16.07.: Paris

17.07.: Paris (9:07 Uhr) - Marseille

18.07.: Marseille (9:58 Uhr) - Nizza (13:07 Uhr) - Ventimiglia (17:03 Uhr) - Mailand

19.07.: Mailand (8:10 Uhr) - Lugano (9:34) - Rotkreuz (11:18 Uhr) - Zürich (21:40 Uhr) -

20.07.: Budapest

21.07.: Budapest

22.07.: Budapest (19:10 Uhr) –

23.07.: Bukarest

24.07.: Bukarest (12:40 Uhr) - Sofia

25.07.: Sofia (15 Uhr) - Thessaloniki (23:50 Uhr) –

26.07.: Athen

27.07.: Athen

28.07.: Athen (10:36 Uhr) - Kiato (12:05 Uhr; Bus) - Patras (18 Uhr; Fähre) -

29.07.: Bari (15:45 Uhr; Flixbus) - Neapel (Metro) - Torre del Greco (in Ercolano)

30.07.: Pompeji

31.07.: Torre del Greco (7:32 Uhr) - Neapel (8:20 Uhr) - Rom

01.08.: Rom

02.08.: Rom (15:02 Uhr) - Florenz

03.08.: Florenz

04.08.: Florenz (7:17 Uhr) - Bologna (9:15 Uhr) - Venedig Mestre (13:20 Uhr) - Venedig Santa Lucia (20:50 Uhr) - Venedig Mestre

05.08.: Venedig Mestre (10:07 Uhr) - Wien

06.08.: Wien

07.08.: Wien Hbf. (11:15 Uhr) - Nürnberg Hbf. (16:11 Uhr) - Vach Bhf.

Kosten:

Meine ungefähren Angaben sollen nur als Orientierung dienen.

Jeder setzt andere Schwerpunkte, sodass leicht stark abweichende Kosten entstehen können. Außerdem macht es auch einen großen Unterschied, in welchen Regionen man unterwegs ist. Allgemein ist der Osten Europas aufgrund der schwächeren Währungen für Reisende aus den Euroländern relativ preisgünstig.

Ich habe generell versucht möglichst sparsam zu reisen. Besonders bei den Unterkünften habe ich es auch des Öfteren riskiert für kleines Geld eine Unterkunft zu buchen. Dafür habe ich beim Essen nicht immer den Angeboten widerstehen können.

- Interrail-Pass (15 Reisetage in einem Monat, 2. Klasse): 341 € (Osterrabatt bereits abgezogen)

- zusätzliche Reservierungen: 87,42 €

- DB-Sparpreis (bis Aachen): 41,90 €

- Übernachtungen: 529,35 €

- Essen & Trinken: 346,91 €

- Sehenswürdigkeiten (inklusive Grachtenfahrt): 120,34 €

- Sonstiges (z.B. Flixbusticket, Nahverkehrstickets, Fähre): 108,99 €

- Insgesamt also etwa: 1575,91 € (+ zzgl. Grundversorgung aus Supermärkten)

Vielen Dank noch einmal an alle, die die Reise und diesen Bericht ermöglicht haben und an alle, die sich die Zeit genommen haben, meinen Reisebericht durchzulesen!